소통과
스토리의 쓸모

인문학에서 배우는 커뮤니케이션 전략

소통과 스토리의 쓸모

이상헌 지음

청년정신

소통과 스토리로
브랜드에 날개를 달자

"내가 무슨 말을 했느냐가 중요한 게 아니라

상대방이 무슨 말을 들었느냐가 중요하다."

_ 피터 드러커 Peter Ferdinand Drucker

인문학이야말로 거창하거나 미래적이지 않다고 생각할 수 있지만 그 뒤에 숨겨진 의미는 결코 만만치 않다. 앞서 출간한『이팀장의 홍보전략과 리더십』에서 "홍보는 사람이 사람에게 하는 것"이라고 말했다. 그래서 홍보는 인문학이다. 홍보를 제대로 한다는 것은 곧 사람에게 제대로 한다는 의미다. 여기서 '제대로 한다'는 말은 소통을 제대로 하는 것이다.

홍보맨은 '우리 회사 혹은 기관이 최고'라는 정보가 언론에 보도될 수 있도록 기자들과 제대로 소통해야 한다. 무슨 일이든 마찬가지겠지만 내가 제대로 소통하면 그 과정에서 항상 배울 것이 있다. 먼저 베풀면 그들도 나에게 베풀어 준다. 내가 친절과 배려로써 대우하고 진심으로 대할 때 그들은 나의 마음을 알아준다. '염치없이 이래도 되나' 싶을 만큼 돌려 준다 그동안 주고받은 말들 중에 진정성이 얼마나 담겼었을지 생각해 보자. 얼마나 진심을 다해 상대방의 얘기에 귀를 기울이고 또 얼마나 가슴 깊이 공감해 주었던가? 동료들과 하루 종일 얼굴을 마주치며 살아가는 회사생활도 마찬가지다. 회사는 팀이라는 기본 조직부터 사업이나 생산 등 여러 부문으로 이루어져 있고 서로 경쟁하면서 기업의 지속성장에 기여해야 한다.

PR 관점에서 보면 직원들은 내부고객이다. 외부고객과의 소통만큼 내부고객과의 소통도 중요하다. 기업홍보에 필요한 콘텐츠와 아이템은 대부분 내부에서 발생하는 것이다. 그것들이 적확한 전략과 적합한 메시지, 그리고 적절한 타이밍을 만났을 때 제대로 된 홍보를 할 수 있다. 사상 최대의 실적을 달성했거나, 어마어마한 해외 수주에 성공했거나 또는 직원이 에베레스트 정상을 정복했더라도 위에 말한 3가지 조건과 맞아떨어졌을 때 최고의 효과를 거둘 수 있다. 그래서 홍보는 아무나 할 수 있지만 제대로 된 홍보를 하려면 전문 홍보맨들의 역할이 필요한 것이다.

내부고객과 외부고객들의 속성과 성향을 이해하지 못 하고 그들과의 관계를 이해하지 못 하면 슬기로운 소통은 힘들 수밖에 없다. 그런 면에서 보면 홍보뿐만 아니라 비즈니스 전체가 인문학인 셈이다. 홍보맨들은 스스로 소통 전문가라는 자부심을 갖고 내외부 고객들을 대해야 한다.

철이 없어 그 구절이 무엇을 의미하는지 몰랐던 어린(?) 시절부터 며칠 전 읽은 구절조차 기억이 가물거리는 현재까지 『논어』를 손에서 놓지 않은 덕분에 지금의 내가 있다고 믿는다. 스스로 포기하지 않았다면 사람은 누구나 발전해가는 과정에 있다. 그 과정에서 『논어』는 나 자신을 다스리는 판단의 기준이 되었다.

子曰 不患人之不知己 患不知人也 자왈 불환인지불기지 환부지인야
다른 사람이 나를 알아주지 않는다고 걱정하지 말고,
내가 남을 알지 못할까 걱정해야 한다.

_「논어」「학이(學而」16장

대부분의 사람들은 '남들이 나를 알아주지 않을까?' 노심초사하며 지낸다. 자신이 유명해지고 널리 이름이 알려져야 기회가 올 것이라고 생각하기 때문이다. 그리고 '나의 실력'을 알아주지 않는다며 주위 사람들과 세상을 원망하기도 한다. 그러면서 더 중요한 것을 간과하며 지낸다. 실력을 쌓으려 힘쓰지 않고, 나보다 뛰어난 이들의 능력과 품성을 배우려고 노력하지 않는다.

실력을 키우기 위해 노력하는 사람들은 남이 나를 알아주지 않는다고 해서 불만을 가질 리 없다. 그것은 자기 실력을 과신해서가 아니라 다른 사람을 이해하기 위해 더 노력하겠다는 의지를 가지고 있기 때문이다. 이들은 보통 남의 입장을 이해하려고 하기 때문에, 남들이 실력 없다고 탓하는 무지한 일 또한 저지르지 않는다. 오히려 내가 남을 제대로 알지 못함을 걱정하고 부족한 실력을 채우기 위해 노력하는 것은 물론 다른 사람들과 원만한 관계를 맺기 위해 애쓴다. 우리 인생이 바다를 향해 흘러가는 강이라고 가정했을 때 중요한 것은 '남들이 나를 알아주느냐'의 문제가 아니라 나의 실력과 품성이 관건이다.

그래서 나를 인정해 주는 '귀인'을 만나는 것이 인생에서 중요한 것이다. 그렇더라도 나를 알아주지 않는다고 불평만 하며 지낼 것이 아니라

덕을 쌓고, 실력을 기르며 훌륭한 사람들과 관계를 맺는 것이 중요하다. 특히, 고객들과의 관계에서 서운한 대접을 받았다고 당황하거나 표정이 굳어지면 안 된다. 전화로 통화할 경우에는 착오가 있었다고 얼버무릴 수 있지만 대면했을 때는 얼굴에서 티가 날 수도 있다. 얼굴에 감정이 드러나면 관계가 끝날 수도 있다. 감정이 수시로 널을 뛰고 갈피를 잡을 수 없는 사람은 상대방을 피곤하게 한다. 관계에 신경쓰다 보면 물론 마음이 편치 않을 수도 있지만 소통이란 게 어차피 무언가 바라고 한 것이 아니지 않은가? 누구의 잘못도 아니므로 누구를 탓할 일도 아니다. 본전 생각이 날 수도 있지만 빨리 잊고 고객과의 대화에 집중해야 한다. 멀리 보자. 그래야 고객들은 우리를 다시 보게 되고 관계를 지속한다.

소통의 기본은 상대방이 예측할 수 있도록 해 줘야 한다. 그래야 소통에 성공할 수 있다. 사람들은 친해지게 되면 자신과 교류한 사람들을 주위에 입소문을 내는 것이 인지상정이다. 평판이 좋은 사람들과 교류할수록 나에 대한 평판도 좋아지고 내가 성장하는 데에 큰 도움이 된다. 많은 사람들에게 칭찬받는 사람들을 만났을 때 좋은 감정이 전해지던 경험은 누구에게나 있다. 긍정적이고 인간적인 관계가 담보되면 말 그대로 친구friend가 되는 것이다. 이런 관계를 만들 수 있는 홍보맨이 '진정성'으로 소통하는 홍보맨이 될 수 있다.

홍보조직 운영은 고사하고 홍보맨조차 두지 않은 회사가 대부분이다. 홍보조직을 운영하고 홍보맨들이 활동하는 회사는 대부분 대기업이라고 할 수 있다. 물론 홍보 예산이 풍족하면 좋겠지만 대한민국에 넉넉한 예산을 갖고 홍보하는 회사는 손에 꼽을 정도다. 결국 많은 회사들이 홍보맨의 역량으로 홍보를 하고 있는 셈이다. 상대의 장단점은 물론 진심과 거짓을 판별할 수 있어야 한다. 묻지도 따지지도 않고 의욕만 앞선 소통은 실패할 확률이 높다. 가능하면 정무적으로 판단을 한 뒤에 어느 정도 소통할 것인지 정해라. 그 다음 상황에 어울리는 스토리를 찾아보자.

'기자는 갑甲'이라고 말하는 사람들도 있지만 홍보맨이라면 '기자는 고객'이라고 생각하고 행동해야 한다. "기자들이 갑질을 한다!"고 불평하는 홍보맨과 "기자들과 소통한다!"고 말하는 홍보맨 중에 기자들은 누구를 더 좋아할까? 생각해 보라. 긍정적인 마음가짐은 말과 행동, 그리고 표정에 드러나기 마련이다. 사람들이 모를까? 절대 모를 리 없다. 초등학생들도 선생님이 누구를 좋아하고 누구를 편애하는지 다 안다. 사람들이 모를 거라고 생각하는 것 자체가 아마추어적인 발상이다. 만약 불평만 한다면 홍보맨으로서 자격이 부족한 것이다. 그런데도 우리 주변에는 그런 사람들이 많다. 같은 비즈니스맨으로서도 그렇고 홍보맨으로서도 안타까울 뿐이다. 홍보맨들이 기자들에 대해 잘 안다고 생각하는 것만큼 기자들도 홍보맨들에 대해 훨씬 더 알고 있다. 홍보맨이 초짜인지, 고수인지, 진심인지, 거짓인지 기자들이 먼저 안다. 아무리 속이려고 해도 그들은 우리 머리 위에 있다고 생각해야 한다. 실력이 부족하면 부족한 대로 최선을 다하는 모습을 보이고, 주변 사람들을 제대로 섬기는 모습을 보여야 한다. 아무리 포장하고 변명해도 소용이 없다. 그들은 이미 알고 있고, 더 잘 알고 있고, 더 많이 알고 있다. 꾸밀 수가 없다. 속이려 하지 말고 진정성으로 승부를 봐야 한다. 이는 회사생활을 비롯한 사회생활에서도 매우 큰 원칙 중 하나라고 할 수 있다. 이 원칙을 가슴에 품고 잊지 않는다면 큰 성공을 거두기는 어렵겠지만 남에게 손가락질 받지 않고 원만한 사회생활을 해나갈 수 있을 것이다.

홍보는 공중을 대상으로 것이다. 공중은 기자가 될 수도 있고, 투자자를 비롯한 이해관계자를 비롯해 그 누구라도 될 수 있다. 만약 당신이 초보 홍보맨이라면 있는 그대로 '진심을 다해 소통하겠습니다. 부족하지만 앞으로 더욱 노력하겠습니다. 믿고 도와주십시오.' 라는 생각을 갖고 진심으로 행동해야 한다. 기자들은 홍보맨보다 고수다. 하수였다면 절대 그 자리에 있을 수 없었을 것이다. 기자들은 알고 있다. 홍보맨들이 하는 말과 행동, 자신도 모르게 밖으로 드러내는 사소한 모습들이 때로는 기자들을 감동시킬 수도 있다는 것을 명심해야 한다. 그런 관점에서 홍보도 인문학이라고 생각해야 한다. 사람에 대한 이해와 배려의 시작이 인문학이기 때문이다. 어느 고전을 뒤져보더라도 그 안에 사람에 대한 이해와 존중, 배려와 사랑이 빠지면 인문학은 존재할 수 없다. 우리의 진심이 제대로 전달될 수 있다면 기자들은 알아서 우리의 진심을 알아주고 우리를 도와준다. 이 말을 믿고 소통할 때 물질적인 충족은 물론 정신적인 행복까지 얻을 수 있다.

여기서 명심할 것은 실천하기 전에 먼저 마음가짐을 바로 세우는 것이 중요하다는 것이다. 결과는 나중이다. 자본주의 체제에서 살아가는 우리 모두는 반드시 돈이 필요하다. 돈은, 즉 이익이다. 하지만 이익을 먼저 생각하는 관계라는 건 한두 번은 통할지 모르지만 장기적으로는 손해다. 나중에 손해를 봤다고 후회하고 안달을 해봐야 소용없다. 그런 마음을 사람들은 귀신같이 알아챈다. 그럼에도 불구하고 눈속임으로 행동하고 뒤늦게 후회해 봐야 소용없다. 인간적인 관계를 쌓는 것은 어렵지만 잃는 것은 한 순간이다. 그게 우리가 살아가고 있는 세상의 민낯이고 속살인 것을 어쩌겠나?

王曰 叟不遠千里而來 亦將有以利吾國乎

왕왈 수불원천리이래 역장유이이오국호

孟子對曰王 何必曰利 亦有仁義而已矣

맹자대왈왕 하필왈리 역유인의이이의

왕이 말하기를 "천 리를 마다않고 오셨으니 장차 나라를 이롭게 할 방법이 있습니까?"

맹자가 대답했다. "하필 이익을 말하십니까? 다만 어짊과 올바름(仁義)만 있을 뿐입니다."

_『맹자』「양혜왕梁惠王 상편」1장

『맹자』첫 편 첫 장이므로 많은 사람들이 알고 있는 문장이지만, 혜왕惠王과의 대화 자체보다는 맹자가 인과 의를 화두로 제시한 '하필왈리何必曰利'라는 스토리 덕분에 유명해진 이야기다. '하필왈리'라는 구절의 이해를 돕기 위해 관련 내용을 소개하면 다음과 같다.

혜왕은 현자로 이름난 맹자를 초빙했다. 그리고 맹자를 만나자마자 궁금했던 부국강병의 길에 대해 물었다. 실질利 추구를 통해 전국시대 진秦나라를 초강대국으로 만든 상앙의 사례가 명백한데, 맹자는 어짊仁과 올바름義을 답으로 제시했다. 혜왕에게는 맹자의 주장이 실질을 버리고 명분과 이념에 집착해 국가와 사회를 경직되게 만들 수도 있는 위험한 경구로 들렸을 것이다.

공자가 이익에 대해 거의 말하지 않은 것은 언제나 혼란의 근원을 막기 위함이었고, 그래서 이익에 따라서 행동하면 원망을 많이 받는다고 했다. 천자로부터 서민에 이르기까지 사람들이 이익을 따르다가 생긴 폐해가 어찌 다르겠는가? 물론 맹자는 '하필왈리'에 대한 스토리를 통해 다소 불편했을 혜왕의 심기를 어루만져 주면서 소통에도 성공한다. 이 글을 읽는 사람 중에도 2,500년 전 고리타분한 얘기라고 치부하는 사람이 있을 것이다. 혜왕만큼은 아니더라도 당신이 깨달은 화두가 있는가?

인간의 삶은 이익과 명분 사이에서 끊임없이 갈등하고 선택하는 순간의 연속이다. 직장생활 역시 마찬가지다. 맹자의 '하필왈리' 스토리는 사람을 만나거나 일을 하기에 앞서 이리 재고 저리 재는 것과는 다른 얘기다. 더 크고, 더 근원적인 이익을 얻기 위해서는 어질고 바른 선택을 하라는 가르침이다. 소통할 때 가져야 할 필요한 원칙이자 명쾌한 이치 중 하나인 셈이다. 나는 이익을 위해 움직이는가? 아니면 인의를 위해 움직이는가?

"요즘 세상에 무슨 고리타분한 얘기냐?"고 반문할 수도 있지만 한번쯤 생각해 보자. 사회를 위한 정의와 인간을 위한 도덕을 실현할 수 있는 것이 정치만은 아니다. 홍보에도 도道가 있고, 정의가 있다. 인간에 대한 이해와 사람을 향한 사랑으로 고객들과 소통하고 관계를 맺는 것이야말로 진정한 홍보에 입문하는 것이고 진정성 있는 홍보맨으로 성장하는 비결이다. 사람과 관계된 세상 모든 것에 인문학이 관련되는 것처럼 홍보 역시 인문학과 떼려야 뗄 수 없는 이유가 거기에 있는 것이다.

『이팀장의 홍보전략과 리더십』의 전략과 리더십에 이어 비즈니스맨들에게 필요하고 개인적으로 필요할 것 같다고 생각한 덕목들을 '인문학'이라는 범주 아래 소통과 스토리 등 네 가지로 정리했다. 소통

Communication과 스토리Story는 아무리 강조해도 지나치지 않다.

소비자들이 묻지도 않고 따지지도 않고 구매하는 브랜드에는 '스토리의 힘'이 숨어 있다. 훌륭한 스토리는 구체적인 상황과 등장인물이 있다. 그래서 신뢰가 가고 감성을 자극한다. 덕분에 스토리는 세월이 흘러도 살아남는다. 세계적으로 사랑받는 브랜드들에는 공통점이 있다. 그 브랜드를 들으면 떠오르는 선명한 브랜드 이미지가 있는데, 그것은 '스토리' 덕분이다.

아이폰, 스티브 잡스라고 하면 떠오르는 애플의 브랜드 이미지는 '혁신'이다. 애플이 혁신의 브랜드 이미지를 가질 수 있었던 이유도 스토리 덕분이다. 애플이 극심한 경영난에 처했을 때 경영에 복귀한 스티브 잡스는 'Think Different' 광고 캠페인을 통해 자사 임직원들과 고객들을 '세상을 바꾸는 미치광이'로 규정하며 애플 부활의 신호탄을 쏘아 올렸다. 스티브 잡스가 아이폰을 만들 때 소비자들에게 어떤 휴대폰을 원하는지 물어봤다면 소비자들은 통화 품질이 더 좋아지거나 디자인을 더 예쁘게 만들어달라고 답했을 것이다. 인터넷과 MP3, 터치스크린이 되는 휴대폰을 만들어달라고 말하는 고객이 있었을까? 훌륭한 브랜드는 고객이 원하는 것을 주는 것이 아니라 고객에게 전달되는 것에 고객이 충성하는 브랜드이다. 이런 스토리를 통해 애플은 혁신이라는 브랜드 이미지를 만들었다.

세계적으로 사랑받는 브랜드들은 모두 스토리를 갖고 있다. 스토리란 무엇인가? 스토리는 소통의 격格과 품위를 결정짓는 중요한 요소 중 하나다. 스토리는 사실과 메시지의 만남이다. 훌륭한 스토리는 쉽고 재미있으며, 상대방 마음의 벽을 허물고 오래 기억하게 한다는 특징을 갖고 있다. 스토리를 활용한 스토리텔링은 역사상 가장 익숙한 소통 방법이다. 인물과 사건을 보이는 그대로 말하기보다 인물과 사건에 얽힌 '스토리'를 발굴해 보자.

경험하지 못한 세계를 말할 때 필요한 것은 용기가 아니라 관심이다. 스토리에 관심을 갖고 훌륭한 스토리를 찾아내면 자신감이 생긴다. 물론 겸손의 미덕을 버리라는 말은 아니다. 함량 미달의 제품과 기대 이하의 서비스는 금방 그 실체가 드러난다. 훌륭한 스토리는 홍보는 물론 마케팅에 날개를 달아주는 것과 같다. 훌륭한 스토리는 홍보맨에게는 콘텐츠Contents로 읽히기도 하고 아이템Items으로도 읽히기도 한다. 또한 훌륭한 스토리는 또 다른 스토리를 만들어 낸다. 공중들은 스토리로 소통하는 홍보맨을 애타게 기다리고 있다. 인문학 속에는 동서고금을 아우르는 다양한 소통 사례와 훌륭한 스토리가 무궁무진하다. 잊지 말자. 인문학에 길이 있다.

차례

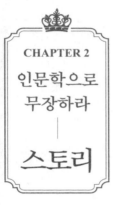

CHAPTER 2

인문학으로
무장하라

스토리

CHAPTER 1

인문학으로
무장하라

소통

민무신불립과 이목지신
民無信不立 移木之信

"타인을 돌보는 마음, 그 사랑이 있기에 사람은 오늘도 살아 있다."

_레프 톨스토이

관계의 기본은 신뢰의 축적이다. 상사와 부하의 관계에서도 소통을 통한 신뢰가 바탕에 깔리면 하고 싶은 말을 마음을 터놓고 나눌 수 있다. 그 결과 업무에서 생긴 문제점이 파악되고 일은 차질 없이 진행된다. 반면 상사가 부하를 믿지 못하고 견제한다거나 부하가 상사에게 농간을 부린다면 될 일도 제대로 되지 않을 뿐더러 두 사람 모두에게 피해가 간다. 주위 사람들에게 '어리석은 사람'이라는 평가도 함께 따라오고 조직에서도 좋은 평가를 얻기 힘들다. 그런 사람들은 말 그대로 손절하는 게 현명한 처사다.

조직 내 관계뿐만 아니라 대외 비즈니스에서도 가장 중요한 것은 고객의 신뢰를 얻는 일이다. 고객의 신뢰는 비즈니스에 있어 꼭 필요한 조건이다. 기업이 높은 도덕관을 비롯한 품격을 갖추고 있으면 고객의 신뢰는 마침내 존경으로 이어질 것이다. 충성고객이 늘어나면 늘어날수록 회사 규모는 커질 수밖에 없다.

이나모리 가즈오 교세라 창업주는 "비즈니스의 최고 가치는 고객의 존경을 받는 일"이라고 했다. 고객에게 신뢰와 존경을 받는다면 설령 다른 회사가 같은 제품을 더 싼 가격에 판매한다고 해도 걱정할 일이 없다. 고객은 신뢰하고 존경하는 회사의 상품을 선택할 것이기 때문이다. 다시 말해 신뢰 관계가 형성되어 있다는 것은 타사보다 뛰어난 품질과 가격으로 신속하게 납품하는 것 이상의 경쟁력을 갖고 있다는 뜻이다.

정치가 무엇인지에 대한 자공의 물음에 대한 공자의 말씀이 『논어』〈안연顏淵〉편 7장에 전한다.

제자 자공이 공자에게 "정치가 무엇입니까?"라고 물었다. 공자는 "식량을 족하게 하고(足食), 군대를 튼튼히 하고(足兵), 백성의 믿음을 얻는 일(民信)"이라고 답했다. 그러자 자공은 "부득이하게 한 가지를 뺀다면 무엇입니까?"하고 재차 물었다. 공자는 "군대(兵)를 빼야 한다"고 답했다. 다시 자공이 "남은 두 가지 중에서 하나를 뺀다면 무엇입니까?"하고 또 물었다. 공자는 "먹을 것(食)을 빼야 한다"고 답했다.

'족식足食'은 경제력, '족병足兵'은 국방력, '민신民信'은 사회적 신뢰다. 공자는 '민신'을 끝까지 포기해선 안 된다고 역설했다. 국민의 믿음과 신뢰가 있어야 튼튼한 경제력, 강한 국방력이 구축될 수 있기 때문이다. 사회적 신뢰가 무너지면 국가의 존립 자체가 불가능하다는 점을 짚으면서 정치에서 가장 중요한 요체가 '신뢰'라는 점을 강조했다.

성공은 위아래가 한 마음으로 뭉칠 때 가능하다. 한 마음으로 뭉치는 그 힘은 신뢰로부터 나온다. 신뢰의 중요성은 사마천이 지은 『사기』

〈상군열전商君列傳〉에도 '이목지신移木之信'이라는 사자성어로 전한다. '이목지신移木之信'은 '나무를 옮기도록 하여 백성들의 신뢰를 얻는다'는 뜻으로 '약속은 반드시 지킨다'는 의미다.

2,500년 전 공자의 말씀에 대한 해석이 오늘에 이르러서도 그 의미가 크게 다르지 않다면 사회를 움직이는 삶의 이치는 그때나 지금이나 큰 차이가 없다. 이를 바탕으로 관계에 대한 겸손하고 절제된 행동으로 약속이 지켜질 때 공정하고 정의로운 가치가 강물처럼 흐르고 구성원 대다수의 삶과 행복지수가 향상될 것이다.

신뢰를 중시하고 국민과의 약속을 지킨 '이목지신移木之信'이라는 말이 전하게 된 이야기가 아래와 같이 전해지고 있다.

진시황이 전국시대를 통일할 정도로 진秦나라가 강성해진 것은 상앙商鞅(BC.395~BC.338) 덕분이었다. 상앙은 진나라 효공孝公 때의 명재상으로서 그는 위魏나라 공족公族 출신으로 제자백가의 한 사람으로 알려진 인물이다. 상앙은 이웃의 강대국인 진나라의 효공이 널리 인재를 구한다는 영을 내리자 진나라로 가 효공에게 유세를 했는데, 이에 진 효공은 상앙을 등용하고, 그의 계책을 받아들여 변법變法을 단행하기 위해 법령을 제정했다. 하지만 상앙은 백성들이 새로운 법을 불신해 따르지 않을까 염려하여 법을 공표하기 전에 국가가 백성들에게 믿음을 먼저 보여주는 행동이 필요하다고 생각했다.

상앙은 높이가 3장(三丈 : 약 9m)되는 나무를 남문 시장거리에 세우고 이를 북문으로 옮겨 놓는 사람에게 10금을 상으로 주겠다고 알렸다. 하지만 모두들 이상하게 여기기만 할 뿐 아무도 옮기려는 사람이 없었다. 그래서 다시 상금을 50금으로 올렸다. 어떤 사람이 나무를 옮기자 약속대로 50금을 주었다. 한 번 정해진 법은 반드시 지켜진다는 것을 실증적으로 보여 준 것이다.

결국 변법이 시행되고 10년이 지나자 길가에 물건이 떨어져도 줍는 사람이 없었고, 도둑도 없어졌으며, 집집마다 모두 생활이 넉넉해졌고, 백성들은 전쟁에는 용감하였으나 개인의 싸움에는 힘을 쓰지 않았고 나라는 잘 다스려졌다.

경쟁력이 강한 기업으로 지속성을 유지하기 위하여 리더가 반드시 실천해야 할 사항은 기업의 주춧돌 같은 조직과 구성원들에 대한 약속과 신뢰가 바탕이 되는 것이다. 약속은 책임과 의무이며 신용이다. 리더는 조직에 비전을 제시하고 미래를 약속한다. 신뢰는 조직의 생존을 위해 마지막까지 지켜야 할 덕목이다. 개인 간에도 그렇고 기업이나 국가 간에 있어서도 신뢰는 관계의 핵심요소이다. '죽더라도 약속은 지켜야 한다(pact sunt serbanda)'는 로마 법언法言과도 같은 맥락이다.

동서고금을 막론하고 말하고 행동이 다른 사람이 많다. 주위 사람의 신뢰를 잃은 인간이 무엇을 할 수 있을까? 과연 살아갈 가치가 있을까? 이는 '인간은 무엇인가?'라는 근본적인 물음과 맞닿아 있다.

신뢰관계를 구축하는 데 중요한 것은 평소 사내외에서 사람들과 신뢰관계를 구축하기 위해 노력을 다하는 일이다. 상대에게 자신을 이해시키고 진정한 신뢰관계를 쌓고 싶은가? 우선 당신부터 진심을 담아 상대를 대하라. 온 힘을 기울여 성실하게 대화를 이어갈 때 그 성실함이 신뢰를 만들어 낸다. 어떠한 위기에 직면하더라도 두려워할 것은 없다. 신뢰만 있다면 불가능을 가능으로 바꿀 수 있다.

소통하면 행복해진다

"말이 많으면 자주 궁색하게 되니 차라리 침묵을 지키는 것만 못하다."

_노자

PR Public Relations은 사전적 의미로만 본다면 '공중 관계들'이라고 해석되지만 함축적으로는 그 복잡하고 다양한 공중 관계들을 지속시키기 위해 소통하고 '관리'하는 데까지 확대된다. 세상이 바뀌고 언론환경이 바뀌었다지만 결국 그 중심에는 '사람'이 있다. 홍보 분야에서 수십 년 넘게 한 우물을 판 선배 홍보맨들이 성공한 이유가 거기에 있다. 우리가 인문학을 공부해야 하는 이유도 그 관계 관리를 배우기 위함이다.

공중은 대내 공중과 대외 공중으로 나뉜다. 기업을 기준으로 대내 공중은 옆 자리 동료에서부터 회사 임직원과 경영진을 말한다. 물론 옆자리 동료와 경영진의 관계가 같을 수 없지만 일단 내부적으로 얽혀 있는 것만으로 대내 공중이 된다. 그리고 대외 공중은 투자자 등 이해관계자, 그리고 그 제품과 서비스를 이용하는 일반 국민까지 확대된다.

'고객은 왕'이라는 오래된 격언만 봐도 기업에 있어 고객은 분명 중요한 대상임에 틀림없다. PR은 기업과 공중과의 관계를 관리하는 일이다. PR 관점에서 보면 대내외 공중과 홍보맨들 사이에 언론과 기자들이 있다. 홍보맨들에게는 그 언론과 기자가 고객이고, 왕인 셈이다. 그들을 어떻게 섬기고 관계를 잘 맺고 관리하는지가 홍보의 승패를 결정지을 만큼 중요하다.

세상일이 그렇듯이 홍보 역시 인간적인 관계를 잘 맺으면 일이 즐겁고, 의외로 쉽게 풀리는 경우가 많다. 홍보맨은 회사를 대표하는 얼굴이라고 생각하자. 진심을 다해 홍보 대상, 즉 기자들을 대하고 인간적으로 대하면 그들도 홍보맨에게 잘 해 주고 인간적으로 보답한다. 덕분에 홍보맨은 성과를 낼 수 있을 것이고, 또 조직에서 인정받아 승진도 하고 또 월급도 오를 것이다. 좋은 관계는 바로 상생 관계와 같은 말이다.

때로는 대외 공중만 담당하는 대외 언론 담당자들은 대내 공중을 담당하는 사내홍보 담당자들에 비해 사내 인지도가 떨어지고 사내 정치를 할 수 있는 기회가 부족할 수 있지만 대외 언론 담당자들이 더 노력하는 수밖에 없다. "조직에서 대외 공중을 담당하는 언론 담당자들의 고충을 이해하고 신경을 더 써줘야 한다"고 억울해 할 필요는 없다. 내가 하는 일에 대해 소명의식을 갖고 상사와의 관계에서도 진심을 다하면 된다. 그런 측면에서 홍보맨도 직장인이며 상사와의 관계와 보고는 무엇보다 중요하다.

윗사람들은 물론 사내 직원들과 관계를 맺을 기회가 많은 사내홍보 담당자들에게 마음이 더 가는 게 인지상정이겠지만 엄격한 신상필벌의 원칙을 세울 것이라고 조직과 리더를 믿어야 한다. "팔은 안으로 굽는다"는 말을 아무렇지 않게 하는 리더는 조직을 맡을 자격이 없다. 그는 조직원들과의 관계 관리는 물론 소통을 제대로 하지 못하는 것이다. 자신을 망가뜨리고 나아가 조직을 망가뜨린다.

홍보맨들이 명심할 것은 남 탓을 하고, 푸념할 시간에 실력을 쌓아야 한다는 말이다. 책 한 줄이라도 더 읽고 내외부 고객을 한 명이라도 더 만나자. 내가 아는 사람이라고, 없는 실적을 만들어주고, 있는 과오를 모른 체 해주는 세상이 아니다. SNS를 포함한 관계망이 발달한 이 시대에서 언젠가는 드러나기 마련이고, 드러나는 순간 급속도로 확산된다. 투자의 귀재 워런 버핏은 이렇게 설파했다.

"평판 쌓기에는 20년이 걸리지만 무너지는 것은 하루아침이 아니라 단 5분도 안 걸린다."

이 말은 기업 비즈니스는 물론 개인의 리스크Lisk 관리가 얼마나 중요한가를 알려준다. 언제, 누구를 만나, 어떤 일을 하더라도 상식과 원칙에 따라 일을 처리하다 보면 자신감이 생기고 어느 순간 자신의 분야에서 전문가가 될 수 있을 것이다. 대내 공중인 직원들을 섬긴다고 말하지만 실제 행동은 그렇지 않은 사람들이 많다. 초등학생들도 선생님이 누구를 편애하고 누구를 싫어하는지 아는데, 하물며 성인이 그것을 모를 리가 없다. 다만 모른 척 외면할 뿐이다.

나와 함께 일하는 직원들, 회사를 위해 일하는 직원들을 제대로 섬기면 리더 자신도 행복해질 수 있다. 직원들을 대하는 그 마음이 직원들에게 진심으로 받아들여지는 순간 직원들은 충심을 다해 섬기기 때문이다. 즉 고객으로 섬기다보면 자신도 행복해지는 것이다. 자신과 관계를 맺은 사람들이 행복한데 자신은 불행해졌다고 말하는 사람은 없다.

마음을 열고 진심으로 소통할 때 관계는 긍정적으로 발전한다. '행복 바이러스'라는 말이 있다. 그 관계가 행복하면 다른 사람에게 전파된다. 제대로 소통하면 모두가 행복해진다. PR도 마찬가지다.

홍보맨과 기자의 소통

"사람이 친구를 사귀는 데는 분명한 과정이 하나 있는데, 매번 몇 시간에 걸쳐 이야기를 하고 또 이야기를 들어주는 것이다."

_ 레베카 웨스트 Rebecca West

소통은 수직이 아닌 수평적인 관계일 때 더욱 빛을 발한다. 겉으로만, 앞에서만 예의를 갖추는 게 아니라 보이지 않는 곳에서도 존중하는 마음으로 상대방을 진심으로 대해야 한다. 특히 '진심'은 사회생활을 시작하는 주니어들이 아니더라도 리더가 되고자 한다면 꼭 기억해야 할 부분이라고 생각한다.

홍보맨들은 기자들이 자발적인 관심과 애정을 보일 때 보람을 느낀다. 기자들도 홍보맨이나 취재원들이 관심과 피드백을 보이면 마찬가지로 보람을 느낀다. 기자들은 도움을 주고 싶은 마음이 들도록 소통하는 홍보맨을 좋아한다, 홍보맨도 마찬가지다. 오래 전부터 꿈꾸던 관계다. 분명 그런 홍보맨이 근무하는 회사는 훌륭한 회사일 것이다. 내 회사라고 생각하면서 애정을 갖고 온몸을 바쳐 일하는 직원들이 많기 때문이다.

그들의 열정을 음해하고 시기하는 내부의 적(?)이 있더라도 그 직원들은 회사의 가치를 높여 줄 것이 틀림없다.

대기업일수록 대내외적으로 많은 고객들과 얽혀 있다. 그 고객은 기자일 수도 있고, 내부 직원들일 수도 있고, 투자자거나 경영에 영향을 주는 정부 관계자일 수도 있다.

임원이나 관리자들은 업무 전반을 꿰고 있어야 하지만 홍보 실무자들은 자기가 맡은 일만큼은 전문가 수준이 되어야 한다. 두루뭉술하게 말해서도 안 되고 주먹구구식으로 일을 해서도 안 된다. 언론홍보가 될 수도 있고, 광고가 될 수도 있고, 사내 커뮤니케이션이 될 수도 있지만 홍보맨들은 최소한 맡은 업무만큼은 속속들이 꿰고 있어야 한다. 그래야 내부 고객이든 외부 고객을 만날 때 자신감을 가질 수 있다. 홍보 업무는 분명 전문직이다. 자신이 맡은 업무조차 통달하지 못한 자가 어떻게 고객의 마음을 꿰뚫을 수 있겠는가?

무슨 일이든 일단 내가 먼저 전문가가 되어야 고객이 믿고 찾는다. 그러다 보면 입소문이 나고, 나에 대한 평판도 좋아지고, 회사에 대한 이미지도 긍정적으로 바뀐다. 업무 역량이든 고객에 대한 마인드든 전문가가되어야 대내외 고객들의 문의와 관심에 적극적으로 호응할 수 있고 자신에게 만족감을 줄 수 있다.

고객이 먼저 나를 찾아오도록 하는 특별한 방법이 있는 게 아니다. 별다른 게 없다. 재미를 주고 감동을 주고 제대로 된 서비스를 제공하면 된다. 월급을 받으니까 어쩔 수 없이, 억지로 하는 것이 아니라 '정말 좋아서 한다'는 믿음을 줄 수 있어야 한다. 그것이 진정한 홍보맨의 마음가짐이고 자세다.

2,400년 전에 맹자 선생께서 말씀하셨다.

愛人不親 反其仁, 治人不治 反其智, 禮人不答 反其敬

애인불친 반기인, 치인불치 반기지, 예인불답 반기경

"남을 사랑해도 그 사람이 친해 오지 아니하면 나의 사랑하는 마음을 반성해 보고, 남을 지휘해도 지휘를 받지 아니하면 나의 지혜를 반성해 보고,

남에게 경례해도 답례하지 아니하면 남을 공경하는 나의 마음을 반성해 보라."

홍보는 사람이 사람에게 하는 관계 비즈니스Relations Business다. 나를 찾지 않는다면 그들이 왜 나를 찾지 않는지를 반성하고, 나를 찾게 하려면 어떻게 해야 하는지 생각하고 또 연구해야 한다. 물론 답을 찾았으면 곧바로 실행해야 한다.

홍보맨이 근무하고 있는 회사가 속한 업계가 있다. 업계에는 경쟁사가 있고, 협력사가 있고, 큰 회사가 있고, 작은 회사도 있다. 우리 회사도 좋은 회사지만 경쟁사나 큰 회사도 있는데, 우리 회사 뉴스를 신문에 실어 주고 방송에 소개해 준 기자들에게 감사해야 한다. 그렇다고 모든 기자들이 우리가 원하는 대로 얘기를 들어주고 좋은 기사를 쓰고 긍정적인 보도를 해 주는 것은 아니다. 어쩔 수 없다. 서운함을 드러내는 것은 지혜롭지 못하고 전략적이지 못한 처신이다. 언론 환경과 기자의 성향이 다양하므로 홍보맨들이 그들을 대하는 방법과 이해하는 수준도 달라져야 한다.

안부를 물어주는 것을 반기는 사람도 있고, 그들의 기사와 뉴스에 관심을 가져 주는 것을 좋아하는 사람도 있고, 그런 것을 묻는 것 자체를 부담스러워 하는 사람도 있을 수 있다. 살아온 인생이 다른데 어찌 같은 생각을 할 수 있겠는가? 생각이 다른 것이 당연하다. 더구나 요즘은 '김

영란법' 때문에 만남 자체가 신중해진 것도 사실이다. 코로나 팬데믹을 거쳐 오면서 홍보맨의 소통 역량은 더욱 중요해졌다.

세세하게 분류할 필요까지는 없지만 개인별 성향에 따라 수위와 거리를 조절해야 한다. 전반적으로 좋은 관계를 유지하고, 마음이 맞는 고객들과는 깊이 있는 관계를 맺을 것을 추천한다. 친할수록, 아니 친하다고 생각할수록 오해의 소지가 없도록 말과 행동에 더 조심하고 주의해야 한다. 오해가 생겼더라도 주변에 좋지 않은 소문을 내는 것도 지양해야 한다. '발 없는 말이 천 리를 간다'는 말은 이제 더 이상 속담이 아니라 진리다.

인간적으로 발전된 관계가 아니라 업무적으로 만난 사이라면 적당한 거리를 유지하는 것이 좋다. 경계하라는 것이 아니라 존중하고 예의를 지키라는 것이다. 그 거리 안에서 최선을 다하는 마음을 보여 주면 된다. 그렇다고 처음부터 그런 거리감을 두고 다가가면 안 된다. 천천히, 그러나 정중하게 다가가는 것은 분명 쉬운 일이 아니다. 하지만 어려운 방법이기에 제대로 쓰면 큰 효과를 발휘하고 좋은 인연을 만들 수 있다.

서로 예의를 지키는 관계가 오래 간다. 격의 없는 것이 최선이라고 말하는 사람들이 많은데, 필자는 그렇게 생각하지 않는다. 물론 형제와 같은 사이로 발전해 호형호제하는 관계도 많이 봤다. 하지만 그 안에서 예의를 지켜야 더 좋은 인상을 남길 수 있기 때문에 자신 없는 사람은 예의를 지키는 게 낫다. 격의 없이 만나는 사적인 자리가 아니라 회사를 대표하는 홍보맨으로서 언제나 정돈된 모습으로 만남의 자리에 나서야 한다. 또한 복장도 신경을 써야 한다. 복장과 태도에서 관계에 대한 마음가짐을 알 수 있기 때문이다. 아무리 편한 관계라도 조심하고 자중하는 습관을 가져야 한다. 작고 사소하게 보이는 그 실천이 홍보맨의 평판과 회사의 이미지를 만든다.

이 모든 것이 소통의 기본 마인드가 되어야 한다. 이렇듯 사람들과의 관계를 이해하고 실천하는 것이 인문학의 근본이라고 할 수 있다. 사회생활은 학생 때와 분명 다르다. 업무 능력보다 '관계'라는 것이 큰 비중을 차지한다. 그 관계는 '처세'의 다른 이름이다. 사회생활은 바야흐로 상하좌우를 포함한 인간관계의 본격적인 시작이라고 할 수 있다.

소통의 목적, 설득

"마케팅은 제품의 싸움이 아니다. 마케팅은 인식의 싸움이다."

_알 리스, 잭 트라우트Al Ries, Jack Trout

높은 자리로 올라갈수록 사람을 알아보고, 쓰고, 또 다루는 리더십이 중요하다고 했다. 과거 동서양의 패권을 장악한 제왕들을 살펴보면 인간관계를 다루는 데 큰 비중을 두었다는 것을 알 수 있다.

하지만 요즘 들어 사회적 화두로 부상한 소통, 설득, 협상, 리더십과 같은 키워드는 윗사람들에게만 요구되는 것이 아니다. 팔로워 등 부하 직원들에게도 필요하다. 소통, 설득, 협상, 리더십 등은 모두 사람 간의 관계를 강조하는 역량인 셈이다.

조직 생활을 하다 보면 능력과 성실함만으로는 부족하다는 사실을 절실히 느끼게 된다. 사람은 어디서든 홀로 존재할 수 없으며, 어떤 식으로든 다른 사람들과 관계를 맺고 살아야 한다. 때문에 조직 생활에서 자신의 견해를 설득하고, 원하는 것을 얻어내는 설득 능력은 무엇보다 중요하다.

모든 의사소통의 궁극적인 목적은 결국 '설득'이다. 자신의 요구를 관철시키거나, 자신의 감정에 공감 혹은 동조를 이끌어내려 하거나, 고객의 지갑을 열고자 애쓰는 모든 마케팅에는 공통적으로 나름의 설득 전략과 기술이 들어 있다고 할 수 있다.

인류 역사상 설득이 중요하지 않았던 시대는 없었다. 인터넷을 중심으로 소통 채널이 획기적으로 늘어난 오늘날, 설득은 과거 어느 때보다도 중요한 키워드가 됐다. 유사 이래 요즘처럼 즉각적인 '소통과 반응'의 세계가 펼쳐진 적이 있었던가. 최근 소통에 대한 개개인의 욕망은 그야말로 폭발적으로 분출되고 있다. 온라인 광장에 사람이 모여들수록 타인의 마음을 얻는 설득 능력에 대한 주가는 높아지고 있다. 그러한 설득 능력을 높이는 데 스토리는 훌륭한 도구가 된다.

누군가를 설득한다는 것은 그 사람의 마음의 문에 딱 들어맞는 열쇠를 찾는 것과 같다. 그런 점에서 심리학은 설득 커뮤니케이션에 있어서도 많은 힌트를 제공한다. 『설득의 심리학』으로 유명한 사회심리학자 로버트 치알디니Robert B. Cialdini는 사람의 마음을 사로잡는 여섯 가지 법칙을 제시한 바 있다. 상호성의 법칙, 일관성의 법칙, 사회적 증거의 법칙, 호감의 법칙, 권위의 법칙, 희귀성의 법칙이 그것이다.

이 여섯 가지 원칙의 핵심은 사람들이 범하기 쉬운 오류나 마음의 빈틈을 찾아내 상대를 설득하는 것이라 할 수 있다. 심리를 알면 설득이 보인다.

"실로 가장 이성적인 것은 감정의 흐름에 철저하게 맡기는 것이다."
러시아의 문화비평가 미하일 바흐찐Mikhail Bakhtin은 위와 같이 말했다. 심리학에서는 사람의 감정을 제일 중시한다. 가슴 속에 묻어둔 감정은 결코 사라지지 않기 때문이다. 잠시 잊었다 해도 어느 순간, 엉뚱한 때에 튀어 나온다.

의사소통에서 자신의 감정을 솔직하게 말하는 것은 중요하다. 이때 당신이 상대에게 감정을 털어놓는 이유를 잘 설명하는 게 중요하다. 내가 이렇게 말하는 것은 당신과 앙금 없이 지속적으로 좋은 관계를 유지하고 싶기 때문이라는 것을 충분히 어필해야 하는 것이다. 이는 자칫 감정을 드러내는 것이 상대를 공격하거나 비난하는 것으로 비춰질 수 있기 때문이다.

자신의 감정을 잘 설명하고 상대와 새로운 방향이나 개선을 모색하는 것 또한 심리를 파고드는 설득의 중요한 노하우다.

설득을 할 때의 팁Tip 한 가지, 심리학에서는 아이(I) 메시지를 중요하게 여긴다. 상대에게 무언가를 말할 때 주어를 '너'가 아닌 '나'로 하는 것이다. 예를 들어 "네가 나에게 서운하게 했잖아." 라고 말하기보다는 "나는 네가 그렇게 행동해서 서운했다"고 말하는 것이 훨씬 효과적이라는 것이다. 협상에서도 마찬가지로 '아이(I) 커뮤니케이션'이 훨씬 설득적이다. 무조건 밀어붙이는 설득보다는 상대를 배려하는 어조로 하는 말이 효과가 높다.

관계 전문가인 데일 카네기는 "성공의 85%가 인간관계에서 결정된다"고 말했다. 그만큼 우리는 소통과 공감이 중요한 시대에 살고 있다는 뜻이기도 하다. 선배도, 후배도, 상사도, 부하도 모두 소통의 중요성을 깨닫고 소통 역량을 키우는 데 시간과 여력을 투자하기 바란다. 지금부터 우리 모두 소통 역량을 갖추기 위해 '자강불식自强不息'의 의지를 가지고 노력하기로 하자.

상대를 이해해야 설득할 수 있다

"고객을 만족시켜라. 처음에도, 맨 나중에도, 그리고 항상."

_ 루치아노 베네통Luciano Benetton

모든 의사소통은 특정한 의도를 가지고 있고, 그 의도를 관철시키거나 수용시키면서 상대와 소통하려는 행위인 만큼 다분히 설득적이다. 설득에서 빼놓을 수 없는 것이 아리스토텔레스의 수사학修辭學, rhetoric 이다. 발화자發話者의 권위에 호소하는 에토스Ethos, 듣는 사람의 감정에 호소하는 파토스Pathos, 정확한 수치와 근거로 설득하는 로고스Logos가 그것이다. 위 3가지는 정치 캠페인이나 광고에서 흔하게 찾아볼 수 있는데 특히, 광고에는 감성에 호소하는 파토스가 자주 활용된다.

설득說得, persuasion이란, 화자가 상대방에게서 바라는 반응을 불러일으키기 위한 의사소통 기술이다. 즉 수용자가 자발적으로 변화를 선택하고, 또 자신이 스스로 변화를 선택했다는 느낌을 갖도록 하는 것을 의미한다. 설득은 커뮤니케이터가 수용자의 마음을 움직여 수용자 스스로 상대의 견해나 요구를 받아들여야 한다.

커뮤니케이션에 비해 '설득 커뮤니케이션'이라는 단어는 흔하게 접할 수 있는 단어가 아니다. '설득'이라는 말을 커뮤니케이션 앞에 덧붙이는 것은 동어반복이라고도 볼 수 있다. 그럼에도 불구하고 '설득 커뮤니케이션'이 하나의 단어로 통용되는 것은 의사소통에서 설득이 그만큼 중요한 비중을 차지한다는 의미로 볼 수 있다.

하지만 다른 사람의 생각을 바꾸기란 결코 쉽지 않다. 누구나 머릿속에는 자신만의 인식 체계가 공고히 구축되어 있고 마음속에는 그동안 구축한 정서의 틀이 굳건히 자리 잡고 있기 때문이다. 어떤 메시지든 상대가 가진 기존 사고의 틀, 즉 스키마Scheme의 저항에 일차적으로 부딪히게 된다. 따라서 설득을 위한 제1과제는 그 저항을 줄이는 것이다.

정리를 해보자면, 설득 커뮤니케이션이란 상대방의 생각 또는 행동을 바꾸고자 하는 송신자의 의도가 확실하고, 그 의도를 수신자에게 분명히 전달해야 하며, 뚜렷한 목표를 위한 도구적 의사소통이 되어야 한다.

미국에서 가장 영향력 있는 사람 중 한 명이었던 오프라 윈프리Oprah Winfrey가 털어놓은 자신의 가장 큰 성공의 비결은 자신의 이야기를 일방적으로 말하기보다는 상대의 이야기를 들어주며 공감했기 때문이었다. 그녀는 늘 열린 자세로 상대방을 대했고 다른 사람의 이야기를 편하게 들어주면서 공감을 이끌어냈다. 그녀의 공감 능력은 곧 설득으로 직결되었다는 것을 잊지 말자.

설득의 법칙 1 : 설득의 목적을 이해하라

설득을 하는 목적은 원하는 것을 얻기 위해서다. 특히 당신이 설득에 능숙하지 않은 경우, 상황을 정확하게 알지 못하는 경우, 주어진 정보가 불균형한 경우라면 설득은 쉽지 않다. 설득을 하더라도 '이름뿐인 승리'를 쥐게 될 가능성이 높다. 당신이 설득하려는 상대는 어쩌면 당신의 미숙함을 이용해 더 많은 것들을 양보하도록 조종하고 있는지도 모른다. 이와 같은 사태를 방지하려면 사전에 설득을 하려는 목표와 목적이 무엇인지를 한두 문장으로 정리하고, 최소한 어느 선까지 양보를 하겠다는 그림을 그려놓는 것이 좋다. 물론 이를 위해서는 설득 상황에 임하는 자신과 상대에 관한 정보를 충분히 확보해야 한다. 만약 상대방이 나를 철저하게 분석한 후, 내 약점만 콕콕 찌른다면 어떨까? 생각만 해도 뒷목 잡는 무서운 상황이다.

『손자병법』「용간用間」편에 보면 "은상이나 비용이 아까워 적의 정보수집을 게을리 하는 지도자는 사람 위에 서는 장군이라 할 수 없다. 주군의 좋은 보좌관이라고도 할 수 없다. 또한 이로써는 승자가 되는 일도 의심스럽다. 총명한 군주, 현명한 장수가 싸우면 이기고, 큰 성과를 올릴 수 있는 이유는 먼저 알기 때문이다." 라는 말이 나온다.

2,500년 전『손자병법』에서 손자는 전쟁을 하기 전에 공격할 대상의 측근, 연락병, 문지기, 심지어 허드렛일을 하는 사람까지 다 파악했다. 그렇게 철저하게 적을 분석했다. 철저하게 상대를 분석하여 이길 수 있다고 판단을 내린 후, 상대의 약점만을 찾아 공격을 했다. 지피지기 백전불태知彼知己 百戰不殆, 적을 알고 나를 알면 백 번 싸워도 위태롭지 않다고 손자가 호언장담했던 것도 결코 허언이 아니라는 것이 느껴진다.

말하는 사람에 비해 수용자는 정보를 선택적으로 받아들일 수밖에 없다. 그 배후엔 개인의 스키마가 버티고 있다. 스키마의 수용 영역에 들어오는 메시지는 쉽게 받아들이지만, 거부 영역에 속한 메시지에 의해 수용자가 설득될 가능성은 거의 없다. 누군가를 설득하고자 하면, 먼저 설득에 장애가 되는 요인들을 살펴봐야 한다. 쉽지 않겠지만 상대방의 수용 영역, 거부 영역, 중립 영역을 면밀히 분석해야 한다. 당연한 이야기지만 수용 영역과 중립 영역을 중점적으로 공략해야 설득 확률을 높일 수 있기 때문이다.

수용자의 태도와 신념이 확고할수록 메시지 거부 영역이 넓어지는 반면 수용 영역과 중립 영역은 좁아진다. 또한 상대가 행동을 통제받는다는 느낌을 받아서도 안 된다. 사람들은 타당한 지적이라 하더라도 누군가 자신의 행동을 제어하려 한다고 생각되면 '삐딱선'을 타기 마련이다.

설득의 한 갈래인 조언Advice도 마찬가지다. 자칫 훈장질의 느낌을 주었다가 반발만 불러일으킬 가능성이 높다. 그렇다면 이러한 반발 심리를 피해 상대를 설득시키려면 어떻게 해야 할까? 반발 심리를 피할 수 있는 4가지 방법이 있다.

첫째, 증거를 활용하라.

설득을 하고자 할 때는 가능한 한 객관적 증거를 십분 활용해야 한다. 검증된 단체에서 실시한 통계자료, 신문기사나 방송뉴스, 언론매체에 등장한 사례를 인용하여 구체적인 예시를 들어라.

둘째, 공신력을 이용하라.

믿을 수 있는 권위에 기대는 것은 설득에 상당한 도움이 된다. 여기서 공신력이란 직접과 간접적인 두 종류를 들 수 있다. 직접 공신력은 화자 자신의 공신력을, 간접 공신력은 타인 특히, 오피니언 리더Opinion leader의 말을 인용하거나 통계자료 등 자료를 제공한 정보원의 공신력을 가리킨다.

셋째, 욕구를 공략하라.

설득의 핵심은 수용자의 욕구를 이용하는 것이 해답이다. 미국의 교육학자이자 심리학자인 에이브러햄 매슬로우Abraham H. Maslow, 1908~1970는 인간의 욕구를 생리적 욕구, 안전에의 욕구, 사랑에의 욕구, 자존 욕구, 자아실현 욕구 등 5가지로 분류했다.

욕구의 종류에 따라 그 욕구를 충족시킬 수 있는 조건도 달라지기 때문에 각각의 욕구에 따르는 맞춤형 조건을 제시하는 것이 유용하다. '지금 가장 절실한' 수용자의 욕구가 무엇인지를 파악해 그것을 충족시켜줄 방향을 찾아 설득할 때 최대의 성과를 발휘할 수 있을 것이다.

넷째, 절대, 결코 서두르지 마라.

성급한 마음으로는 아무 것도 이룰 수 없다. 말하는 사람은 자신이 주장하려는 내용의 이점을 충분히 알고 있지만 상대방은 그 제안을 처음 접하게 된다. 그러니 상대가 미지근한 반응을 보이거나 반박한다고 해서 못마땅하게 여기거나 포기해서는 안 된다.

"제가 방금 말씀드렸잖아요?", "그렇게 설명했는데 아직도 모르시겠어요?", "지금 저를 못 믿어서 하는 말씀인가요?", "그럼 제 말이 틀렸다는 겁니까?" 등 설사 상대가 요령부득要領不得이라고 해도 상대의 잘못을 곧바로 지적하거나 비난하는 것은 듣는 이가 마음의 문을 닫게 하는 지름길이다. 순간을 참지 못해 비난한다면 상대방은 공격 신호로 받아들이고 마음의 문을 닫고 말 것이다. 이와 같은 실수는 설득이나 협상에 서툰 사람들이 자주 저지르는 실수 중 하나다.

다섯째, 어떤 상황에서도 거짓말을 하지 마라.

원활한 설득을 위해, 혹은 상대방의 승낙을 당장 얻어내기 위해 사실을 과장하거나 꼭 이야기해야 할 대목을 숨기는 경우도 있다. 하지만 모든 의사소통의 기본은 '진실fact'이다. 당장의 이익을 위해 거짓말을 했다가는 신뢰성에 치명타를 입게 된다.

설득의 법칙 2 : 결정적 한 방을 준비하라

설득을 하다 보면 결정적인 한 방이 필요하다는 생각이 들 때가 있다. 자신이 준비해온 카드를 모두 제시했는데도 상대가 결정을 망설일 때다. 어떻게 하면 좋을까?

답은 단도직입적으로, 당신이 원하는 것을 명쾌하게 말하는 것이다. 자신이 원하는 것을 명쾌하게 말하지 못하는 사람들이 의외로 많다. 무의식적으로 거절당하는 것에 대한 두려움 때문에 말을 못하는 것이다.

야구에서 노련한 투수와 신인 투수의 차이는 자신 있게 직구를 던질 수 있느냐 없느냐에 달렸다. 설득을 할 때도 때로는 결정적인 직구를 날려 스트라이크를 잡아야 하는 순간이 반드시 온다. 특히 상대방이 망설이고 있는 상태라면 더욱 그렇다. 상대방이 어떻게 해야 할지 몰라서 고민하고 망설이고 있다면, 결정적으로 당신이 원하는 것, 이제껏 설득하려고 했던 핵심 요소를 짧고 강력하게 전달하자.

설득의 법칙 3 : 고객의 입장에서 생각하고 말하고 행동하라

전문가 집단의 고객에게 다가가려면 그 분야의 전문가가 되어야 한다. 상식을 공부하든 어떤 공부를 하든 그들과 동등한 입지를 만드는 것이 중요하다. 당연하다고 생각하겠지만 사실 우리는 그렇게 하고 있지 않다. 스스럼없이 그 분야 전문용어를 쓰고 그들과의 커뮤니케이션에 동참하기 위해 노력해야 한다. 초기에는 그들의 특성이나 그들만의 니즈에 대해 모를 수 있지만 끊임없이 고민하고 연구하면 궁극에는 임팩트를 줄 수 있는 스토리를 만들어 낼 수 있다.

설득의 법칙 4 : 유머를 활용하라

고객은 물론 인간관계에서 상대의 마음을 여는 데 유머만큼 강한 임팩트를 주는 것은 없다. 유머를 이용해 훌륭한 스토리를 만들어낸 유명한 사례로는 미국의 '사우스웨스턴 항공'이 있다. 사우스웨스턴 항공은 승객들에게 '재미'를 선사하는 '펀fun'경영으로 많은 수익을 올렸다.

사실 홍보맨들의 중요 업무 중 하나는 새로운 고객으로서 기자를 만나는 일이다. 서로 첫 만남이지만 홍보맨이 갖게 되는 부담감은 기자보다 훨씬 강도가 크다. 고객과의 첫 만남의 어색한 분위기도 해소하고 첫인상을 부드럽게 하기 위해 적절한 유머는 꼭 필요하다. 시의적절한 유머는 어색하고 긴장된 상황을 한순간에 해소하는 힘이 있다. 홍보맨들은 비즈니스에서 유머가 가져오는 힘을 믿고 유머 구사 능력을 갖추기 위해 노력해야 한다.

설득의 법칙 5 : 가슴으로 이야기하라

제품과 서비스를 판매할 때 제품에 스토리Story를 입혀 판매할 수 있으면 더욱 큰 가치를 갖고 고객들에게 다가갈 수 있다. 제품의 제원이나 기능 외에 그와 관련된 문학과 영화, 음악까지 두루 섭렵한 홍보와 마케팅을 할 수 있다면 고객은 따뜻한 감동을 받을 것이다. 공감을 불러일으킬 수 있는 스토리와 감동은 비단 홍보에서만 적용되는 것은 아니다.

미담 사례 등 따뜻한 스토리는 고객의 마음을 감동시킬 수 있고 행동으로 움직이도록 하는 큰 힘을 갖고 있다. 무슨 일을 하든지 스토리를 활용한다면 좀 더 쉽게 그 일을 해낼 수 있을 것이다.

사람들은 저마다 관심을 가지는 스토리가 있다. 그것을 찾아내 그들에게 전달하면 공감대를 형성하기 용이하다. 요즘 사람들이 가장 관심을 가지는 스토리는 무엇일까? 만나는 사람들 앞에 놓여 있는 상황과 처지를 이해하고 그 사람들의 입장에서 생각한다면 성공에 한 걸음 더 다가갈 수 있을 것이다.

설득의 기본, 관찰과 통찰

"관찰이 전부다. 눈으로 볼 수 있는 것에서 시작해라. 그리고 눈으로 발견할 수 있는 것에서 배워라."

_레오나르도 다 빈치

고대 중국의 춘추전국시대는 각 나라들이 천하통일을 목표로 서로 피비린내 나는 싸움을 벌였던 약육강식의 시대였다. 또 한편으로는 살아남기 위해 활발한 외교협상이 이뤄지기도 했다. 외교협상을 담당한 사람들이 바로 재야의 유세객들이다.

이들은 각 나라의 군주에게 자신의 주장을 유세하고 그들에게 발탁되기를 원했다. 군주의 눈에 들어야만 화려한 외교무대에 발을 들일 수 있기 때문이었다. 그러나 협상이 실패하면 전권대사의 자리를 잃을 수밖에 없었기 때문에 자신의 자리를 지키려면 어떻게 해서든 협상을 성공시켜야 했다. 그만큼 유세객들은 협상에 성공하기 위해 다양한 화술과 통찰력을 갖추기 위해 노력했다.

중국 전한前漢시대 유향劉向이 쓴 『전국책戰國策』은 유세객들의 화려한 언변과 권모술수의 향연을 기록한 고전이자 인간관계에 대한 통찰이 담겨 있는 책이다. 이 책의 제목인 『전국책』은 '전국시대의 책략을 기록한 책'이라는 뜻이고 여기서 '책策'은 책략策略을 의미한다.

전국시대에는 뛰어난 화술을 가진 수많은 유세객들이 명멸했다. 이들은 세 치 혀로써 난세의 천하를 누비면서 많은 화젯거리를 만들어 냈다. 여러 나라를 돌면서 군주를 설득했던 그들은 아첨꾼으로 폄하되기도 했는데, 사마천은 『사기』에서 '아첨꾼이 막강한 영향력을 행사한 것은 무슨 특별한 재주가 있어서가 아니라 그저 순종하고 아부하는 것으로 왕들의 마음을 흔들어 놓았기 때문'이라고 썼다. 권력자가 아무리 의지가 강해도 자기 말에 무조건 복종하고 비위를 맞추는 아첨꾼에게는 약할 수밖에 없다는 점을 간파하고 있었다는 것이다. 아부와 아첨의 정치가 통치자를 흔들고 나라를 혼란으로 몰아간 사례가 『사기』에만도 수없이 등장하는 것도 이 때문이다.

그런 점에서 제왕 한 사람에게 권력이 집중된 왕조체제에서는 정직하고 깨끗하게 사는 사람보다 아부와 아첨을 통해 부와 권력을 차지하고자 하는 자들이 득세할 수밖에 없다. 그에 따라 아부와 아첨의 놀라운 기술들이 발전될 수밖에 없었다. 그 기술 중에서 '첨유지술諂諛之術'이라는 기술의 핵심은 '상대가 눈치 채지 않게 의도를 전달하는 것'이다.

상대를 설득하기 위해서는 상대를 관찰하고 거기서 얻은 통찰이 기본이다. 『전국책』에 나오는 관찰과 통찰을 통해 설득에 성공한 몇 가지를 소개한다.

누구나 인정받고 싶어 한다

'열 길 물속은 알아도 한 길 사람 속은 모른다'는 속담이 있다. 그만큼 사람의 마음을 헤아리는 것이 어렵다는 뜻이다. 인간관계는 정말로 미묘微妙하기 짝이 없다. 특히 홍보맨은 이러한 인간관계의 미묘함을 제대로 이해하고 적절히 활용할 필요가 있다. 그렇지 않으면 사람들과 소통하기 어렵고, 일이 순조롭게 진행되지 않기 때문이다. 또 홍보맨은 너그러운 마음을 가져야 한다. 각박하고 속이 좁은 사람은 남의 흠을 잘 잡고 실패를 나무라는데, 그런 마인드로는 다른 사람의 마음을 얻을 수 없다.

士爲知己者死 母爲悅己者容 사위지기자사 모위열기자용
"선비는 자신을 알아주는 사람을 위해 죽고, 여자는 자신을 기쁘게 해 주는 남자를 위해 화장을 한다."

한번쯤 들어봤을 이 말은 중국 전한시대의 유향劉向이 편찬한『전국책』「조책趙策」에 전한다.『전국책戰國策』은 주周 정정왕貞定王 57년(기원전 454)부터 진시황 37년(기원전 210)에 이르기까지 약 240년 동안의 정치, 사회와 책사언행策士言行을 기록한 역사책이다. 후에 사마천이 지은『사기史記』「자객열전」에 실리면서 널리 알려졌다.

고대 중국 춘추시대 말기에 진晉나라 사람 예양豫讓이 중신인 지백智伯을 섬겨 국사國士로 대접을 받았다. 조양자趙襄子가 한韓나라 · 위魏나라와 연합하여 지백을 쳐서 그의 종족을 모두 멸망시키자 예양이 지백의 원수를 갚고자 하였다. 처음에는 실패하였지만 오히려 조양자가 예양을

의인義人이라 하여 살려주자 그는 다시 온몸에 옻칠을 하여 문둥이처럼 꾸미고, 숯을 삼켜서 벙어리가 되어 거지 행세를 하면서 자신을 숨겨 조양자를 죽이고자 기회를 노렸으나 끝내 뜻을 이루지 못하고 붙잡혔다.

조양자가 예양에게 물었다.

"너는 원래 진나라 6대 가문 중 범 씨와 중행 씨도 섬겼고, 지백은 그 두 가문을 멸망시킨 장본인이다. 그런데 앞선 두 집안의 원수는 갚지 않고, 유독 지백의 원수만을 갚으려고 하느냐?"

예양이 대답했다.

"범 씨와 중행 씨는 모두 저를 보통사람으로 대접하였으므로 나도 보통사람으로 그들에게 보답했을 뿐이오. 하지만 지백은 나를 국사國士로 대우해 주었으니 국사로서 원수를 갚아드리려고 하는 것이오."

예양은 마지막 소원으로 조양자가 입고 있던 겉옷을 달라고 하여 그 옷을 칼로 세 번 베는 것으로 지백의 복수를 대신하고는 자결했다.

사마천은 『사기』 「자객열전」에 예양의 이야기를 실어 그의 정신을 높이 평가했다.

'나를 인정해 주는 사람은 누굴까? 내가 진정으로 존경하는 사람은 누구일까?'

인간관계의 미묘함을 다른 각도에서 바라본 말이다. 자신을 인정해 주는 사람에게 충성하고 자신을 이해해 주는 사람과 일하고 싶어 하는 마음은 예나 지금이나 크게 다르지 않다. 낮은 대접을 받는 경우엔 충성을 쌓을 필요가 없고, 지나치게 높은 대접을 받을 경우에는 충성으로 대가를 치러야 한다는 말이다. 자신이 사소하게 베푼 것을 잊지 않고, 감사를 받고 상대가 은혜를 갚아 주기를 바라는 게 보통사람의 성정이다. 착한 사람도 자신의 선행을 알리고 자랑하는 일에는 쉬지 않는다. 이익을 바라거나 해를 입지 않기 위해 타인에게 친절을 베푸는 것은 어쩌면 생활의 지혜이기도 하다. 상대방의 기분을 이해하고 그의 장점을 소중히 여기고 칭찬하면 부하는 '충성하는 마음'을 갖게 마련이다. 직장인으로서 상사와 부하들과 함께 일하는 홍보맨에게도 해당한다.

아부를 싫어하는 사람은 없다

전국시대 초楚나라 출신 책사인 장의張儀가 초나라에서 식객으로 체류할 때의 일이다. 언제부터인지는 몰라도 장의는 초 회왕의 태도에서 자신을 점점 멀리하고 있음을 느꼈다. 자신에게 냉담한 태도를 보이는 것은 물론 심지어는 시종들 사이에서도 자신에 대한 비난이 들려올 정도였다. 자신의 위치에 불안감을 느낀 장의는 곰곰이 생각한 끝에 한 가지 꾀를 내고는 회왕을 만나 담판을 짓기로 했다.

"초에서는 저를 필요로 하지 않은 것 같으니 북쪽 위나라로 갈까 합니다."

"좋소. 원한다면 가시오!"

"덧붙여 한 말씀 더 드리겠습니다. 대왕께 뭔가 필요하신 게 있으시다면 제가 위나라에서 가져다 바치도록 하겠습니다."

"금은보화나 모든 게 우리 초나라에도 흔한데, 위나라의 무엇이 필요하겠소?"

"그렇다면 대왕께서는 미인을 좋아하지 않는 모양이군요."

"무슨 소리요?"

"정鄭이나 주周나라는 중원에서도 미인들로 유명해서 사람들이 선녀로 오인할 정도지요."

장의는 이 대목을 유달리 강조했다. 당시 초나라는 남방의 후진국으로, 문화가 앞선 위나라 등 중원 지역의 나라에 대해 일종의 열등감을 갖고 있었다.

초 회왕은 더 이상 오만한 태도를 거두고 말끝을 흐렸다.

"초나라는 남방에 치우쳐 있는 나라요. 중원의 여자가 그렇듯 아름답다는 것은 소문으로만 들었지 아직 직접 보지는 못했소. 그러니 신경 써서 찾아봐 주시오."

그러면서 회왕은 장의에게 자금으로 쓰라며 금은보화를 두둑이 주었다.

당시 초나라에서 대단한 권세를 누리던 왕후 남후南后와 후비 정수鄭袖는 이 얘기를 듣고 속으로 매우 초조해졌다. 두 사람은 약속이나 한 듯 사람을 통해 장의에게 많은 황금을 보냈는데, 말로는 '여비에 보태라'는 것이었지만 실제로는 미녀를 초나라로 데려오지 말라는 간접적인 의사표시였다.

미리 세운 계책에 따라 장의는 회왕에게 길을 떠나기 자신을 위해 잔치를 베풀어 줄 것을 요청했다.

"요즘 같은 난세에 언제 다시 왕을 뵐 수 있을지 기약할 수 없사오니, 아무쪼록 술자리를 한번 마련해 주십시오."

회왕은 장의를 위해 송별회를 마련했다. 술자리가 거나하게 무르익을 무렵 장의가 갑자기 절을 하며 "더 이상 이런 자리는 없을 것 같사오니, 원하옵건대 왕께서 가장 아끼시고 사랑하는 분들로부터 술을 한잔 받았으면 합니다." 라고 말했다. 왕은 이를 허락하고 곧 남후와 정수를 불러 장의에게 술을 따르게 했다. 두 여자를 본 장의는 탄성을 지르며 초나라

왕 앞에 무릎을 꿇고 또다시 넙죽 절을 했다.

"장의, 대왕께 사죄하옵니다."

"무슨 소리요?"

장의는 이 대목에서 또 한 차례 입술에 침도 안 바르고 달콤한 말을 내뱉었다.

"천하를 돌아다녀 보았지만 이토록 아름다운 미인들은 보지 못했사옵니다. 그런데 위나라에 가서 미녀를 얻어 오겠다고 했으니, 대왕을 속인 것이 아니고 무엇이겠습니까?"

자신의 후비를 극찬하는 말을 들은 회왕은 화를 내기는커녕 오히려 장의의 말에 맞장구를 쳤다.

"개의치 마시오. 나 역시 천하에 저들처럼 아름다운 여인은 없다고 생각하고 있소."

남후와 정수는 일찍부터 고만고만한 칭찬에 싫증이 나던 차에, 장의와 같은 비중 있는 인물로부터 칭찬을 듣고 보니 여간 기분이 좋은 게 아니었다.

장의는 이처럼 교묘한 아첨술로 초나라 궁정의 총애와 신임을 한 몸에 받았다.

장의는 후에 국제정치 무대에 등장한 뒤에도 가끔 큰 협상을 성공시켜 거물 외교관으로 이름을 날렸다. 장의의 유세는 인간이 갖고 있는 약점을 정확히 읽어내는 것이 특징이다. 회왕에 관한 이야기만 하더라도 여자를 좋아하는 왕의 약점뿐만 아니라 여인들의 약점까지도 훤히 꿰뚫어 본 것이다. 흥정, 교섭, 협상을 능숙하게 하려면 사람에 대한 관찰이 몸에 배어 있어야 한다는 사례이다.

상대방을 기쁘게 하는 가장 좋은 방법으로, 상대가 필요로 하는 부분을 만족시켜 주는 것만큼 좋은 것은 없다. 후한 선물과 아부로만 되는 것은 결코 아니다. 아부의 기술 중 가장 보편적인 것이 '상대가 좋아하는 것을 던져준다'는 '투기소호投其所好'다. 상대가 좋아하는 것을 주거나 비위를 맞춘다는 의미의 이 말은 겉으로 드러나는 양모陽謀와 드러나지 않는 은밀한 음모陰謀를 모두 포함한다.

아부라고 좌시하지 말고 상황에 따라 상대방과의 소통에 필요하다면 이 역시 홍보맨이 갖춰야 할 자질의 하나라고 생각한다.

쉬운 것부터 제안하라

'쉬운 일부터 먼저 시작하라.'

『전국책』「연책燕策」에 나오는 말이다. 이 말은 인재를 초빙할 때의 마음가짐과 준비에 관한 말인데, 그 유래는 다음과 같다.

전국시대 연燕나라는 지금의 북경 근처에 있었다. 이웃 제齊나라의 침공을 받아 어려웠던 시기에 즉위한 임금이 소왕昭王이었다. 그는 어려운 나라를 정비해 패전의 치욕을 씻고 싶었다. 그러자면 먼저 우수한 인재를 확보해야 했다. 자신을 낮추고 천하의 현자들을 초빙해야겠다고 생각한 소왕은 먼저 현자로 이름난 곽외郭隗를 찾아 상의했다.

"인재를 초빙하여 국력을 키우고 부왕의 치욕을 씻고자 하는 것이 내 평생 염원이니 선생께서 가르침을 주시오."

곽외는 대답했다.

"예부터 제왕은 훌륭한 보좌관을 두었습니다. 또 좋은 임금은 훌륭한 벗을, 그리고 패자霸者는 훌륭한 부하를 가졌습니다. 그리고 나라를 망치는 임금은 시시한 부하들에게 둘러싸여 있었습니다. 인재를 모시고 싶다고 하셨는데 몇 가지 방법이 있습니다.

첫째, 예를 다하여 현자를 모시고 정중히 가르침을 받습니다. 이렇게 하면 자기보다 100배 우수한 인재들이 몰려옵니다.

둘째, 상대방에게 경의를 표하고 그 의견에 가만히 귀를 기울입니다. 이렇게 하면 자기보다 10배 우수한 인재들이 몰려옵니다.

셋째, 상대방을 대등하게 대하면 자신과 비슷한 정도의 인간밖에 모이지 않습니다. 의자에 기대앉아 지팡이를 짚고 곁눈질로 지시하면 말단 벼슬아치밖에 모이지 않습니다. 정신을 차리지 못하도록 호통치고 무조건 호되게 꾸짖으면 하인밖에 모이지 않습니다.

이것이 인재를 초빙할 때의 지침입니다. 이제 널리 나라 안의 인재를 뽑아서 가르침을 받으십시오. 이 소문이 퍼지면 천하의 인재들이 너도나도 몰려올 것입니다."

곽외의 답변에서 핵심은 '조직의 우두머리는 넓은 시야와 겸허한 마음을 갖고 널리 인재를 모아야 한다'는 것이었다. 곽외는 지도자가 '우물 안 개구리'로 머무르는 것을 크게 경계해야 한다고 말했다.

이어서 곽외는 인재 초빙에 관해서도 말했다.

"옛날 어떤 왕이 천금을 들여 천리마를 구하고자 했으나 3년이 지나도 얻지 못했습니다. 이 때 측근 한 사람이 '제가 구해 오겠습니다.' 하고 나서자 왕은 그에게 천리마를 구해 오도록 했습니다. 그로부터 3개월 후 그는 천리마가 있는 곳을 알아냈지만, 말은 이미 죽은 뒤였습니다. 그는 500금을 주고 죽은 말의 뼈를 사서 돌아왔습니다. 왕은 대노하여 말했습니다.

'살아 있는 말을 사오라고 했는데, 어찌 500금이나 주고 말의 뼈를 사왔는가?' 그 측근이 말하길, '죽은 말의 뼈조차 500금으로 사들였으니, 살아 있는 말은 얼마에 살까? 천하 사람들은 왕이 반드시 천리마를 사려고 한다는 것을 알 것입니다. 그러하니 천리마는 곧 모여들 것입니다.'라고 하였는데, 1년도 지나지 않아 천리마가 3필이나 모였다고 합니다."

곽외는 이 이야기를 하고나서 본론에 들어갔다.

"폐하께서 진심으로 인재를 초빙하시려면 먼저 저부터 중용해 주십시오. 저와 같은 이도 중용한다는 소문이 나면 저보다 현명한 사람들이 천릿길도 마다하지 않고 찾아올 것이 틀림없습니다."

이에 소왕은 곽외를 위해 궁을 지어 주고 스승으로 모셨다.

그 일이 세상에 알려지자 장수 악의樂毅가 위魏에서, 음양가로 유명한 추연鄒衍이 제齊에서, 극신은 조趙나라로부터 찾아오는 등 천하의 현자들이 다투어 연나라로 모여들었다.

이후 소왕은 전쟁에서 전사한 자들을 조문하고 민생을 살피는 등 백성들과 고락을 함께 했다. 28년이 지나자 연나라는 부강해졌다. 이에 악의를 상장군으로 삼고 진, 초, 한, 위, 조와 연합하여 제나라를 정벌했다. 제나라는 패하고 민왕閔王은 국외로 도망쳤다. 소왕은 그를 추격해 제나라 수도 임치를 함락하고 금은보화를 취했으며, 궁궐과 종묘를 불태웠다. 제나라 성 중에서 요성, 거성과 즉묵성만 남기고 모두 연나라에 항복했다.

위 이야기에서 우리가 주목해야 할 것은 곽외의 화법話法이다. 그는 설득력 있는 비유를 통해 자신부터 채용하는 것이 인재 영입 프로젝트의 첫걸음이라는 것을 소왕에게 납득시켰다. 곽외의 목적이 처음부터 관직을 얻는 것이었는지는 알 수 없지만 결과적으로 그는 나라를 위해 일을 할 수 있는 요직을 얻었다. 또한 "손쉽게 발탁할 수 있는 인재를 우선 영입하고 그를 잘 대우해 주라"는 곽외의 조언은 주목할 만하다. 그렇게 해서 채용된 인재가 더 좋은 인물들을 끌어들이는 자석 역할을 했기 때문이다.

위 이야기는 '우선 (곽)외부터 시작하십시오.' 즉, 선종외시先從隗始라는 말로 잘 알려져 있다. 이 말은 '위대한 계획도 먼저 가까운 곳에서부터 착수하라'는 뜻으로 쓰인다. 인재를 찾아내는 일은 어렵지만 찾아낸 인재를 그릇의 크기에 따라 대우하고 일을 맡기는 일 또한 결코 쉽지 않다.

의표를 찔러라

설득하는 방법은 여러 가지가 있다. 상대방의 의표를 찌르는 것도 방법이다. 이것은 엉뚱한 이야기로 상대방의 관심을 끈 다음, 서서히 하고 싶은 말을 하는 방식이다. 이런 접근법은 특히, 설득하기 어려운 상대를 만났을 때 효과적이다.

제나라 재상을 지낸 정곽군靖郭君 전영은 전국시대 사군자四君子 중 한 명인 맹상군孟嘗君의 아버지이자 제나라 위왕威王의 막내아들이다. 권력 싸움에서 패해 이복형이 선왕宣王으로 즉위하자 그는 제나라를 떠나 설薛이라는 땅에 성을 쌓으려고 했다. 그러자 그에게 신세를 지고 있던 세객說客들이 연이어 찾아와 성 쌓는 것을 중단하라고 건의했다.

화가 난 정곽군은 비서에게 명령했다.

"손님이 찾아와도 더 이상 들여보내지 말라."

얼마 지나지 않아 세객 한 명이 또 찾아와 면담을 요청하며 다음과 같은 말을 남겼다.

"세 마디만 하겠습니다. 그 이상 말하면 저를 솥에 넣고 삶아도 좋습니다."

세 마디가 궁금해진 정곽군은 결국 세객을 불렀다.

세객은 정곽군 앞으로 걸어가 "해海, 대大, 어魚"라고 말하고는 바로 밖으로 나가려고 했다. 그러나 무슨 뜻인지 알 수 없었던 정곽군은 그를 불러 세워 다시 물었고, 이에 세객이 대답했다.

"저는 어이없이 죽고 싶지는 않습니다."

"걱정 말고 자세히 얘기해 보아라."

세객이 대답했다.

"큰 고기大魚 이야기를 알고 계실 것입니다. 그물에도 걸리지 않고 낚싯줄로 낚아 올릴 수도 없습니다. 하지만 그렇게 큰 물고기도 물에서 나오기만 하면 벌레들의 먹이에 지나지 않습니다. 제나라는 주군에게 물과 같습니다. 주군이 제나라를 보존하고 있는 한 설 땅에 성을 쌓을 필요가 없습니다. 그러나 주군이 제나라에서 떨어져 나가면 아무리 높은 성벽을 쌓아도 아무런 도움이 되지 못합니다."

이 말을 들은 정곽군은 "과연, 그대의 말이 맞다"고 말하고 성 쌓는 일을 멈추게 했다. 세객이 하고자 한 말은 '분수를 모르면 파멸한다'는 메시지였다.

이 사례에서 주목할 것은 세객의 화법이다. "해, 대, 어"라는 알 듯 말 듯한 말로 상대방의 호기심을 자극하고 이어서 본론에 들어가는 방식이었다. 한번쯤 시도해볼 만한 화법이다.

마음을 사로잡는 설득 노하우 3가지

"부드러운 말로 상대를 설득하지 못하는 사람은 위엄 있는 말로도 설득하지 못한다."

_ 안톤 체호프 Anton Chekho

'소통'이라는 단어가 넘쳐나는 시대다. 하지만 소통Communication이 무엇인지 묻는다면 제대로 인지하고 대답하는 사람은 얼마나 될지는 의문이다.

소통은 문자 그대로 서로의 생각을 나누는 행위다. 본래 인간은 본능적으로 소통을 시도하는 존재다. 사람과 사람과의 거리는 우주 만큼일 수도 있고 종이 한 장 차이가 될 수도 있다. 당신이 풍부한 감성이 담긴 스토리, 진실한 마음을 담은 스토리로 그 간격을 좁힐 수 있다면 세상은 당신 편이 되어줄 것이다. 설득과 스토리는 마음을 얻느냐 얻지 못하느냐를 결정짓는 중요한 소통 수단이다. 다음은 소통에 대한 노하우 몇 가지이다.

긍정 메시지를 담아라

긍정의 힘은 사람의 마음을 움직이고, 잠재력을 극대화하는 강력한 요소다. 심리학에서는 '피그말리온 효과Pygmalion effect' 혹은 '로젠탈 효과Rosenthal Effect'라고 한다.

피그말리온 효과는 그리스신화에 나오는 조각가 피그말리온의 이름에서 유래한 심리학 용어다. 아름다운 여인상을 조각한 피그말리온은 그 여인상을 진심으로 사랑하게 된다. 여신女神 아프로디테(로마신화의 비너스)는 그의 사랑에 감동하여 여인상에 생명을 주었다고 전한다.

이처럼 타인의 기대나 관심으로 인하여 불가능할 것처럼 여겨졌던 일이 간절히 염원한 끝에 바라는 대로 이뤄지는 현상을 '피그말리온 효과'라고 한다. 또한 '로젠탈 효과'도 주목할 만하다. 하버드대 심리학과 교수였던 로버트 로젠탈 교수가 발표한 이론으로 칭찬의 긍정적 효과를 설명하는 이론이다. 그는 샌프란시스코의 한 초등학교에서 20%의 학생들을 무작위로 뽑아 그 명단을 교사에게 주면서 지능지수가 높은 학생들이라고 말했다. 8개월 후 명단에 오른 학생들이 다른 학생들보다 평균 점수가 높았다. 교사의 기대와 격려가 큰 힘이 되었기 때문이다. '피그말리온 효과'와 일맥상통하는 용어로 알려져 있다.

학생들이 부모나 교사로부터 가장 듣고 싶은 말은 "넌 할 수 있어."라고 한다. 이는 직장에서도 마찬가지다. 부하직원들은 상사로부터 긍정적인 메시지를 듣고 싶어 하고 그럴 때마다 큰 성과로 보답한다. 그럼에도 우리가 긍정적인 메시지를 말하는 게 쉽지 않은 이유는 무엇일까?

긍정 메시지는 어떤 상황에서도 사람들에게 용기를 주고, 실질적인 변화를 이끌어 낸다. 긍정 메시지는 사람들의 마음을 활짝 열어줄 마스

터키와 같다. 그 안에 신뢰의 메시지가 담겨 있기 때문이다. 감사와 사랑이 담긴 긍정의 말은 무엇이든 이룰 수 있는 강력한 힘을 갖고 있다. 당신이 리더라면, 구체적이고 수치화된 청사진을 제시하기 전에 건네는 긍정적인 말 한마디가 큰 울림을 주고, 커다란 반향을 일으킬 수 있음을 기억하자.

욕구를 자극하라

설득 커뮤니케이션에서 가장 중요한 것은 상대방의 욕구를 파악하는 것이다. 그 욕구를 파악해 욕구를 자극하는 것만큼 타인의 즉각적인 반응을 이끌어내는 소통 기술도 없을 것이다. 목표를 제대로 조준한 한 마디는 상대를 완벽히 사로잡는다.

무슨 일을 하든 그 조직에서 직책이 일정한 위치 이상 올라가려면 타인을 설득하는 능력이 필요하다. 개인이 가진 능력과 별개로, 다른 사람들에게 자신의 가치를 납득시켜야 하기 때문이다. 사람들은 보통 자신이 아는 바가 없거나 자신의 이익과 무관한 문제에 대해서는 중립적인 태도를 취한다. 하지만 자신이 알고 있는 문제나 자신의 이익과 결부된 문제에 대해서는 완고한 태도를 취하기 마련이다. 그런 속성 때문에 소통하려는 사람들이 무엇을 원하는지, 그들의 욕구가 무엇인지 철저히 파악해야 한다.

협상에서 욕구란 당사자들이 취하는 입장을 말한다. 협상에서 마주치게 되는 문제들이나 요구 사항은 상호 직접적으로 연관이 있다. 그리고 그들의 요구는 당사자들이 지닌 근본적인 이해관계를 말한다. 상대에게서 당신이 원하는 것을 얻어낼 수 있는 최선의 방법은 먼저 상대가 원하는 욕구를 충족시켜 주는 것이다. 그런 점에서 상대의 욕구에 부응하는 방식으로 대화를 끌어간다면 설득은 의외로 쉽게 달성할 수 있다.

자신부터 설득하라

설득의 첫 작업은 상대방의 마음을 여는 것이다. 하지만 그 전에 거쳐야 할 단계가 하나 있다. 먼저 스스로를 설득하는 것이다. 강력한 자기 확신 없이 다른 사람을 설득한다는 것은 어불성설이다. 설득할 때 가장 큰 힘은 외부가 아니라 내부에서 나온다. 자기 자신이 스스로를 믿을 때, 현실적으로 불가능해 보이는 상황도 타개하는 마법 같은 힘을 얻을 수 있다. 정주영 전前 현대그룹 명예회장이 자본도 기술도 없이 외국 차관을 도입해 현대조선소를 건설했던 일화는 '설득'의 전설로 전해진다.

1971년 9월, 정주영 회장은 대한민국 최초로 조선소를 만들어야겠다고 결심했다. 현대건설은 기계, 전기계통의 기술자들이 많았는데, 이들을 인적 자원으로 활용해 수억 달러짜리 배를 우리나라에서 앉아서 만드는 것이 해외건설 현장에 나가 돈을 벌어들이는 것보다 낫다고 판단했다.

정주영 회장은 결심이 서면 곧바로 밀어붙이는 사람이었다. 조선소 건설에 약 8천만 달러의 돈이 필요하다는 것을 알게 된 정주영 회장은 일본 미쓰비시상사로부터 돈을 빌리고자 했으나 거절당했다. 그럼에도 포기할 수 없었던 그는 자금을 마련하기 위해 영국 런던으로 날아갔다.

런던은 뉴욕, 프랑크푸르트와 더불어 세계의 자본이 몰려 있는 금융도시였다.

차관을 얻기 위해 여러 방법을 찾던 정주영 회장은 세계 금융계를 지배하고 있는 은행들은 한결같이 영국의 버클레이즈은행과 연결되어 있다는 것을 알아냈다. 정주영 회장은 버클레이즈와 협상을 벌였다. 그러나 반응은 신통치 않았다. 버클레이즈 은행에서 돈을 빌리기 위해서는 은행이 요구하는 영국식 사업계획서와 추천서가 필요했다.

정 회장은 영국 선박 컨설턴트 기업인 A&P애플도어에 사업계획서와 추천서를 의뢰했지만 A&P애플도어는 이름 없는 사업가에게 의구심을 품었다. 결국 사업계획서는 가능하지만 추천서는 불가능하다는 답변을 받았다. 정 회장은 A&P애플도어 회장의 추천서를 받기 위해 직접 런던으로 날아갔다. 그에게는 조선소를 지을 울산 미포만의 황량한 모래사장을 찍은 흑백사진 한 장이 전부였다.

런던에 도착한 지 일주일 만에 정 회장은 A&P애플도어의 찰스 롱바톰 회장을 어렵게 만났다. 그러나 롱바톰 회장은 회의적인 말을 되풀이했을 뿐이었다. "아직 배를 사려는 사람도 나타나지 않고, 또 현대건설의 상환 능력과 잠재력도 믿음직스럽지 않아 돈을 빌려주기는 힘들 것 같다"는 말이었다.

이때 '궁하면 통한다'는 정주영식 기지가 발동했다. 정주영 회장은 주머니에서 거북선이 그려져 있는 500원 짜리 지폐를 꺼내 테이블 위에 펼쳐놓고 말했다.

"회장님! 이 그림은 거북선이라는 철로 만든 함선입니다. 영국의 조선 역사는 1800년대부터지만 한국은 영국보다 300년이나 앞선 1500년대에 이 거북선을 만들어냈고 이 거북선으로 일본과 벌인 임진왜란에서 일본의 함선을 궤멸시킨 역사적인 철선이지요. 쇄국정책 등으로 산업화가 늦어져 국민의 능력과 아이디어가 녹슬었을 뿐 조선 분야에서 잠재력은 그대로 보유하고 있다고 자부합니다. 다시 한 번 고려해 주시기 바랍니다."

정주영 회장의 말에 감동한 롱바톰 회장은 의자를 당겨 앉으며 지폐를 꼼꼼히 살펴보기 시작했다. 정주영 회장은 조금도 기죽지 않고 당당한 태도로 롱바톰 회장을 설득했다. 롱바톰 회장은 잠시 생각한 뒤 지폐를 내려놓고 손을 내밀며 말했다.

"당신은 정말 훌륭한 조상을 두었소. 당신은 당신의 조상들에게 감사해야 할 겁니다."

이어 롱바톰 회장은 확신으로 가득 찬 정 회장에게 말했다.

"거북선도 대단하지만 당신도 정말 대단한 사람이오. 당신이 정말 좋은 배를 만들기를 응원하겠소!"

롱바톰 회장은 얼굴에 환한 미소를 지으며 정 회장과 버클레이즈은행 부총재를 만날 수 있게 해 주었다. 결국 정주영 회장은 버클레이즈은행으로부터 차관 약속을 받아냈다.

마지막 관문은 수출보증기구의 보증이었다. 영국에서는 은행이 외국에 차관을 주려면 영국 수출보증기구의 보증을 받아야 했다. 수출보증기구에서는 배를 살 사람이 있다는 계약서를 가지고 와야 승인을 해 주겠다고 했다. 조선소조차 없고, 아직 배 한 척도 만들어보지 않는 회사와 누가 배를 계약한다는 말인가?

하지만 정주영 회장은 버클레이즈은행으로부터 차관 약속까지 받아냈는데, 이제 와서 포기할 수는 없다고 생각했다. 대통령과 조선소를 세우겠다는 약속까지 한 국가사업을 포기할 수도 없었다. 정주영 회장은 소나무 몇 그루와 초가집 몇 채가 보이는 백사장 사진을 들고 세계 유수의 해운회사들을 찾아다녔다.

그때 정주영 회장의 열정을 한눈에 알아본 사람이 있었다. 바로 그리스의 거물 해운업자 리바노스였다. 그리스 해운업계의 거물 리바노스가 정주영에게 26만 톤짜리 배 두 척을 현대에 주문하겠다는 것이었다. 영국에서 교육받은 서른여섯 살의 리보노스는 부친이 별세한 후 선박사업을 물려받아 확장 중이었다.

"지금은 백사장이지만, 이곳에 훌륭한 조선소를 건설할 계획입니다. 다른 조선소보다 싼 가격에 배를 만들어 드리겠습니다."

정주영 회장의 말을 들은 리바노스가 말했다.

"어쩌면 내가 지금 도박을 하고 있는지 모르겠소. 그러나 당신의 열정에 감복하여 이 계약서를 성사시키기로 마음먹었습니다."

리바노스가 제안한 선박의 가격은 한 척당 3,035만 달러로 26만 톤급 두 척이었다. 5년 후, 배를 인도하기로 하고 정주영 회장은 그 자리에서 계약금 14억 원을 챙길 수 있었다. 정주영이 내건 조건도 파격적이었다. 제때에 배를 인도하지 못하면 계약금의 원금에다 이자까지 지불하겠다는 것이었다.

그렇게 해서 배를 팔 수 있다는 증명서를 첨부해 영국정부에 다시 제출하고 조선소를 지을 돈을 빌리게 되었다.

위에서 살펴본 바와 같이 설득은 그 누구도 아닌 자신으로부터 시작한다는 것을 명심하자. 당당하게, 자신감을 갖고 스스로를 먼저 설득할 수 있어야 한다. 그것이 성공적인 소통의 첫 단계이다.

최고의 소통, 경청

"먼저 생각하고 마지막에 말하라."

_ 피터 드러커 Peter Ferdinand Drucker

生於憂患 死於安樂 생어우환 사어안락

맹자가 한 이 말은 "지금 어렵고 근심스러운 것이 나를 살리는 길로 인도할 것이요, 지금 편안하고 즐거운 것이 나를 죽음의 길로 인도할 것이다." 라는 의미다. 살다보면 일이 뜻대로 되지 않아 한 발자국도 나아갈 수 없는 처지에 놓였을 때 우리가 어떻게 해야 할 것인지 알려주는 좋은 근거가 된다. 2천 년 전이지만 생존과 삶의 지혜는 현재도 유효하다.

우리는 인생을 살아가는 과정에서 아무리 해도 안 되거나 또는 할 수 없는 한계상황에 처한 경험을 갖고 있다. 우리는 소통을 통해 그 상황을 극복하고 위대한 조직으로 나아갈 수 있다.

위대한 조직의 공통점은 무엇일까?

명확한 목표 설정, 비전과 가치 공유, 적절한 역할 분담 등 여러 가지를 꼽을 수 있겠지만 '소통 역량'도 빼놓을 수 없는 핵심 요소 중 하나다. 조직의 커뮤니케이션 역량을 높이려면 다양한 소통 채널을 구축하고, 수시로 임직원들을 교육시켜야 한다. 무엇보다 리더의 역할이 가장 중요하다.

　　커뮤니케이션 역량은 리더가 갖춰야 할 필수 능력 중 하나이며 사회생활의 가장 핵심적인 요소다. 미국의 커뮤니케이션 전문가인 래리 버커Lary L. Berker에 따르면, 사람들은 일반적으로 깨어 있는 시간의 70%를 소통하는 데 쓴다고 한다. 듣기(48%)가 가장 많고 그 다음이 말하기(35%), 쓰기(7%), 읽기(1%) 순서다. 하지만 듣기가 소통의 절반을 차지함에도 불구하고 남의 말을 잘 듣는다는 것은 여전히 쉬운 일이 아니다.

　　리더가 리더답게 소통하지 못하면 조직은 많은 피해를 입는다. 우선 상사와 부하 사이에 의사소통에 높은 장벽을 만든다. 조직 내 정보의 흐름이 단절되고 신념과 목표 공유가 어려워지고 결국 조직 내 갈등으로 이어진다. 이런 부작용이 쌓이면 기업의 경쟁력이 약화된다. 리더의 소통 부재나 무능력은 결국 기업을 망친다.

　　경청傾聽은 모든 인간관계의 시작이라고 해도 과언이 아니다. 말하기 비중이 높은 홍보맨의 업무 역량은 오히려 경청에서 빛을 발한다. 경청이란 '상대의 말을 그냥 듣지hear 않고 귀 기울여 주의해서 듣는다listen'는 뜻이다. 타인의 말을 경청하는 가장 큰 목적은 그 말에 담긴 귀중한 정보나 교훈 때문이 아니다. 경청은 대화 상대방을 인정한다는 신호다. 돌이켜보면 오래도록 존경받아온 역사적인 리더는 예외 없이 훌륭한 경청의 대가였다.

　　『삼국지연의』는 민초들이 자신의 희망과 의지를 담아 오랜 세월 고쳐

가면서 전승(傳承)되어 온 역사소설이다. 여러 판본이 있지만 삼국지 최고 스타 유비는 경청하는 사람이었다. 유비는 똑똑한 조조나 귀공자 손권에 비해 타인의 말을 잘 들어주는 사람이었다. 책사 방통의 교만함을 안아 주기도 하고, 장비의 성급함을 사려 깊게 참아낼 줄도 알았다. 유비는 '말하기'보다 '듣기'가 더 확실한 소통법이란 사실을 잘 알고 있었다. 어느 시대에도 팔로워(follower)들이 원하는 리더는 자기 말을 끝까지 들어주는 리더란 사실을 방증하는 사례다.

경청을 잘 하려면 어떻게 해야 할까? 먼저 열린 마음을 가져야 한다. 의식적으로 상대방이 하는 이야기에 집중하려고 노력해야 한다. 동서고금을 통해 경청으로 한 시대를 주름잡았던 리더는 수없이 많지만 그 중에서 항우와 유방이 천하통일을 두고 벌인 초한전쟁(楚漢戰爭)의 사례를 보자. 초한전쟁은 기원전 206년 진나라의 멸망 후 서쪽의 초나라 패왕 항우와 한나라 왕 유방과의 5년에 걸친 전쟁을 말한다. 중국뿐만 아니라 한국에서도 항우와 유방이 천하를 두고 다툰 이야기는 유명하다. 항우와 유방은 출신 계급부터 정책에 대한 관점, 특징되는 능력과 성격 등 모든 것이 완벽하게 상반되는 상대였다. 이러한 상호간의 강렬한 개성으로 인해 이 전쟁은 인기가 많았고 이들의 대결은 『초한지』라는 소설로 더욱 유명해졌다.

항우는 명문귀족 출신에 '항우장사'라고 불릴 만큼 힘이 세고 전투 지식과 카리스마를 모두 갖춘 '금수저'로 알려져 있다. 반면 유방은 농민 출신으로 한량에다 학문도 부족하고 전투 경험도 무지한, 말 그대로 '흙수저'였다. 항우의 초나라와 유방의 한나라는 그 전력 차이가 매우 커서 유방은 해하전투 이전까지는 한 번도 항우를 이기지 못했지만 전쟁의 신으로 일컬어지는 한신을 영입해 마지막 한 번, 해하전투에서 승리하면서 천하를 통일했다. 천하를 통일한 후 유방이 신하들에게 자신이 항우를 이기고 천하를 통일하게 된 이유를 말하는 대목이 『사기』 「고조본기高祖本記」에 전한다.

"무릇 군영의 장막 안에서 계책을 마련하여 천 리 밖에서 벌어지는 싸움을 승리로 이끄는 것은 내가 장량만 못하고, 나라를 안정시키고 백성들을 위로하며 군량을 준비하여 그 공급이 끊어지지 않게 하는 것은 내가 소하보다 못하고, 백만 대군을 이끌고 싸우면 항상 이기고 성을 공격하면 반드시 함락시키는 데는 내가 한신만 못하다. 이 세 사람은 실로 인중호걸人中豪傑들이라고 할 수 있다. 내가 천하를 차지할 수 있었던 것은 그들 세 사람을 능히 부릴 줄 알았기 때문이다. 항우는 그나마 있었던 범증 한 사람조차 제대로 쓰지 못했기 때문에 나에게 사로잡히게 된 것이다."

유방은 항우에 비해 모든 면에서 부족했지만 위 사례에서 알 수 있듯이 남들이 갖지 못한 재능이 있었다. 그것은 자신의 부족함을 인정하고, 신분 고하를 막론하고 권위나 자존심을 내세우지 않고 남의 말을 잘 들어주는 경청의 자세였다. 그의 소통 언어는 이랬다.

"如何여하? (어떻게 하지?)"

유방은 항상 부하들에게 이렇게 물었다. 유방은 부하들과 소통하기 위해 듣는 귀를 항상 열어 두었으며, 실제 전쟁에서 직언을 한 부하에게는 상을 내려 누구라도 직언할 수 있는 분위기를 만들어 주었다. 이런 유방의 정중한 물음에 부하들은 성심껏 응답했고 이러한 의견들이 모여 결국 항우를 물리치고 천하를 차지하게 한 기반이 되었다.

반면 항우는 어땠을까? 그는 항상 이렇게 말했다.

"何如하여? (어떠냐?)"

자신이 가진 능력과 계속된 승리에 오만해진 항우는 부하들에게 "하여何如?"라고만 했다. '하여何如'는 "답은 이미 정해져 있으니 너는 'yes!'라고 대답만 해."라는 것으로, 다른 이의 의견을 묵살하는 불통의 언어였다.

항우의 '하여何如'와 유방의 '여하如何'는 앞뒤로 글자가 바뀌어 있는 것처럼 그 뜻 역시 서로 반대 의미를 갖고 있다. '하여何如'는 '어떠냐?'라는 뜻으로 질문자가 상대방에게 자신의 의견을 물어보면서 질문자가 원하는 답을 요구하는 선포로서의 함의가 있어 대화의 핵심이 질문자에게 있지만, '여하如何'는 '어떻게 생각하느냐?'라는 뜻으로 질문자가 의견을 선포하지 않고 상대방의 생각을 물어보는 의미로 상대의 의견을 존중한다는 배려가 함축되어 있어 상대방이 대화의 중심에 있다.

결국 이런 작지만 큰, 소통에 대한 차이가 항우와 유방의 운명을 넘어 역사를 바꾸게 되었다. 물론 이 역사적 과정과 결과가 단순히 '소통'의 한 가지 문제로 결정지어졌다고 단언할 수는 없다. 하지만 이 '경청'의 자세, '소통'의 차이가 주요한 원인이라는 것은 분명한 것 같다.

듣는 것과 경청은 다르다

만약 당신이 홍보맨이라면 가장 필요한 능력이 무엇이라고 생각하는가?

보도자료 작성을 담당하는 주니어들에게는 홍보 아이템을 발굴하고 글을 잘 쓰는 능력일 것이고, 이제 갓 기자들과의 미팅을 시작한 주니어들은 기자들과의 관계를 원활하게 하는 소통 능력이라고 대답할 것이다.

일반적으로 사람들은 소통을 잘하려면 '말하는 기술'이 중요하다고 생각하기 쉽다. 필자 역시 주니어 시절에 자기 생각을 표현하는 화술을 익히기 위해 학원에서 코칭을 받아볼까 생각한 적도 있었으니까.

그러나 인간관계에서 말하는 기술 못지않게 중요한 것이 바로 '경청敬聽의 기술'이다. 듣기만 잘해도 원활한 소통을 할 수 있기 때문에, 말하는 것이 어렵다고 생각하는 사람이라면 우선 상대의 말에 귀를 기울이는 것부터 시작해 보라고 권하고 싶다.

'경청'이 중요하다고 말하면 어떤 이는 '그런 것쯤은 언제나 하고 있다'고 생각할지도 모른다. 하지만 대부분의 사람들은 제대로 경청하지 않는다는 게 내 생각이다. 스스로는 듣고 있다고 생각해도 그 마음이 상대방에게 제대로 전달되지 않으면 경청이라고 할 수 없기 때문이다.

많은 사람들이 마음만 먹으면 듣는 것은 잘할 수 있다. 하지만 깊이 있는 경청은 익숙하지 않고 서툴다. 듣는 것은 들려오는 소리를 귀로 받아들이는 것이고, 경청은 상대방의 말에 집중하고 그 안에 숨어 있는 뜻까지 파악하는 것이다. 상대방의 입장에서 생각하고 그 의미를 분명하게 파악하고 제대로 이해하고자 노력하는 것이 진정한 경청이다.

기업마다 소통을 강조하고 경청의 중요성을 역설하지만 사실 제대로 경청하는 사람을 발견하기는 쉽지 않다. 모두 자신의 이야기만 하려고 한다. 듣는 것이 익숙하지 못한 사람들은 상대방의 의도를 파악하지 못한다. 상대방이 하는 말을 정리하지도 못하고 정리하려고도 않으니 당연히 속뜻을 읽어내지도 못한다.

경청이 제대로 이루어지면 말하는 상대방은 자기 긍정과 편안함을 느낀다. 상대방에게 이와 같은 느낌을 전달해 주어야 진정한 경청이라고 할 수 있다. 적극적인 경청은 상대방이 말하는 것의 의미만이 아닌, 이야기의 배경에 있는 생각이나 의도를 상대방의 입장에서 이해하는 것이다.

세계적인 커뮤니케이션의 대가인 데일 카네기^{Dale Carnegie}는 이렇게 말했다.

"다른 사람의 이야기를 '잘' 들어주면 인생의 80%는 성공한다."

경청의 기술은 인간관계에서 매우 중요하기 때문에 자신이 부족하다는 생각이 들면 연습을 해야 한다.

【Tip】 경청의 기술

1. 상대방의 표정을 읽어라.

귀를 기울여 들을 만한 가치가 있는 사람은 볼 만한 가치가 있는 사람이기도 하다. 또한 가치가 있다는 명성은 그가 하는 말에 집중하도록 도와준다. 상대방이 하는 말뿐만 아니라 상대방의 비언어적 정보를 읽으려고 노력해라. 상대방의 표정이나 몸짓, 시선, 목소리 톤 등을 신경 쓰며, 마음속 깊이 숨은 부분까지도 읽어내려는 노력이 필요하다.

2. 상대방이 하는 말에 관심을 보여라.

상대방의 말에 동의하면 사람들은 고개를 끄덕인다. 상대방이 어떤 이야기를 하면 웃어라. 그에게 적절히 반응하라. 그와 함께 감정과 표정을 움직여라. 상대방의 입장이 되어 들어라. 상대방과 자신이 이야기하는 비율은 8:2가 좋다.

3. 적절하게 리액션을 하라.

인간은 재미있는 사람에게 몸을 기울이고 지루한 사람에게는 몸을 멀리하게 되어 있다. 대화 중에 상대방이 자신의 이야기를 듣고 있다고 느끼도록 표현하는 것이 좋다. 구체적으로 맞장구를 치거나 고개를 끄덕인다거나 미소나 진지한 표정을 짓는 등 말하는 사람이 안심할 수 있는 분위기를 만들어 준다.

4. 질문을 하라.

공감의 기본은 상대방에게 당신이 계속 잘 듣고 있다는 것을 알리는 것이 중요하다. 대화의 내용에 맞춰 "역시 그렇군요." "굉장하네요." 하며 고개를 끄덕이는 것이다. 분위기에 맞춰 억양까지 신경 쓰면서 질문하면 말하는 상대도 감정이 고조된다.

5. 상대방이 말을 완전히 마칠 때가지 끼어들지 마라.

더 이야기해 달라고 말해 보자. 대부분의 사람들은 말을 마칠 때까지 상대방이 끼어들지만 않아도 칭찬받은 기분이 든다. 만약 이야기를 더 해달라고 말하면 두 배로 칭찬받는 기분이 든다. 또 "역시, OO이군요." 라고 코멘트를 덧붙이거나 "그렇군요, 그러면 OO라는 것은 어떤 것인가요?" 라고 되묻는다면 대화에 리듬이 생겨 기분 좋은 대화를 이어갈 수 있다.

6. 상대방이 말하는 주제에 집중하라.

상대방이 이야기를 끝마칠 때까지 주제를 바꾸지 마라. 아무리 새로운 주제에 대해 이야기 하고 싶어도 조금만 참는다. 사람은 누구나 '자신을 받아들여 줬으면 좋겠다.' 라는 인정 욕구가 있기 때문에, 이야기를 들어주고 공감해 주는 사람에게는 친밀감을 갖게 된다.

7. 상대방이 즐겨 사용하는 단어를 사용하라.

그가 말을 마쳤을 때는 그가 말한 것들을 다시 반복해서 그에게 말하라. 그가 말한 단어나 문장을 반복해서 다시 말하라. 당신이 잘 듣고 있었다는 것을 증명할 뿐만 아니라 반대에 부딪히지 않고 당신의 아이디어를 시작할 수 있는 좋은 방법이다.

"당신이 지적했듯이" 라든가 "네가 말한 것처럼" 등과 같은 말로 시작해 당신의 의견을 개진하는 것이 좋다.

위에 소개한 기술들을 연습하고 제대로 실천한다면 상대방에게 신뢰를 얻는 동시에, 공감 능력도 기를 수 있다. 말주변이 없어도, 사교성이 부족해도, 무리하게 말을 많이 하지 않아도 상대방에게 호감을 줄 수 있다.

『노자老子』「56장」에 '지자불언 언자부지知者不言 言者不知'라는 구절이 있다. '도를 아는 사람은 말하지 않고 말하는 사람은 알지 못한다'는 뜻이다. 지혜로운 사람은 오히려 말이 없고, 어리석은 사람은 자신을 과시하고 싶은 마음에 하루 종일 떠든다. 빈 수레가 요란한 법이다. 인격적으로 완성된 사람은 자신을 과시하지 않아도 그 인격이 저절로 언행에서 풍겨 나온다. '말이 곧 그 사람을 말해 준다'는 말은 결코 과장이 아니다.

출세가도를 달리던 공직자들이 추락하는 가장 큰 이유가 '말', 즉 설화舌化로 인한 것이다. 말은 잘하지만 그 말을 제대로, 품격 있게 하는 능력이 부족한 것이다. 또 한편으로는 말을 잘하는 재주는 있지만, 그 말을 받쳐줄 내면의 힘이 모자라는 경우도 많다. 그래서 소위 '말하는 것'을 자신의 업으로 삼는 고위직들이 도덕적인 문제로 지탄을 받고 자신의 인생마저 망쳐버리고 마는 것이다.

말 잘하는 법을 배우기 위해 모두 열심이지만 이 시대가 원하는 것은 꼭 말해야 할 때 말할 줄 아는 능력이다. 또 아는 것을 분명하게 말하는 자세이다. 상황을 읽고 그 상황에 맞는 적절한 말을 할 수 있는 감각도 필요하다. 만약 잘 알지도 못하면서 자신의 생각만 그럴듯하게 내세운다면 공자가 그토록 경계했던 교언영색巧言令色이 되고 만다.『논어』에서처럼 상대의 안색을 살피지 않고 불쑥불쑥 말하는 사람은 '눈뜬 장님'이나 다를 바 없다.

세상이 바뀐 만큼 고객을 대하는 태도와 마음가짐도, 홍보 방법도 바뀌어야 한다. 특히 상대방이 충분히 말할 수 있도록 배려해야 한다. 내가하고 싶은 말이나 알려주고 싶은 정보를 일방적으로 쏟아내는 것은 친한 사람들에게는 통할지 몰라도 그렇지 않은 사람들에게는 거부감을 줄수 있다. 아무 장치도 없이 밑도 끝도 없이 들이대기만 하면 상대방의마음을 열 수 있을 것이라고 생각하면 오산이다. 우리 주위에는 아직도그런 사람들이 많다.

상대방에게 일방적으로 내 얘기를 했다고 해서 소통한다고 말할 수는 없다. 언제까지 내가 하고 싶은 말만 하고 듣고 싶은 말만 들을 수 없다. 사람들이 말을 하는 이유에는 두 가지가 있다. 한 가지는 정보를 얻기 위해 질문하는 것이고 또 한 가지는 자신이 듣고 싶은 말을 듣기 위해 질문하는 것이다.

첫째, 내가 몰라서 정보를 얻기 위해 묻는 질문을 할 때는 자신이 알고있는 바를 충실하게 전달할 수 있어야 한다.

『한비자』에 "알지 못하면서 말하는 것은 지혜롭지 못한 것이고, 알면서도 말하지 않는 것은 불충이다."는 말이 전한다.

둘째, 질문에는 상대방의 마음을 정확하게 읽고 그 사람이 원하는 대답을 하는 지혜가 필요하다.

마찬가지로『한비자』에는 다음과 같은 말도 전한다.

"설득이 어려운 것은 상대의 마음을 알아내 거기에 자신의 의견을 맞출 수 있어야 하기 때문이다."

당연히 자신이 듣고 싶어 하는 이야기를 듣고 넘어가지 않을 사람이 없다. 하지만 뻔히 보이는 상대의 마음조차 읽지 못하는 사람이 많은 것이 현실이다. 그래서 사람을 설득하기가 어렵다는 것이다. 똑같은 대답이라도 상대의 마음을 읽고 하는 대답과 전혀 깜깜한 상태에서 하는 말을 그 효과가 천지차이다.

상대방이 듣고 싶어 하는 대답을 하기 위해서는 그 사람의 배경이나 호불호를 아는 것도 유용하다. 실제로 조직생활을 잘하려면 윗사람에 대한 기본 정보는 알고 있어야 한다는 것은 주지의 사실이다. 그러나 그보다 더 중요한 것은 상대와 같이 느끼고 상대의 눈높이에서 생각할 수 있는 공감대를 형성하는 것이다. 특별히 탁월한 말재주가 없더라도 상대의 입장에서 이야기할 수 있는 능력이 있다면 설득과 소통의 달인이 될 수 있다.

서로의 눈높이에서 나누는 말은 탁월한 말솜씨를 능가한다. 우리는 말을 할 때 어떻게 하는가? 먼저 상대방을 읽고 그 사람의 마음과 상황에 맞추어 하는가? 아니면 나의 언변을 자랑하면서 마치 서로 다른 나라 말을 하듯이 일방적으로 하고 있지는 않은가?『손자병법』에는 '지피지기 백전불태 知彼知己 百戰不殆'라는 유명한 병법 전략이 있다. '상대를 알고 나를 알면 백번을 싸워도 위태롭지 않다'는 뜻이다. 이 말은 대화에서도 그대로 통하는 진리다. 상대방을 설득하려면 먼저 그와 눈높이를 맞춰야 한다. 그리고 내가 하는 말이 그 사람에게 어떻게 들릴지 헤아려야 한다. 아무리 멋있고 아름다운 말이라고 해도 그것을 알아들을 수 없는 사람에게는 우이독경일 뿐이다.

고대중국의 전략책인『귀곡자』에 다음과 같은 말이 전한다.

"현명한 자와 부족한 자, 지혜로운 자와 어리석은 자, 용맹한 자와 비겁한 자, 어진 자와 의로운 자는 모두 제각각 장단점이 있다. 이에 따라 대응 방법도 달라질 수밖에 없는데, 성인은 상대에 따라 다르게 대한다. 때로는 마음을 열고 때로는 마음을 닫기도 하며 장단점과 허실을 살펴서 기호와 욕망에 근거하여 그 근거와 의도를 읽는다."

요즘은 전문가의 시대이다. 그 분야에 대해 가장 잘 알고 권위가 있는 사람은 전문가로 대접을 받고 인정을 받는다. 우리는 흔히 전문가라고 하면 전문용어를 남발하면서 어려운 영어를 섞어 말하는 사람으로 오해한다. 하지만 전문가는 어렵게 말하는 사람이 아니라 아무리 어려운 말이라도 쉽게 풀어서 말할 수 있는 사람이다. 많이 배우지 못한 사람도 충분히 알아들을 수 있도록 말하는 사람이 진정한 전문가이다. 그리고 짧고 간결하게 말할수록 진정한 고수다.

사람들은 자신이 간절히 바라는 이야기를 듣게 되면 모든 고통과 아픔은 물론 두려움도 떨치고 일어나게 된다. 말이 가진 강력한 힘이다. 상대방이 진실로 원하고 바라는 일에 대해 말해줄 수 있으면 그를 기쁘게 만드는 것은 물론 마음까지 사로잡을 수 있다. 물론 그런 상황을 마음대로 만들 수 있는 사람도 있을 수 없다. 하지만 어떤 상황에서든 그 상황을 활용하고, 자신이 지닌 지식을 활용할 수 있다면 상대의 마음을 기쁘게 만들 수 있는 것이다.

심리학 용어 중에 사람과 사람 사이에 생기는 상호 신뢰관계를 뜻하는 말로 '라포르Rapport'라는 말이 있다. 우리가 흔히 "마음이 통한다." 라고 말할 때 라포르라고 말한다. 현란한 말솜씨를 자랑하거나 이성적이고 논리적으로 설득하기에 앞서 가장 먼저 상대방의 감정을 읽고 같은 마음으로 느낄 수 있어야 한다. 사실 대부분의 사람들은 찾아가는(?) 소통에는 소질이 없다. 하지만 상대방이 하는 말을 진심을 다해 들어주는 것은 가능하다. 소통하고 싶은가? 일단 상대방의 이야기를 경청하는 것부터 시작해 보자.

소통의 기본, 칭찬

"행복하게 살고 싶다고 외치면서도

왜 우리는 칭찬은 귀로 흘리고 비난은 뼈에 새길까?"

_ 백영옥

    사람 사이의 관계에는 심리적이든 물리적이든 '거리'가 있다. 중요한 관계일수록 그 거리를 정확하게 파악하고 전략적으로 행동해야 한다. 여기서 '전략적'이라는 말은 계산적이라는 말과는 다르다. 그 거리를 이해하지 못하고 자신의 입장에서만 판단하고 행동하는 무지한 행동은 삼가는 게 좋다. 그렇다면 사람들과 관계를 자연스럽게 맺어야 하는데, 어떤 방법이 있을까?

    칭찬은 비즈니스에서 마술과도 같은 역할을 한다. 사람들과 관계가 좋은 사람은 칭찬하는 데 익숙하고 표현도 자연스럽지만 그렇지 못한 사람은 칭찬에 인색하고 다소 표현이 어색한 경향이 있다. "칭찬은 고래도 춤추게 한다"는 말이 있다. 칭찬이 얼마나 대단한 힘을 가졌기에 고래까지 춤추도록 한다는 말인가?

명심하자. 상황에 꼭 맞는 칭찬은 고객을 춤추게 한다. 적절하게 사용하면 나를 찾는 사람들이 늘어난다. 어찌 보면 쉽게 생각할 수도 있으나 곧 죽어도 빈말은 못하는 사람들이 의외로 많다. 하지만 칭찬은 사람들과의 거리를 좁히고, 칭찬에 익숙해지고 또 능숙해지면 사람들을 만나는 데 자신감이 붙는다. 자연스럽게 업무할 때도 신이 날 것이고 업무에 성과가 있을 것이다. 업무를 통해 많은 사람들에게 인정을 받는 길은 크게 어렵지 않다. 소통의 기본인 '칭찬'부터 시작해 보자.

칭찬은 긍정적인 에너지를 가속화시키는 힘이 있다. '로젠탈 효과 rosenthal effect'라는 게 있다. 하버드대학교 심리학과의 로버트 로젠탈 교수가 실험을 통해 발표한 이론으로서, 기대와 칭찬이 가진 긍정적 효과를 설명하는 심리학 용어이다.

로젠탈은 1964년 한 초등학교의 교사 집단에게 특정 아이들의 명단을 주면서 이들의 지능지수가 높기 때문에 공부를 잘할 것이라는 믿음을 심어줬다. 하지만 그 아이들은 실제로는 평범한 학생에 지나지 않았다. 그런데 학년말에 보니 명단에 올랐던 학생들 대부분의 성적이 크게 향상되었다. 칭찬은 이처럼 긍정적인 힘을 더욱 가속화시켜 일을 성취하는 데 결정적인 역할을 한다.

반면 잘못한 것에 집중해 그것을 강조할수록 더 잘못할 가능성이 커지고 부정적인 힘만 커진다. 웃음에도 상대의 약점이나 음담패설을 이용하는 저급한 유머가 있고, 촌철살인과 반전을 통해 상황을 역전시키는 고급스러운 유머가 있는 것처럼 칭찬에도 등급이 있다. 즉 낯 뜨거운 '아부성' 칭찬이 있는가 하면, 왠지 들으면 기분이 훈훈해지는 칭찬이 있다. 어떻게 칭찬하느냐에 따라 칭찬을 받는 사람의 느낌이 달라지고 효과 또한 달라진다.

칭찬을 할 때는 그 사람이 가진 것보다는 그 사람의 능력, 품성, 자질, 인간성, 성취한 업적 등 그 사람이 어떤 사람인가를 칭찬하는 것이 훨씬 효과적이다. 칭찬을 받으면 몸에서 좋은 호르몬이 분비가 되고 나이를 불문하고 누구나 기분이 좋아진다. 또한 감성적으로 변하면서 공감대가 형성이 되고 동기부여가 원활해진다. 칭찬하는 방법은 고객들이 관심을 가지고 있는 분야를 다뤄야 한다. 커뮤니케이션은 결국 그 사람이 듣고 싶어 하는 이야기를 하는 것이다. 내 자신이 하고 싶은 이야기를 하는 것이 아니다. 철저하게 고객이 듣고 싶은 이야기를 잘 각색해서 내가 하고 싶은 이야기와 섞어 고객에게 들려줄 때 가장 효과가 큰 법이다.

아프리카의 어느 부족은 죄를 지으면 그를 처벌하기보다는 마을 사람들이 둘러서서 그 사람의 좋은 점이나 과거에 잘한 일에 대해 칭찬을 한마디씩 한다고 한다. 칭찬을 통해 자신의 죄를 뉘우치게 할 수 있다고 생각하기 때문이다.

칭찬의 형태는 위로, 격려, 인정, 승인, 이해 등 다양한 형태로 나타나지만 칭찬의 힘은 삶에 대한 용기로 나타난다. 칭찬을 잘 활용한다면 고객과의 소통이 한결 수월해질 것이다. 세계적인 부호이자 '석유왕'으로 잘 알려진 록펠러 1세John Davison Rockefeller는 칭찬을 잘했던 사람으로 유명하다.

록펠러가 스탠더드 정유회사의 회장으로 있을 때의 일이다. 사업 동료 중 한 사람인 에드워드 T. 베드포드가 회사에 100만 달러의 손해를 끼쳤다. 1900년대 초의 100만 달러는 지금으로 치면 수천억 원에 해당하는 큰돈이었다. 록펠러는 화가 치밀었지만 그를 비난하지 않았다. 그는 베드포드가 최선을 다했다는 것을 알고 있었고 이미 입은 손해는 되돌릴 수 없는 것이라고 생각했다.

며칠 뒤, 베드포드가 두려운 마음으로 회장실에 찾아갔을 때 록펠러는 책상에서 무언가를 열심히 적고 있었다.

"자네도 이번에 우리 회사가 입게 된 엄청난 손실에 대해 알고 있지?"

록펠러의 말에 베드포드는 고개를 떨어뜨리며 말없이 서 있었다.

"그래서 이번 손실에 책임이 있는 임원들과 회의를 가질 생각이네. 그전에 몇 가지 사항을 정리하고 있는 중이지."

록펠러는 종이를 베드포드에게 보여 주었다. 그 종이에는 놀랍게도 책임을 져야 할 임원들의 이름과 그들이 회사에 기여한 일들이 나란히 적혀 있었다. 즉 임원들이 회사에 입힌 손실보다 그동안 그들이 세운 공이 훨씬 크다는 의미였다.

록펠러는 베드포드를 칭찬할 일들을 찾아냈다. 그는 베드포드가 투자한 돈 가운데 60%를 회수한 것에 대해 칭찬했다. "그만큼 회수한 것도 대단한 수완이야!" 록펠러가 소인배였다면 돈이 날아간 것을 먼저 떠올리며 망아지처럼 길길이 날뛰었을 것이다.

그러나 그는 돈보다 사람이 더 소중함을 알았기 때문에 베드포드를 감싸 주었다. 그의 이런 행동은 더 큰 이득을 가져왔다. 이후 베드포드는 록펠러를 위해 충성을 다했으며 나중에 손해를 보충하고도 남을 만큼의 큰 이익을 가져다 주었기 때문이다.

훗날 베드포드는 당시의 일을 이렇게 회고했다고 전한다.

"그때의 교훈을 잊지 못합니다. 저는 누군가에게 화를 낼 정도로 상황이 좋지 않으면, 책상에 앉아 그의 좋은 점을 가능한 많이 적었습니다. 그러다 보면 화가 누그러지고, 호의가 생기지요. 이 습관 덕분에 사람들에게 함부로 대하지 않고, 한순간의 판단으로 유능한 사람을 잃는 실수도 저지르지 않았습니다."

록펠러는 항상 다음과 같이 말했다고 한다.

"주는 것이 무엇일까? 나누어 주는 것이다. 웃음과 칭찬과 사랑을, 다른 사람의 아픔을 덜어주는 봉사를, 이웃을 도와주는 일 등등 찾아보면 많다. 이것은 결국 나의 삶을 위한 것이다. 나의 인생을 더욱 풍요롭게 하고 나의 삶을 오래 유지하는 길이다."

누군가에게 화가 날 때 그 사람의 잘못부터 탓하기보다는 장점을 먼저 생각하고 칭찬할 일을 찾아보는 것은 어떨까?

진정성으로 소통하라

"마음이 통하는 사람 사이에 언어는 별 의미가 없다.
말이 많아지고 다짐이 잦아지는 것은 그만큼 소통이 안 된다는 증거다."

_ 정민

무슨 일이라도 "진정성으로 임하라"고 말한다. 고객의 입장에서 그들의 마음을 헤아리고, 그들의 뜻을 이해하고, 그들의 편에서 배려할 줄 알아야 한다고 말한다. 이런 마인드를 갖고 있는 사람에게 사람들이 몰리는 것은 어쩌면 지극히 당연한 이치다.

자신의 이익에 눈이 멀면 다른 사람들의 이익은 보이지 않는다. 진정성은 사소하게 보일 수도 있지만 때로 관계에 있어 전부가 될 수 있다. 이것을 깨닫지 못하면 본질이 흐려져 관계는 틀어지고 깨지기 마련이다. 깨달음은 멀리 내다보는 사람들에게 주어지는 선물과 같은 것이다.

기자들은 취재하느라 바쁜 사람들이다. 그들도 홍보맨들과 마찬가지로 회사에서 월급을 받아 생활하는 월급쟁이다. 취재만 하면 좋겠지만 그 취재를 위해 할 일이 많다. 특히 위로 올라갈수록 신경 쓸 일은 더 많아진다. 홍보맨들과 마찬가지다.

반면 홍보맨은 바쁜 기자들의 취재를 지원하고, 그들의 가려운 곳을 긁어 주고, 그들이 필요로 하는 것을 채워 주는 역할을 한다. 서포터스 Supporters다. 그 본질을 이해하지 않고 오히려 뭔가 얻어내려고 하고 필요할 때만 연락해서는 곤란하다. 그런데 아직도 그런 사람들이 많다. 마음이 아프다. 그것은 진정한 홍보가 아니다.

홍보맨들 중에는 상대방이 알았든 몰랐든 요행히 한두 번 잘 넘어가면 그런 '요행'을 성공적인 홍보라고 가르치고, 성공했다며 주니어들에게 자랑하는 사람들이 있다. 리더는커녕 보스로서도 자격이 없다. 그런 사람이 리더로 앉아 있는 조직, 그런 정치꾼, 사기꾼이 몸담고 관리하는 홍보조직이 제대로 돌아갈 리가 없으며, 그런 회사는 또 어떻겠는가?

'우리 회사는 왜 홍보가 안 되는가?' 하는 생각이 든다면 밖에서 그 회사와 홍보조직을 들여다 보라. 든 사람은 몰라도 난 사람은 안다. 백날 말로만 개선하겠다고 외쳐봐야 그때뿐이다. 홍보조직도 조직의 생리가 있다. 장기적인 교육을 통해 역량을 강화하고 노하우를 쌓아 나가야 한다. 상하와 좌우 간 소통을 통해 조직의 체질을 개선해야 한다. 시키는 것만 하고 근시안적으로 상황 관리만 하는 조직이 어떻게 인정을 받고 성공하겠는가?

말도 많고 탈도 많은 조직은 다 이유가 있다. 많은 사람들이 칭찬하는 것은 물론 비판하는 데에도 분명 이유가 있다. 명심해야 한다. 근본이 바뀌지 않으면 혁신은 고사하고 개선도 어렵다.

관계의 본질을 보지 못하는 경우, 운이 좋아 잠깐 넘어갈 수 있지만 결국 그 피해는 몇 배로 돌아오게 되어 있다. "그때가 되면 나는 이 회사에 없다"고 아무렇지 않게 말하고 속임수를 쓰는 사람들을 보면 기가 막힌다. 사람에게 하는 홍보가 개인이 추구하는 사익에 가려 본질이 흐려져서는 안 된다. 내가 속임수를 쓴 만큼 그 이상으로 동료는 물론 회사를 망치는 결과로 돌아온다. 상식과 원칙을 외면하고 당연한 것, 기본적인 것에 충실히 하지 않았을 때 생긴 작은 틈은 언젠가 둑을 무너뜨리는 악재로 이어진다. 그때 후회해 봐야 소용없다. 누구를 원망할 것인가?

홍보를 비롯해 비즈니스는 회사에 이익을 가져오는 게 목적이다. 홍보맨이 어떤 마음가짐과 자세로 홍보를 하고 사람들을 대하는지 기자들을 비롯한 고객들은 홍보맨의 진심을 알고 싶어 한다. 그 진심을 이해하고 알아주는 사람들은 아군이 되어 때로는 발 벗고 나서서 도와준다. 우리가 베푼 작은 진심이 쌓여 더 큰 열매로 돌아온다.

시니어들이 주니어들에게 해 주는 가장 흔한 조언 중에 '소탐대실小貪大失'이라는 말이 있다. 작은 것을 탐하다가 큰 것을 잃는다니, 이처럼 인간관계의 실상을 잘 설명한 말도 없을 것이다. 작은 욕심을 부리다가 정작 크고 중요한 것을 잃을 수 있다. 머리로만 이해하고 결코 흘려들어서는 안 되는 말이다. 설사 출입하는 모든 기자들의 이해와 요구를 모두 들어줄 수는 없다고 하더라도 언제, 어디서나 가려운 곳을 긁어 주고 필요한 것을 채워 주겠다는 마인드로 대해야 한다.

기자들은 바쁘다. 그래서 홍보맨에게 기회가 많을 수 있다. 시간이 부족한 그들이 원하는 것을 '제때'에 해결해 줄 수 있는 방법을 찾아보자. 베푸는 것을 아까워하지 말고 또 베풀 때 머뭇거리지 말아야 한다.

필자가 생각하기에 인간관계에 있어 최고의 지침서를 소개하라고 하면 단연 『논어』라고 생각한다. 『논어』는 2,500년간 이어져 내려온 인생의 지침서다. 인간관계의 바탕이 되는 인仁, 예禮, 배움學, 정치 등에 관한 금과옥조와 같은 명언이 실려 있다. 『논어』를 읽으면 단순히 삶의 지혜를 얻는 것에서 벗어나, 더 직접적이고 현실적으로 흔들리는 나 자신을 바로 세울 수 있다. 그리고 현재 인간관계에서 일어나는 고민에 대한 명쾌한 해답도 얻을 수 있다.

人無遠慮 必有近憂 인무원려 필유근우

공자는 『논어』 15편 「위령공」 12장에서 위와 같이 말했다. 사람이 멀리 내다볼 줄 아는 안목이나 원대한 생각이 없으면, 반드시 눈앞의 근심에 휩싸이게 되고 결국 일상 속 크고 작은 걱정에서 벗어나기 힘들다는 것이다.

『논어』 사상의 핵심은 바로 '인仁'이다. 인은 '사람을 사랑하는 것'으로, 나로부터 시작해 남에게 닿는 것을 의미한다. 이런 '인'의 마음을 겉으로 드러내는 형식이 바로 '예禮'다. 공자는 '인'의 실현은 바로 이 '예'를 통해서 이뤄져야 한다고 했다. 아무리 사람을 사랑한다 해도 제대로 된 방법이 아니면 곤란하다. 그래서 '예'는 사회의 안정과 조화, 질서를 유지하는 데 필요한 예절, 도덕 규범, 문물 제도 등을 가리킨다.

홍보에서 성과를 내고 회사에서 인정받는 것도 성공이라고 할 수 있겠으나 진실 없이 거짓과 요행으로 홍보한다면 그게 얼마나 가겠는가? 기자들을 비롯한 고객들의 마음을 얻는 것이 우선이다. 그들의 마음을 얻으면 가족 같은 관계가 되고, 가족 같은 관계가 되면 서로에게 더 잘해 주고 싶은 것은 인지상정이다. 당연히 홍보에도 성과가 있을 것이다. 당연히 회사에서도 인정받게 될 것이다. 이런 선순환을 그릴 때 인간은 조금씩 성장한다. 이것을 모르는 사람은 죽었다 깨어나도 모른다. 왜 성과가 나는지 알려줘도 이해하지 못한다. 그래서 어쩌다 홍보가 잘 되었다고 우쭐해서는 안 된다. 성과가 미미하다고 기죽을 필요도 없다. 일희일비하지 말라는 말이다. 덕이 부족한 인간들은 동료가 성과를 내더라도 시기하고, 질투하고, 필요에 따라 없는 얘기를 만들어내고, 성과를 내지 못하기라도 하면 평가절하하고 비난하기도 한다. 이럴 때 홍보맨들은 세상살이가 녹록치 않다는 것을 깨닫게 되니 인간사란 참으로 아이러니다.

자신의 성공과 실패를 뒤돌아보고 또 동료들의 성과와 실패를 타산지석으로 살펴보면 동료들이 어떤 생각과 태도로 일했는지 알 수 있듯이, 내가 어떤 생각을 하고 어떤 자세로 일을 했는지 동료들도 다 안다고 보면 된다.

'배려가 가면 사람이 온다'는 말이 있다. 나의 배려가 상대에게 진심으로 전달될 때 그들은 관심으로 나에게 답해 준다. 그게 사람 사는 일상이고 풍경이다. 물론 몰라줄 수도 있지만 그것도 내가 짊어져야 할 십자가이고 내가 감내해야 할 천형이다. 예나 지금이나 진심은 통한다. 겸손하고 진실한 마음은 다른 이들에게 고스란히 전달된다. 다만, 시간이 걸릴 뿐이다. 그 시간을 견디고 이겨내는 자가 승자다. 필자가 홍보 업무를 수행하면서 깨달은 진리이고 노하우이며 홍보 주니어들에게 알려주고 싶은 전부라고 할 수 있다. 진정성으로 소통하라!

세렌디피티의 법칙

"본래 우연이란 없는 것이다.

무엇인가를 간절히 소망했던 사람이 그것을 발견했다면 그것은 우연히 이루어

진 것이 아니라 자기 자신의 소망과 필연이 가져온 것이다."

_ 헤르만 헤세, 『데미안』 중에서

'세렌디피티serendipity'는 우연한 기회에, 혹은 실험에 실패하면서 생각
지도 못한 중대한 발견이나 발명품을 얻는 현상을 말한다. 한국어로 해
석하면 '뜻밖의 일'이다. 이 용어는 18세기 영국 소설가이자 하원의원인
호레이스 월폴이 페르시아 동화인 『세렌디프의 세 왕자들』을 읽고 처음
사용한 말이다.

동화 속 왕자들이 생각지 못한 행운으로 어려움을 이겨냈다는 이야기
에서 그 의미가 생겨났는데, 정확한 관찰과 우연을 모두 동원해 원하는
것을 찾는 것을 말한다. 하지만 행운은 아무에게나, 아무 때나 찾아오는
것이 아니다. 끊임없이 노력하는 자에게, 99번의 실패에도 굴하지 않고
'한 번 더' 시도한 자에게 찾아오는 것이 행운이다.

네트워크 비즈니스인 홍보 분야에서 세렌디피티는 누구를 만나든 최선을 다하는 과정에서 자연스럽게 찾아온다. '행운도 내가 움직이고 있을 경우에 찾아온다'는 이야기가 있다. 내가 열심히 움직이고 있다는 것을 고객들은 알고 있는 것처럼, 내가 열심히 활동하고 최선을 다하고 있을 때 행운은 찾아온다. 이 또한 '세렌디피티는 우연히 오지 않는다'는 것을 증명해 준다. 인류 문명의 발전에 획기적인 기여를 한 위대한 발명이나 발견은 뜻하지 않게 이루어진 것이 많다. 인터넷과 스마트폰만 해도 인간의 생활을 얼마나 바꾸어 놓았는가? '3M'의 '포스트잇post it'은 세렌디피티의 대표적인 사례라고 할 수 있다.

1968년 3M의 연구원인 스펜서 실버Spencer Silver는 잘 붙기도 하지만 잘 떨어지는 신기한 접착제를 만들었다. 그런데 접착제는 기본적으로 물건을 붙이는 것이라는 고정관념이 있었던 탓에 상품으로 출시되지 못하고 단지 아이디어만 좋은 발명품으로 사양되고 말았다.

실버가 만든 이 접착제는 같은 연구소 3M 테이프 사업부에서 일하던 아트 프라이Art Fry에 의해 재발견되었다. 교회 성가대원으로 활동했던 프라이는 찬양을 부를 곡마다 책갈피를 끼워 넣었는데, 자꾸 책갈피가 떨어져 불편을 느끼고 있었다. 어느 날 프라이는 실버의 접착제라면 종이에 붙였다가 쉽게 뗄 수 있고 붙였다가 뗄 때 책이 찢어지지 않을 것이라고 생각했다. 그는 실버에게 공동연구를 해보자고 제안했고, 두 사람은 연구를 거듭하여 1974년 적당한 강도의 접착제인 '포스트잇'이라는 획기적인 상품을 개발했다.

하지만 포스트잇의 대중화가 순탄했던 것은 아니다. 1977년 소비자 테스트에서 포스트잇은 좋은 반응을 이끌어내지 못해 폐기 일보 직전까지 갔다. 이때 경영진이 나서서 포기하지 말라고 격려했다.

포스트잇은 1980년경부터 선풍적인 인기를 끌며 사무실의 필수품으로 자리를 잡았다. 미국의 『포춘』은 포스트잇을 20세기의 가장 중요한 발명품 99가지 가운데 하나로 뽑았으며, 미국의 AP는 20세기 10대 발명품으로 선정했다.

실패를 실패로 여기지 않고 활용 방법을 찾고자 했던 스펜서 실버의 긍정적인 사고와 아트 프라이의 아이디어, 거기에 경영진의 격려와 지지가 결합되어 포스트잇의 대중화가 이루어지게 되었다.

접착제의 연구가 성공했느냐 실패했느냐가 아니라 '상품화가 가능한가?'의 관점에서 그 접착제를 바라보았기 때문에 이러한 획기적인 상품이 생겨난 것이다. 홍보를 비롯한 비즈니스에서도 세렌디피티 상황은 많이 발생한다.

세렌디피티는 노력의 결과다. 우리는 역사적으로 새로운 발견, 새로운 이론이 나오는 과정에서 이 우연이 중요한 모티브가 되었다는 이야기를 많이 듣고 있다. 노벨의 다이너마이트 발견, 플레밍의 페니실린 발견, 뉴턴의 만유인력 법칙, 에디슨의 발명 등은 우연히 찾아온 아이디어와 영감의 산물처럼 이야기한다. 그러나 에디슨이 말하는 1%의 영감도 '우연'이 아닌 99% 노력의 산물이라는 것이다.

우리가 우연이라고 말하는 대부분은 준비된 우연이라고 할 수 있다. 우연도 준비하고 소망하는 사람에게 발생한다는 것이다. 사람도 그러하고 사회체제도 마찬가지로 이 우연이라는 것을 그냥 우연이라고 내버려두지 않고 그것을 둘러싸고 있는 많은 사건을 체계적으로 분석하고 때로는 인과관계를 밝혀서 문제를 해결하는 사회가 발전된 사회이다.

세렌디피티는 우연히 오는 것 같지만 노력하고 실행하는 가운데 일어난다.

『세렌디피티의 법칙』의 저자 미야나가 히로시宮永博史는 세렌디피티를 위해 어떤 행동을 해야 하는지 다음과 같이 말했다.

"세렌디피티가 찾아올 가능성을 높이려면 적극적으로 행동해 시야를 넓히고, 시력을 강화해 주위를 잘 관찰하고, 환경 자체를 완전히 바꾸는 일 등이 중요하다. 행동을 하면 자신이 생각하지 못한 것과 만날 수 있는 기회를 얻게 된다. 또 생활이나 일의 환경 자체를 바꾸면 크고 작은 여러 가지 발견을 할 수 있을 뿐만 아니라 그때까지 깨닫지 못했던 자신의 장점도 발견할 수 있다. 우연한 행운을 자신의 것으로 만들기 위해서는 항상 장래의 비전을 구상하고 혁신을 거듭하며 다가올 그날을 준비해야 한다."

우연 속의 발견은 아무에게나 일어나지 않는다. 새로운 것을 찾아내고야 말겠다는 의지, 비슷한 현상 속에서 미묘한 차이를 발견해낼 수 있는 관찰력, 일어나는 상황과 내용을 상세하고 정확히 기록하는 성실함을 갖추고 있어야 한다. 우연한 행운으로 보이는 발견도 그 속을 들여다보면 노력에 의한 결과이며 그 대가임을 알게 된다면 세렌디피티를 보다 자주 경험하게 될 것이다..

상사와 소통하라

"상사가 어떤 스타일인지 일반론은 의미 없다.

상사도 인간이다. 당신의 상사, 그 한 사람이 중요하다. 결국 한 인간에 충실하면 된다."

상사上司, Boss는 내가 수행한 업무에 대한 의사결정권을 가진 자로서 '직책상 자기보다 높은 자리에 있는 사람'이라는 의미인 '상관上官'과도 유사한 말이다.

상사를 어떤 관점에서 바라보고 상사와 어떻게 소통할 것인가는 회사 생활의 성패를 좌우하는 매우 중요한 요소다. 상사는 회사에서 내가 만족시켜야 하는 제1의 고객이자, 동기부여를 통해 나에게 날개를 달아주기도 하고 처절한 응징으로 날개를 꺾을 수도 있는 사람이다. 그럼에도 불구하고 직장인들은 상사와 어떻게 소통해야 할지 모르겠다고 말한다. 상사와는 거리를 두려고 하고 멀리서 상사의 기침소리만 들어도 심장이 두근거린다는 하소연을 한다. 실제 많은 통계에서 대다수 직장인들이

"회사를 보고 들어왔다가 상사 때문에 나간다"고 말한다. 상사와 좋은 관계를 맺는 일이 쉽지 않음을 보여주는 대목이다.

회사에서 인정받고 유능한 인재로 성장하고 싶다면 자기 자신의 고객이 누구인지, 그 고객이 무엇을 원하고 또 그 요구사항에 맞춘 결과물을 어떻게 효과적으로 전달할 것인지 간파해야 한다. 이러한 시각으로 볼 때 팀원 혹은 구성원들이 '제1고객'으로 생각해야 할 사람은 바로 상사, 그중에서도 범위를 좁히면 자신의 팀장이나 임원이다. 만약 상사가 도덕적으로나 상식적으로 도저히 용납할 수 없는 수준이라면 떠나는 것이 맞지만, 그렇지 않고 회사에 계속 머물러야 한다면 100% 수용하고 따라야 한다. 목표 성취를 위해서라면 상사까지도 변화시켜야 하는 것이 탁월한 구성원의 덕목이다. 상사를 일방적으로 명령하는 사람, 가급적 피하고 싶은 존재로만 여겨왔다면 이제 그 생각을 바꿔야 한다.

우선 상사의 주요 역할에 대해 생각해 보자. 업종, 회사를 막론하고 상사 특히, 단위조직을 이끌어가는 리더로서 상사의 역할은 크게 3가지 정도이다.

첫째, 상사는 비전 제시자로서의 역할을 충실히 해야 한다.

가깝게는 당해년도 목표부터 길게 보면 5~10년 뒤의 중장기 목표까지 구성원들에게 제시하고 한 방향으로 단위조직을 이끌어가야 하는 감독이다. 그러므로 상위 조직의 니즈Needs와 하위 조직의 실행력을 고려해 얼마나 도전적이면서도 실현 가능한 목표를 설정할 수 있는가 여부는 상사로서의 성공과 실패를 가늠하는 주요 인자다.

둘째, '창조적 동기부여자'의 역할을 수행해야 한다.

팀이나 구성원 개인 차원에서 달성해야 할 연간 성과 목표를 두고, 이를 월간이나 주간, 일일 업무계획으로 실행하는 과정에서 구성원들을 코칭해야 한다. 이때 지나치게 일일이 체크하거나 '알아서 잘하겠지' 하고 그냥 맡겨버리는 것이 아니라 목표 달성 의지를 독려하고 실행 전략과 방법에 대해 코칭함으로써 구성원들이 지치지 않고 몰입할 수 있게 만들어야 한다.

셋째, 구성원들의 성과와 역량을 객관적으로 평가하고 적시에 피드백을 하는 '평가자'의 역할을 수행해야 한다.

사전에 구성원들과 합의한 직무수행 기준을 토대로 근거 있는 데이터에 의해 평가하고, 그 평가결과를 놓고 면담하고 피드백 하는 것이다. 이는 구성원들이 자신의 강점을 더욱 강화하고 약점을 보완해서 더 좋은 성과를 내는 기폭제가 될 수 있다. 그러므로 장기적인 관점으로 보았을 때 이 역할을 수행하는 역량을 보유하는 것은 상사의 주요 경쟁력이 된다.

능력 있고 언제나 관대하게 부하를 이끌어 주는 상사는 어떻게 보면 이상적인 희망사항에 불과할지도 모른다. 상사들이 모두 이렇다면 직원들이 스트레스를 받을 일도 고민할 이유도 없다. 그러므로 '어디 좋은 상사 없나?' 하고 찾아다니기 전에, 장단점이 있지만 상사들과 어떻게 생산적인 관계를 이어갈 수 있을지 고민하는 것이 백 번 낫다.

직장인들은 하루에도 몇 번씩 직장이나 인생의 대차대조표를 그려본다. 하지만 뾰족한 수가 없다. 그저 참고 또 참으며 직장을 다니는 수밖에 없다. 유연함이 정답이다. 옛말 하나도 틀린 것이 없다. 직장에서도 1, 2등이 끝까지 남아 있을 확률은 의외로 적다. 굽은 소나무가 선산을 지키고, 군대에서는 중간에 서는 것이 좋다. 모두 유연함을 강조하는 말들이다.

모든 오디오는 볼륨 조절이 가능하고, 자동차도 속도 조절이 가능하다. 선풍기도 강, 중, 약 버튼이 있다. 인생도 마찬가지다. 내 능력이 국가대표도 아닌데 100미터를 10초대에 달리겠다는 목표는 그야말로 '무모함'이다. 직장에서 자신이 낼 수 있는 볼륨의 강도를 체크해야 한다. 그것은 직급, 능력, 팀 분위기 혹은 리더의 성향에 따라 다르다. 자신의 부하들을 '어벤저스급'이라 여기는 상사는 거의 없다. 프로야구단 타순을 생각하면 이해가 쉽다. 잘 달리는 1번 타자, 잘 치는 3번 타자, 해결사 4번 타자, 타순을 채우는 8번 타자 등등 상사는 머릿속으로 그 순서를 그릴 뿐이다.

구성원은 그 안에서 자신의 역할을 파악해야 하는 것이다. 자신의 역할과 능력을 잘못 판단하면 동료는 물론이고 상사와 부딪칠 확률이 높아진다. 실수와 업무 미숙으로 야단을 맞을 때조차 억울한 것이 직장생활이다. 당연히 감정적이고 인격적인 모욕을 당하는 순간도 있기 마련이다.

합리적인 판단을 해야 한다. 상사가 일상적인 야단을 치는 것인지, 아니면 경각심을 주기 위해 시범 케이스로 삼은 것은 아닌지 혹은 나를 몰아내려고 생트집을 잡는 것인지 말이다. 대개의 경우 허리를 굽힐 필요가 있다. 유연함은 의외로 강함을 이긴다. 즉 상대방의 전의를 쉽게 누그러뜨리는 것은 강한 반발보다 부드러운 굽힘이다. 하지만 나를 부서에서 쫓아내려는 경우라면 허리를 펴야 한다. 당당하게 맞서더라도 예의와 절차를 잃지 말아야 한다. 하지만 강온의 전략을 전부 펼 수 있어야 한다. 상사가 자신의 어떤 점을 '최악'으로 생각하는지를 파악해야 한다. 의외로 나도 모르는 행동, 말투, 일의 스타일 등 사소한 것에서 비롯된 것이 많을 수 있다.

직장을 '직업 선택의 자유'에 의한 장소라고 말하는 사람들도 있지만 속 편한 소리다. 직장은 한마디로 초등학교부터 고등학교까지 받은 의무교육 같은 것이다. 의무교육을 받는 것처럼 직장생활의 의무교육을 연장하려면 학교 때와 비교해 보면 쉽게 답이 나온다. 시험 잘 보고, 지각 결석하지 말고, 선생님 말씀 잘 듣고, 친구들과 잘 어울리는 것이다. 직장생활도 크게 어렵지 않다. 맡은 업무 열심히 하고, 지각이나 결근은 하지 말고, 회사에서 정한 규칙을 잘 지키며 상사의 지시사항 잘 따르고, 직장 선후배, 동료들과 잘 어울리면 되는 것이다.

의무교육을 마치면 자신의 선택과 노력으로 진학한 대학교에 따라 인생 진로가 달라진다. 대학교도 서열이 매겨지고, 차별이 존재하는 것처럼 직장도 마찬가지다. 의무교육은 물론 대학교에 진학하는 것도 마찬가지다. 하지만 직장은 의무교육이 하나 더 있다. 바로 '처세處世'라는 상사를 비롯한 인간관계 교육이다. 그 처세를 이해하는 순간이 진정한 직장생활의 시작이라고 해도 과언이 아니다.

물론 상사와 좋은 관계를 맺으며 이익을 주고받는다는 것이 말처럼 쉬운 일은 아니다. 오히려 상사를 도마 위에 올려놓고 이리저리 헐뜯으며 술자리 안주로 삼아 스트레스를 푸는 직원들의 모습이 현실적이다. 하지만 이러한 태도는 바람직하지 않다. 상사를 자신의 성장을 돕는 전략적 파트너로 삼고 관계를 재구축해야 한다.

좋은 팀원은 상사는 물론 주변 동료들의 추천과 칭찬을 받는 직원이다. 이들은 적극적인 커뮤니케이션과 상호 코칭 과정을 통해 하루하루 성장한다. 업무 효율이 높아지고, 자연스럽게 높은 성과와 실적을 창출

할 수 있다. 반면 그렇지 못한 팀원은 '불만을 위한 불만'을 일삼는다. 본인의 성장은 물론 회사나 팀의 발전에 아무런 도움이 되지 않는다. 동료들에게도 안 좋은 영향을 끼치는 것은 물론 성과 역시 저조할 수밖에 없다. 그러므로 상사와의 적극적인 교류를 통해 상호 발전적인 관계를 구축해야 한다.

훌륭한 리더의 가장 큰 덕목은 훌륭한 부하들을 휘하에 모아 그들을 활용하는 것이다. 하지만 현실적으로 모든 부하가 다 뛰어날 수는 없는 법이다. 아무리 뛰어난 사람이라고 해도 단점이 없는 사람은 없다. 따라서 진정한 리더라면 부하들이 가지고 있는 장점을 찾아 그것을 장려해주고, 그들의 단점은 고쳐나가도록 해야 한다. 사람의 장점을 쓰는 것, 이것이 바로 뛰어난 리더의 가장 기본적인 자질이다. 그리고 그 첫 번째는 그들의 장점을 공개적으로 인정하는 것이다. 그리고 그 장점을 들어 적재적소에 사용하는 것이다.

사실, 리더인 상사와 건강한 관계를 설정하는 것이 중요하다는 것은 직장인이라면 누구나 안다. 문제는 '어떻게 상사와의 거리를 좁힐 것인가'이다. 쉽지 않겠지만 상사를 바라볼 때 '나에게 부담을 주는 사람'이라는 인식에서 벗어나 고객 관점에서 이해하려고 노력하는 것이 상사와 좋은 관계를 유지할 수 있는 시작점이다. 이때 유의할 점은 다음과 같다.

첫째, 상사에게 좋은 인상을 남길 수 있어야 한다. 깔끔한 업무처리와 예의바른 태도는 큰 도움이 된다.

둘째, 상사의 니즈needs와 원츠wants를 적시에 파악할 수 있는 대화법이 필요하다. 특별한 게 없지만 쉽지 않은 게 인간관계다. 자신에게 유리한 쪽으로만 대화를 진행한다거나 용건이 있을 때만 상사에게 부탁하기보다는, 가끔은 일부러 시간을 내서 상사와 대화하면서 어떤 고충이 있는지 들어보고 어떤 욕구를 갖고 있는지 파악하고자 노력한다면 좋은 관계를 지속할 수 있다.

셋째, 상사가 불만을 제기할 때는 더욱 귀를 기울여 들어야 한다. 불만 사항을 해결하기 위해 노력하는 과정에서 더 긍정적인 이미지를 심어줄 수 있다.

이 모든 것은 상사를 고객 관점에서 바라보고, 가장 우선적으로 만족시켜야 하는 '제1고객'이라는 마인드에서 출발한다. 설사 말과 태도가 마음에 들지 않는 상사라 하더라도 그를 성공시키는 데 기여해야만 직원 자신에게도 이익이 된다는 것을 냉정하게 인식하자.

잊지 말자. 상사를 건강한 방식으로 응원하고 뒷받침하는 '팔로워 십'을 발휘하는 것이 자신의 성장에도 도움이 된다는 것을. 지금 당장 상사와 소통하라.

상사와의 소통 핵심, 보고

"생각은 깊게, 말은 짧게 하라."

보고報告, reporting'란 무엇인가? 보고는 '일에 관한 내용이나 결과를 말이나 글로 알린다'는 뜻으로 업무를 지시한 사람 혹은 보고를 요청한 사람의 요구사항에 대해 보고자의 생각이나 의견을 전달하고 상호 교환하는 행위라는 의미를 지니고 있다. 대개 상사가 지시한 사항에 대해 부하 직원이 그 실행 방법과 과정에 대한 의견을 개진하고 상호 합의를 통해 결과를 이뤄내는 행위라는 점에서 상하 간의 '합의적 소통 채널'이라고도 할 수 있다.

보고는 내가 하고 있는 업무의 진척 상황이나 결과를 상사에게 알리는 것을 목적으로 한 소통 방법이다. 이를 통해 상사는 필요한 정보를 입수하고, 적절한 판단을 내리기 위한 판단 소재를 두루 갖출 수 있다. 따라서 보고에 능한 사람은 상사의 신뢰를 받는다.

홍보맨들도 회사원이고 보면 수없이 보고를 하고 또 수없이 보고를 받는다. 보고를 위해 '보고서'를 쓰기도 하고 때로는 구두나 전화 혹은 이메일로 보고를 한다. 요즘은 카카오톡을 통해 비대면으로 보고가 이루어지기도 한다. 흔히 직장생활은 '보고 하나만 잘해도 상사로부터 인정받을 수 있다'고 하는데, 이는 그만큼 자주 보고해야 하는 일이 있다는 것뿐만 아니라 보고가 중요하다는 의미이기도 하다.

캐나다 출신 일본계 미국인 언어학자인 새뮤얼 이치예 하야카와Samuel J. Hayakawa는 저서 『사고와 행동의 언어Language in Thought and Action』에서 "잠자코 있지 않으려고 하는 것 자체가 언어의 중요한 기능이다."라고 말한 바 있다.

매일 싸우면서도 화해하는 관계는 점점 서로에 대한 이해가 깊어지지만, 대화가 없는 관계는 오래도록 함께 할 수 없다. 함께 하고자 한다면 '잠자코 있지 않으려고 하는 것'도 관계를 유지하는 데 지극히 중요하다. 특별한 일이 있을 때는 물론이고, 대화를 나눌 주제가 없어도 대화 그 자체를 즐기는 것이야말로 상대방에 대한 훌륭한 애정 표현이기 때문이다.

아무리 호의를 품고 있어도 대화를 포함한 보고를 하지 않는다면 그 자체가 상대방에 대한 배려의 결여를 뜻한다. 이야기할 주제가 없어도 대화는 할 수 있다. 상대방의 이야기를 재미있게 들어주기만 하면 되기 때문이다. 이처럼 최소한의 노력만으로도 보고는 의미가 있다.

이처럼 '보고'의 역할은 중요하지만, 현실에서는 보고 타이밍이나 내용이 부족한 것이 현실이다. 보고를 하는 사람은 이미 정보를 가지고 있어 보고받기를 원하는 상사의 요구를 고려하지 못하는 것이다. '보고 커뮤니케이션' 역량의 부족은 제때, 제대로 보고받고자 하는 상사의 기대치를 채워 주지 못하면서 결국 쌍방에게 불신을 키운다. 귀찮아하거나 인색하게 굴지 말고 자신이 하고 있는 일을 상사에게 제때, 제대로 알리는 보고에 힘쓰자. 어떤 마음을 가지고, 어떤 관계를 만들겠다는 다짐과 실천만이 인간적인 관계를 만들 수 있다. 한번 만나고 말 인연이 아니라면 진심을 다하자.

직장 내에서 보고 커뮤니케이션을 할 때는 지시나 요구사항을 처리하는 수동적인 단계에 머물지 말고 상사를 먼저 찾아가는 능동적인 모습을 보여줘야 한다. 공식적인 회의뿐만 아니라 티타임이나 점심식사를 통해서 현재 자신이 진행하고 있는 업무에 대해 보고할 수도 있다. 보고를 통해 상하 간에 원활한 소통이 이루어지고, 주요 사안에 대해 합의하고 결정하는 문화가 정착되면 상사가 제때, 제대로 된 의사결정을 할 수 있는 기반이 된다.

회사 내의 보고 커뮤니케이션은 상사, 동료, 구성원의 니즈를 파악하는 것, 또한 나의 의사를 표현하는 것, 그리고 그것을 바탕으로 서로의 차이를 인정하고 서로가 조화되는 것을 의미한다. 따라서 보고 커뮤니케이션 역량이 뛰어나다는 것은 이야기를 진정성 있게 전달함으로써 조직 혹은 개인이 도달해야 할 목적과 달성 방법에 대해 설명할 수 있으며, 상대로 하여금 '할 수 있다'는 용기를 심어 주는 것을 뜻한다.

상하 혹은 동료 간에 업무를 통해 신뢰를 확인하는 자리에서 보고를 주고받으며 이뤄지는 커뮤니케이션은 남다르다. 특히 팀의 성과 목표를 달성하기 위해 전략을 수립하고 실행할 때 조직 내외적으로 진행되는 다양한 보고는 중요한 가치를 지닌다. 무엇보다 보고가 잘 이뤄져야 하는 이유는 성과 목표와 전략을 중심으로 구성원이 자율적으로 업무를 실행할 수 있다는 데 있다.

훌륭한 보고를 위한 5가지 고려 사항

첫째, 문자보다는 숫자 중심으로 보고한다.

보고 내용을 가지고 보고자와 보고받는 자가 동상이몽을 하는 경우를 볼 수 있는데, 이는 숫자 중심이 아니라 두루뭉술한 문자 중심의 커뮤니케이션에 기인하는 경우가 대부분이다. 예를 들어 "가급적 빨리 보고드리겠습니다." 라고 하는 것보다 "○○일 몇 시까지 보고드리겠습니다." 라고 말하는 것이 훨씬 구체적이고 이해하기에 명확한 숫자를 활용한 표현이 좋다. 그리고 숫자 중에서도 30%, 50% 등의 퍼센트보다는 절대 수치로 보고하는 것이 더 좋다.

둘째, 두괄식으로 보고하는 것이 좋다.

보고받는 사람이 가장 궁금하게 생각하는 결과를 먼저 이야기하는 것이 중요하다. 정말 쉽지 않다. 가령 "보고서는 언제쯤 볼 수 있지?"라고 물었을 때 "네, 3일 뒤 오전에 보고드리겠습니다." 라고 결론부터 이야기하고, 그 다음 상사가 질문할 경우 추가 설명을 덧붙이는 게 좋다.

그런데 내가 하고 있는 일이 지연될 경우, 현업 부서에서 협조가 제대로 되지 않았고, 이래저래 바빴다고 둘러대면서 결론은 말하지 않고 핑계와 부연설명만 일삼는다면 보고받는 상사 입장에서는 답답할 수 있다. 따라서 보고할 때는 신문 헤드라인을 뽑아내듯 결론을 먼저 이야기하고, 그 다음에 원인이라든가 배경 설명 등을 부차적으로 하는 것이 좋다. 익숙해질 때까지 연습과 훈련을 해야 한다.

셋째, 상사의 특성을 정확하게 인식해야 한다.

자신은 물론이고 상사의 일하는 스타일, 나아가 사소한 습관까지도 알아두자. 상사의 장단점을 모른다면 보고 과정에서 불필요한 선입견과 편견이 작용할 가능성이 크기 때문이다. 특히 상사와 커뮤니케이션을 할 때는 내가 말하고자 하는 욕구를 충족시키려는 공급자 중심의 관점이 아니라 보고받는 상사 중심으로 보고의 초점을 맞춰야 한다.

넷째, 사실과 의견을 구분해서 보고해야 한다.

데이터를 가공해 허위로 보고하거나 주관적인 생각을 마치 객관적인 사실인 것처럼 보고하는 것은 상사를 비롯한 의사결정권자의 잘못된 판단을 유도하는 위험천만한 일이다. 따라서 보고자는 객관적 사실에 대해서는 데이터를 근거로 정확하게 이야기하고, 본인의 의견은 객관적 사실과 구분해 개진해야 한다. 이를 통해 상사는 보고의 취지와 의미를 충분히 이해할 수 있고 제대로 된 의사결정을 할 수 있다.

다섯째, 추진 방향과 실행 방법에 대해 보고한다.

상사로부터 권한을 위임받았다고 해도 기본적인 추진 방향과 실행 방법, 구체적인 진행 과정에 대한 보고를 생략해서는 안 된다. 상사가 자율권을 폭넓게 주었다고 해도 보고에 주의를 기울여야 한다는 얘기다. 보고는 최소 세 번이 기본이다. 초도보고-중간보고-결과보고가 그것이다.

업무를 실행하기 전에 기본적인 추진 방향에 대해 간략히 보고하고 업무를 시작하면, 상사는 결과를 예측할 수 있으니 안심하고 긍정적인 코칭을 할 수 있다고 생각한다. 가끔 조직 개념이 부족한 주니어 중에는 엄연히 보고 체계가 있음에도 불구하고 차상위자를 무시하고 최종 의사결정자에게 바로 보고함으로써 갈등을 빚는 경우가 있다. 이럴 경우에는 최종 의사결정권자가 결재라인을 거치도록 주니어에게 지시해야 한다.

당신이 리더라면 조직의 개념과 보고 체계에 대해 알려주는 것도 리더의 역할이다. 당신이 주니어라면 조직의 보고 체계는 가급적 준수하도록 노력하는 것이 기본 예의라는 것을 명심하자..

비즈니스맨들이 알아야 할 소통의 법칙 10가지

"당신의 말이 아닌 귀를 내어 주면서 상대의 마음을 얻었으면 한다.

또한 당신의 가슴속에 꼭꼭 숨겨두었던 진심을 건져 올려 그것으로 상대의 아픔

을 어루만질 수 있기를 기대한다."

_ 이기주

독일의 철학자 게오르크 헤겔은 "마음의 문을 여는 손잡이는 바깥쪽이 아닌 안쪽에 있다"고 말했다. 상대가 스스로 손잡이를 돌려 마음의 문을 열고 나올 수 있도록 상대를 배려하고 존중해야 한다. 그런 뒤에야 마음을 얻는 것도 가능하다. 열린 마음으로 상대를 배려하는 것이 대화의 가장 기본적인 자세다. 귀가 둘이고 입이 하나인 이유는 '더 많이 듣고 덜 이야기 하라'는 뜻이다.

비즈니스맨이라면 대내외적으로 소통할 줄 알아야 한다. 소통, 즉 커뮤니케이션은 '나누다'는 뜻의 라틴어 'communicare'에서 파생되었다. 이는 '공유한다'는 뜻이다. 커뮤니케이션이라는 것은 단순히 '적절한 단

어를 선택해 공유하는 것'의 문제가 아니다. 이야기를 듣는 사람을 이해하면서 적극적으로 경청해야 하고, 사람들에게 진심으로 공감할 수 있어야 한다. 또한 높은 직관력으로 대화를 주도하는 것과 동시에 보디랭귀지를 포함한 비언어적인 도구도 적절히 사용할 수 있어야 한다.

몇 년 전 국외 인물 중 가장 매력적인 리더를 조사한 결과 사람들이 가장 많이 언급한 인물은 오바마 전 미국 대통령으로 지목됐다. 그 이유는 오바마의 '상대방을 이해하는 소통 능력' 때문이라고 알려졌다. 오바마는 재임 기간 동안 자신과 생각이 다른 사람의 주장도 경청하고 포용하는 자세를 보여줬기 때문이다. 언론에서는 "상대의 의견에 동의하지 않더라도 상대의 발언권을 존중하는 태도야말로 오바마가 지닌 리더십의 원천이다." 라고 보도했다.

오래 전이지만 2003년 〈경제협력개발기구OECD〉는 미래의 핵심 역량을 연구한 「데세코DeSeCo, The Definition and Selection of key Competences 프로젝트」에서 21세기 핵심 인재가 갖추어야 할 능력 중 하나로 '커뮤니케이션 역량'을 꼽았다. 최근에는 4차 산업혁명으로 조직 경쟁력의 원천이 과거와 달라졌다. 다보스포럼으로 더 유명한 세계경제포럼World Economic Forum, WEF은 경쟁력을 갖추기 위해 '복잡한 문제를 해결하는 능력, 비판적 사고, 창의성, 인간관계 관리, 다른 사람과의 협조 능력, 감성 지능, 판단력과 의사결정 능력, 서비스 지향성, 협상 능력, 인지적 유연성'과 같은 '10대 휴먼 스킬'을 계발해야 한다고 했다.

리더가 직원들에게 더 많은 정보를 공유하고 그들을 의사결정에 참여시킬 때 직원들은 더 높은 수준의 책임감과 심리적 주인의식을 가진다. 조직의 경쟁력은 구성원들의 관심과 참여로부터 나온다. 질문을 허용하지 않는 리더와 질문을 하지 않는 구성원들이 많은 조직에게 미래는 없다. 구성원들은 '왜'라는 질문을 거리낌 없이 던지고 리더는 질문하는 구성원들의 관심과 적극성을 인정하고 공감과 배려로 그들과 적극적으로 소통할 때 조직의 변화와 혁신은 시작된다.

리더는 구성원들을 존중하기 위해 '자신만이 옳다.' 라는 욕구에서 벗어나야 한다. 또한 생각나는 대로 말하거나 내키는 대로 행동하지 말고 그 말과 행동이 상대방에게 주는 인지 및 정서적 영향을 염두에 두어야 한다. 그리고 구성원들이 자유롭게 '왜'에 대해 질문하고 '왜'에 대해 설명하고 그리고 '왜'에 대해 자유롭게 의견을 교환할 수 있는 분위기를 만들어 줘야 한다. 누군가의 얘기를 듣는다는 것은 단순한 기술skill이 아니다. 진정한 경청을 통해 자신의 생각과 관점을 변화시키고 성장하여 완전히 다른 사람이 될 수도 있다.

유능한 리더들은 감정이 개입되고 말하기 어려운 이슈를 대화로써 잘 풀어내는 소통 스킬과 능력을 갖추고 있다. 소통은 리더십의 차이를 만드는 역량이 아니라 리더가 되기 위한 필수 조건이다. 리더가 되고 싶은 비즈니스맨들이 알아야할 소통의 법칙 10가지는 다음과 같다.

소통의 법칙 1 : 사람을 두려워하지 마라

리더들의 커뮤니케이션 방식은 사실 모두 훈련된 것이다. 그것이 의식적으로 받은 훈련이든, 살아온 환경 속에서 자연스럽게 체득되었든 자신의 소통에 대한 말과 행동이 본능적이고 반사적이다 보니 그것을 느끼지 못할 뿐이다. 기업과 조직들 또한 저마다의 커뮤니케이션 방식이 있다. 이것 또한 기업과 조직 내부에서 오랜 세월 동안 일반화되고 관성화 되어 느끼지 못할 뿐이다. 그렇기에 기업과 조직의 커뮤니케이션 방식을 변화시킨다는 것은 생물학에서 이야기하는 유전과 전이를 끊는 것만큼 어렵고 힘든 일이다.

커뮤니케이션을 잘하기 위해서는 먼저 상대방에 대한 두려운 마음이 없어야 한다. 두려움을 극복하기 위해서는 상대방을 이해하는 마음을 가져야 하고 또 상대방을 인정해 주는 모습을 보여줘야 한다. 공자와 그의 제자 안회가 나눈 대화에서 두려움을 극복할 수 있는 지혜를 배울 수 있다.

안회가 어느 날 배를 타고 강을 건너게 되었다. 사공이 노를 젓는데 몸놀림이 가히 신의 경지에 달한 것처럼 보였다. 안회가 사공에게 물었다. "노 젓는 법을 배울 수 있겠는가?" 사공이 대답했다. "물론입니다. 헤엄을 잘 치는 사람은 노를 몇 번 저어 보면 금방 배웁니다. 잠수에 능한 사람 역시 금방 노를 저을 수 있지요."

그 말이 선뜻 이해되지 않은 안회가 사공에게 그 이유를 물었지만 사공은 아무 말도 하지 않았다. 나중에 안회가 공자에게 이 이야기를 전하자 공자는 안회에게 다음과 같이 말했다.

"헤엄을 잘 치는 사람이 노를 저을 수 있는 것은 물을 의식하지 않기 때문이다. 물에 빠지는 것이 두렵지 않으니 오직 노를 젓는 것에만 집중할 수 있다. 또한 잠수를 할 수 있으면 배가 뒤집히더라도 결코 당황하지 않는다. 그 사람은 깊은 물속이 마치 언덕처럼 여겨져서 배가 뒤집힌 것을 수레가 뒷걸음질 치는 정도로 여긴다. 따라서 엎어지든 뒤집히든 물러나든 미끄러지든 어떤 역경과 위험이 닥치더라도 그것들은 마음을 어지럽힐 수 없다. 그러니 늘 마음에 여유가 있는 것이다."

안회는 공자의 얘기를 듣고서야 고개를 끄덕였다. 두려움이 없는 마음, 그것이 바로 사공이 말한 노를 잘 젓는 비법이라는 것을 알게 되었다. 사공이 물을 두려워하면 노를 잘 저을 수 없듯이, 비즈니스맨이라면 사람을 두려워해서는 안 된다. 사람을 두려워하면 고객과 원활한 커뮤니케이션을 할 수도 없다.

소통의 법칙 2 : 공감하라

공감共感이란 무엇인가? 감정을 공유한다는 말이다. 말 그대로 공감은 비즈니스맨들이라면 가장 중요하게 생각해야 할 법칙 중 하나다. 고객과 공감하지 못하고서 어떻게 소통이 이루어지겠는가? 하지만 많은 사람들이 고객과 공감이 이루어지지 않은 상태에서 일방적인 소통을 강요하다 보니 고객과 불완전한 소통이 이뤄지고 나아가 고객들은 비즈니스맨들을 불신하는 상황을 초래하게 되는 것이다.

본능적으로 좋은 느낌이 들면 공감대가 형성되기 마련이다. 공감이란 같은 감정을 가지는 것이다. 같이 울어 주고 같이 기뻐해 주는 식으로 고객과 감정을 공유하면 어렵지 않게 고객에게 다가갈 수 있다.

소통의 법칙 3 : 칭찬하라

소통 기법 중에서 가장 손쉬운 방법은 '칭찬'이다. 하지만 현실은 아부는 고사하고 칭찬에도 서툰 것이 사실이다. 소통에 능숙한 사람들은 칭찬 전문가들이다. 그들이 어떻게 칭찬하는지 지켜보면 몇 가지 특징이 있다.

첫째, 지금 앞에 있는 사람을 칭찬하라.

함께 있지 않는 사람을 칭찬하는 것은 당장 효과가 없다. 내 앞에 앉아 있는 사람에게 집중하고 칭찬해 보자. 별것 아니라고 생각할 수 있는 작은 칭찬이 좋은 관계를 만드는 첫 번째 기술이다.

둘째, 현재를 칭찬하라.

사람들이 칭찬에 인색한 이유는 거짓말을 하기 싫어하기 때문이다. 거짓말하면 왠지 죄책감이 생기고, 괜한 짓을 하는 것은 아닌가 생각하기 때문이다. 그래서 사람들은 칭찬에 인색한 채 살고 있다.

하지만 여자들은 남자들과 차이가 있다. 여자들은 현재의 모습을 칭찬한다. 단순히 지난번보다 지금이 낫다고 칭찬한다. 남자들이 놓치고 있는 부분이지만 어찌 보면 단순하다. 현재 보이는 것 중에서 칭찬할 수 있는 것을 찾는다. 지금 보이는 것 중에서 장점을 찾는 눈을 키워 보라. 이것이 칭찬의 시작이다.

셋째, 좋은 점만 칭찬하라.

칭찬의 본래 의미는 상대방의 좋은 부분을 알려주는 것이다. 칭찬에 대해 이런저런 설명을 할 필요가 없다. 군이 상대방의 부정적인 부분을 들추어 언급하여 괜히 긁어 부스럼을 만들지 말라는 얘기다. 말을 안 한 것이 거짓말은 아니다. 하나만 명심해라. 칭찬하려거든 그냥 좋은 점만 말하면 된다.

넷째, 변화에 관심을 가져라.

달라진 것이 있다면 보이는 대로 칭찬하라. 자신의 변화에 대해 알아 봐 준 것에 대해 감사하며 대화는 자연스럽게 이어질 것이다. 상대의 변화에 관심을 보이는 것 자체가 칭찬이다.

다섯째, 눈을 보고 말해라.

소통에서 아이 컨택eye contact은 중요하다. "이것도 칭찬하는 방법인가?"라고 말할 수 있지만 의외로 모르는 사람들이 많다. 상대와 대화를 하면서 다른 곳이나 다른 사람을 쳐다보지 말고 상대방의 눈을 바라보고 말해야 한다. 대화의 기본은 상대방의 눈을 바라보고 말함으로써 그에게 집중하고 있다는 것을 보여줘야 한다. 대화할 때 상대방의 눈을 쳐다보는 것은 상대방을 존중하는 마음을 표현하는 방법이다. 어쩌면 사소하게 생각할 수 있는 그 아이 컨택이 나를 빛나게 해 줄 수 있는 좋은 방법이 될 수 있다. 때로는 말로 하는 칭찬보다 상대의 눈을 바라보는 것만으로도 성과를 거둘 수 있고 또 한 명의 내 편을 만들어 줄 것이다.

인간관계는 예상하지 못한 돌발 상황이 많다. 그래서 소통이 어려운 법이다. 하지만 위에서 언급한 5가지의 칭찬 기술만 명심해도 어디서, 누구를 만나더라도 긍정적인 소통 관계를 유지할 수 있을 것이다.

소통의 법칙 4 ; 본능을 이해하라

'본능을 이해한다'는 것은 생물학적인 관점, 진화론적인 관점에서 인간을 제대로 본다는 의미다. 비즈니스는 고객의 본능에 호소할 수 있어야 하고, 본능적으로 끌리도록 해야 한다. 고객을 만났을 때 "나는 당신을 사랑합니다."라든지 "나는 당신을 존경합니다." 등의 표현을 쓰는 것이 실제로 효과적이다. 이러한 표현은 무의식적인 표현이기 때문에 큰 힘을 지니고 있다. 이는 "논리적인 것은 의식적이지만 감성적인 것은 무의식적이다." 라는 말과 관련이 있다. 무의식적이라는 것은 오랫동안 진화 과정을 거치면서 인간의 DNA에 깊숙이 인식되어 있다는 의미다.

미국의 인본주의 심리학자인 매슬로우Abraham Harold Maslow는 '본능'은 강력한 호소력을 가진다고 보았다. 인간의 욕구를 강도와 중요도에 따라 5단계로 분류했다.

1단계 : '생리적 욕구Physiological Needs'에 해당한다. 생물학적 존재로서 느끼는 의식주 생활에 관한 욕구, 즉 본능적인 욕구를 말한다.

2단계 : '안전과 안정의 욕구Safety Needs'로 사람들이 신체적 그리고 정서적으로 안전을 추구하는 것을 말한다. 이 욕구가 충족되지 못하면 인간은 불안과 두려움을 느낀다.

3단계 : '소속감과 애정의 욕구Belongingness and Love Needs'로 어떤 단체에 소속되어 소속감을 느끼고 주위 사람들에게 사랑받고 있음을 느끼고자 하는 욕구이다.

4단계 : '존경의 욕구Esteem Needs'로 타인에게 인정받고자 하는 욕구이다.

5단계 : '자아실현의 욕구Self-Actualization Needs'는 가장 높은 단계의 욕구로서 자기만족을 느끼는 단계이다.

1~4단계를 '결핍 욕구'라고 하고 5단계를 '존재 욕구'라고 하는데, 낮

은 단계일수록 인간이 더욱 강렬하게 느끼는 욕구라 할 수 있다. 따라서 가장 낮은 단계의 욕구를 자극하는 감성적인 표현을 진심 어린 눈빛을 담아 상대방에게 건넨다면 큰 효과를 볼 수 있을 것이다.

소통의 법칙 5 ; 차이를 인정하라

화성火星은 로마신화에 등장하는 전쟁의 신 마르스Mars의 이름을 딴 태양계의 네 번째 행성이다. 그리고 금성金星은 사랑과 미의 여신의 이름을 따 '비너스Venus'라 부르는 두 번째 행성이다. 남성을 화성에 비유하고 여성을 금성에 비유하는데, 일반적으로 남자는 목표 지향적이고 여자는 관계 지향적이라고 말한다. 그래서 여자는 대인관계에서 불행하다고 느끼면 일에 집중할 수 없고, 남자는 일에서 불행하다 싶으면 대인관계에 집중할 수 없다고 한다.

20세기 가장 영향력 있는 책으로 선정된 『화성에서 온 남자, 금성에서 온 여자』를 쓴 존 그레이John Gray Ph.D는 남녀관계 갈등의 원인을 다음과 같은 비유를 들어 설명했다.

옛날 옛적에 화성 남자들과 금성 여자들은 서로를 발견하자마자 한눈에 반했다. 사랑의 마법에 걸린 듯 그들은 무엇이든 함께 나누면서 기쁨을 느꼈다. 비록 서로 다른 세계에서 왔지만 그 차이를 인정하고 서로 사랑하고 조화를 이루며 함께 살았다. 그러다가 지구에 와서 살게 되자 그들은 기억상실에 빠진다. 자신들이 서로 다른 행성에서 왔고, 따라서 서로 다를 수밖에 없다는 사실을 잊어버린 것이다. 서로의 차이를 인식하고 그것을 존중해 왔던 사실이 기억에서 모두 지워지면서 그들은 충돌하기 시작했다.

화성에서 온 남자와 금성에서 온 여자는 전혀 다른 환경에서 자랐고
전혀 다른 사고방식과 행동 양태를 가진다. 따라서 화성남자와 금성여
자가 사랑하고 함께 살아가기 위해서는 이러한 차이를 인정하고 존중하
는 것만이 사랑을 유지하는 단 하나의 방법임을 이 비유는 자연스럽게
보여준다.

남자와 여자는 의사 전달 방법뿐만 아니라 생각하고 느끼고 지각하고
반응하고 행동하고 사랑하는 것 등등 모든 영역에서 다르다. 이렇듯 남
녀가 서로 다르다는 사실을 제대로 인식한다면 상대를 잘 이해할 수 있
게 되고 따라서 서로 간의 오해는 곧 풀리고, 상대방을 자신의 사고나
행동의 틀에 맞추는 그릇된 기대 또한 쉽게 수정될 수 있다. 화성남자
금성여자의 비유에서처럼 사랑하는 사람이 다른 별에서 온 사람처럼 자
신과 다르다는 것을 기억한다면 그들을 변화시키려고 애쓰거나 맞서려
고 하는 대신 그 차이를 편하게 받아들이고 더불어 잘 지낼 수 있을 것
이다.

화성남자와 금성여자의 가장 큰 차이는 남자는 목표 지향적이고, 여
자는 관계 지향적이라는 점이다. 화성남자는 목표를 위해 끊임없이 노
력하고 이것을 위해서 관계를 희생하면서까지 성공에 집착한다. 하지만
금성여자는 성공 등의 목표보다는 사람과의 관계를 중요시한다. 그녀가
사랑하는 사람과 가족, 이웃, 친구의 원만하고 진실된 관계에서 여자는
안락함과 행복을 느낀다.

화성남자는 스트레스를 심하게 받을 때나 심각한 고민이 있을 때는
평소의 모습과는 달리 말수를 줄이거나 주변에 대한 관심을 끊고, 오직

그 문제에 몰두해 해결책을 모색한다. 반대로 금성여자는 스트레스가 심해지면 누군가와 끊임없이 이 문제에 대해 대화한다. 즉 관계를 통해 자신의 문제를 해결하고 그 관계를 더욱 돈독히 한다. 화성남자와 금성여자 사이에 이런 차이가 있기 때문에 서로 갈등이 생기기 마련이다. 화성남자는 누군가 자기를 필요로 한다고 느낄 때 힘이 솟구치고, 금성여자는 누군가 자기를 사랑하고 있다고 느낄 때 마음이 움직인다.

여성 고객을 만날 때는 배려하는 태도와 개인적인 친분관계 그리고 "당신을 존중합니다."라는 말을 해 주고, 남성 고객과 대화할 때는 인정과 신뢰 그리고 "당신이 최고입니다." 라는 말을 해 주는 것이 효과적이다.

여자들은 이야기할 때 '세라토닌serotonin'이라는 물질이 남자보다 더 많이 발생한다. 항우울제인 세라토닌은 수다를 떨 때, 탄수화물을 섭취할 때, 초콜릿 등 군것질을 할 때 생긴다고 한다. 반대로 배가 고프거나 할 말을 하지 못할 때는 세라토닌이 생성되지 않는다. 그렇기 때문에 여자들에게는 관계를 지속하는 활동이 필요하다.

생리적인 면에서도 남자와 여자는 차이를 보인다. 남자는 시각적이고 후각적인 데 반해 여자는 촉각적이고 청각적이다. 이것을 인류학적인 관점에서 살펴보면, 남자는 사냥에 적합하도록 시각과 후각이 발달했고, 여자는 채집과 양육에 적합하도록 촉각과 청각이 더 발달되었다. 그래서 남자는 여자를 처음 볼 때 본능적으로 훑어보고 반면 여자들은 따뜻한 말 한마디나 사랑스러운 스킨십에 크게 반응한다고 한다.

마케팅을 비롯한 비즈니스의 출발은 차이를 인정하고 차별화하는 것에서 시작한다. 고객마다 나이가 다르고, 성별이 다르고, 직업이 다르고, 근본적으로 인생에 대한 가치관이 다르다. 이러한 차이점을 인정하고 이해하고 좀 더 상대방의 입장에서 생각하고 행동할 필요가 있다. 특히 비즈니스 현장에서 직면하는 여러 가지 문제를 보다 쉽게 해결할 수 있을 것이다.

소통의 법칙 6 : 자주 연락하라

비즈니스맨이라면 무슨 일이 있어도 지켜야 할 사람들은 누구일까? 바로 가슴이 따뜻한 사람들이다. 이는 사교성이 많으며, 신뢰가 두터운 사람들을 말한다. 찾아보면 주변에는 이런 사람들이 의외로 많다. 이런 사람들은 가슴이 따뜻한 새로운 사람들을 더 많이 확보할 수 있는 원천이므로 시간과 노력을 투자해서 꼭 지켜야 할 고객이다.

이들을 확보하기 위해서 어떻게 해야 할까? 우선 시간을 내편으로 만들어야 한다. "시간을 내편으로 만든다"는 말은 어떤 의미일까? 이 말은 따로 시간을 내 고객들에게 무언가를 하면 그 고객은 내 고객이 된다는 말이다. 아무 활동을 하지도 않으면서 시간을 내편으로 만들기는 어렵다. 비즈니스 활동은 고객을 만나기 전(음의 활동)과 고객을 만난 후(양의 활동)로 나뉜다.

음의 활동이란 고객을 발굴하는 과정으로 첫 통화, 첫 만남 그리고 지속적인 만남 등이다. 비즈니스에서 음의 활동은 당장은 결과를 얻을 수 없지만 아주 중요한 부분을 차지한다.

가슴이 따뜻한 사람을 내 고객으로 만들기 위해서는 그들이 나를 신뢰하고 더욱 친밀감을 느끼도록 해야 한다. 그러기 위해서는 첫 만남 이후 지속적으로 연락하고 지내야 한다. 예를 들어 고객을 만나는 양의 활동을 했다면 그 사이 이메일을 보내고 감사 문자를 보내거나 안부전화 등 음의 활동이 이루어져야 한다. 이때 고객에게 보내는 메시지는 반드시 관계에 대해 동기부여를 하고 행복한 감정을 지속시켜 주는 내용이어야 한다.

정기적으로 연락을 취하면 자주 만나지 못하더라도 긍정적인 이미지를 지속시켜 주는 역할을 한다. 곡식들은 농부의 발소리를 듣고 자란다는 말처럼 고객을 지속적으로 관리하고 관심을 보여주어야 한다. 음의 활동을 하느냐, 하지 않느냐는 분명 큰 차이가 있다. 지속적으로 고객들과 연락하고 있다면 스스로 업에 대한 즐거움을 느끼는 '덕업일치德業一致'의 단계에 도달할 수 있다.

소통의 법칙 7 : 감사를 표하라

비즈니스맨들에게는 지식Knowledge, 기술Skill, 태도Attitude, 습관Habit 등이 필요하다고 한다. 가장 중요한 것으로는 주저 없이 '태도'를 꼽는다. 지식이나 기술 등이 다소 부족해도 태도에 따라 더 성장할 수 있기 때문이다.

유능한 비즈니스맨이 되고자 한다면 학습을 게을리 하면 안 된다. 배우려는 사람은 배우고자 하는 태도가 분명해야 한다. 긍정적인 생각과 태도는 긍정적인 결과를 낳는다. 모든 비즈니스맨이 그렇지만 어떤 경우에도 긍정적이어야 한다. 특히 고객에게 거절당했을 때에도 긍정적인 태도를 보여야 한다. 하지만 현실은 그렇지 못한 것 같다. 고객으로부터 거절당하면 금세 풀이 죽거나 부정적인 반응을 보인다.

하지만 세상 일이 '거절'로부터 시작한다는 것을 깨달으면 거절을 즐기는 수준에까지 도달하게 된다. 도전적인 자극, 부정적인 자극에 어떤 반응을 보이느냐에 따라 승부가 결정된다. 도저히 즐길 수 없는 상황조차 즐길 수 있는 사람들이 바로 긍정적인 사람들의 특징이다.

긍정적인 생각은 긍정적인 행동을 낳고, 긍정적인 행동은 긍정적인 결과를 낳는다. 오랜 세월 동안의 연구 결과가 보여주는 것처럼 마음이 생각을 만들고, 생각이 구체적인 방법을 만들어 결국에는 이루어지게 된다.

소통의 법칙 8 : 자신감을 가져라

사람과의 관계가 그렇듯 고객과의 첫 만남에서 가장 중요한 것은 고객에게 강한 에너지를 전달하는 것이다. 그렇다면 그 에너지는 어디서 나오는 것일까? 에너지는 자신감에 비례한다. 자신감과 관련하여 일화가 있다. 미국 42대 대통령인 빌 클린턴의 부인이자 미 국무장관을 지낸 힐러리에 관한 일화로, 일명 '클린턴과 힐러리의 주유소 대화'다.

힐러리와 클린턴이 함께 차를 타고 가다 주유소에 들렀다가 우연히 힐러리 클린턴 미 상원의원의 옛 남자친구 제임스를 만났다. 힐러리는 차에서 내려 제임스와 반갑게 포옹을 하고 한참 수다를 떤 뒤 차에 탔다. 질투가 났던 클린턴은 잠시 후 비아냥거리는 말투로 말했다.

"힐러리, 당신이 저 남자와 결혼했으면 지금 주유소에서 기름이나 넣고 있었을 텐데 그치?" 그 말을 들은 힐러리는 가소롭다는 듯이 되받아쳤다.

"미스터 클린턴, 만약에 제임스가 나와 결혼했다면 저 남자가 미국 대통령이 되어 있을 거야."

힐러리는 대학시절부터 "내 남자친구는 대통령이 될 거야." 라고 다짐했는데, 실제로 1993년 자신의 말대로 남편을 대통령에 당선시켰다. 힐러리 클린턴은 여러 모로 미국의 퍼스트 레이디의 역사를 다시 쓴 인물로 평가받는다. 그녀는 전문직업을 가진 첫 퍼스트 레이디였으며, 백악관 서관에 자기 사무실을 가진 최초의 대통령 부인이었다. 그녀는 또 처음으로 남편의 재임 시 선거에 나섰던 퍼스트 레이디이며, 뉴욕 주에서 당선된 첫 여성 상원의원이자 2008년 대선에서는 여성 최초로 대통령 후보로 나서기도 했다.

힐러리의 이러한 자신감은 스스로를 믿는 마음에서 비롯되었을 것이라는 평가가 지배적이다. 인간이기에 누구나 약점과 열등감을 갖고 있다. 하지만 그것을 지나치게 감추거나 부인하는 것보다 차라리 "저는 그 부분에 약합니다." 라고 스스럼없이 인정할 줄 알아야 한다. 그런 모습에서 오히려 자신감이 느껴지기 때문이다. 때로 승부를 결정짓는 것은 기술이나 전략이 아니라 누가 더 자신감을 갖고 있느냐에 달렸다.

자신감의 반대말은 두려움이다. 두려움을 극복해야 자신감이 생기는 법이다. 그렇다면 두려움을 극복하는 방법은 무엇일까? 의외로 간단하다. 두려움을 있는 그대로 인정하고, 받아들이고, 더 나아가 상대방에게 이야기하는 것이다. 두려움을 인정하는 순간 새로운 자신감이 생긴다.

어떤 사람을 만나는가는 운명이 결정하지만 내 곁에 어떤 사람이 머무르는가는 그 사람을 대하는 나의 태도와 자신감이 결정한다는 것을 잊지 말자.

소통의 법칙 9 ; 협상력을 키워라

고객들을 만나는 접점을 'The moments of truth', 즉 '진실의 순간'이라고 말한다. 스페인에서는 투우 경기 중 관중들의 흥분이 최고조에 이를 무렵 투우사가 마지막으로 황소의 급소를 찌르기 위해 준비하는 찰나적 시간을 '진실의 순간'이라고 한다. 고객이 회사나 제품에 대해 이미지를 결정하는 15초 내외의 짧은 순간을 일컫는 마케팅 용어로 종업원과 접촉하거나 광고를 볼 때 등 고객이 어떤 특정 시점에 갖게 되는 느낌이 기업의 이미지나 생존을 결정짓는다는 뜻이다. 이 '진실의 순간'이라는 말은 헤밍웨이의 소설 『오후의 죽음』에 처음 사용되었고, 39살의 젊은 나이에 스칸디나비아 항공의 사장에 취임한 얀 칼슨Jan Carlzon이 1987년에 출간한 책 『결정적 순간 15초』의 제목에 사용하여 마케팅 전략의 일종으로서 널리 알려지게 되었다.

협상의 원리를 알아야 고객에게 다가갈 수 있다. 비즈니스맨이라면 고객과 최대한 가까워지는 접점의 순간에 대비해야 하고 또 그에 맞는 준비를 해야 한다. 접점의 순간에 고객에게 무언가를 보여줄 수 있어야 하는데, 이때야말로 진실의 순간이기 때문이다.

협상이란 상대방과 의논하고 합의하는 과정이다. 따라서 한 사람의 일방적인 손실은 협상이 아니라 획득이다. 협상은 전설 속에서만 존재하는 것이 아니라 우리 주변에서 항상 일어나고 있다. 비즈니스 현장에서 협상을 하기보다는 일방적인 승리만을 요구하지는 않았는지 돌아보는 시간이 필요하다.

결정의 선택권을 고객으로부터 가져올 수는 없을까? 혹은 동등한 입장에서 의논하고 합의할 수는 없을까? 협상은 이러한 의문에서 출발한다.

하지만 그 '진실의 순간'에 훈련되지 않고 준비조차 되지 않아 미숙한 협상 능력 때문에 중요한 일을 망치는 경우가 종종 있다. 홍보맨이 근본적으로 협상에 대해 알고 협상력을 키워야 하는 이유가 바로 여기에 있다.

소통의 법칙 10 : 경청하라

『성경』「야고보서」 1장 19절은 '듣기는 속히 하고, 말하기는 더디 하며, 성내기도 더디 하라'고 했다. 또 「야고보서」 3장 2절에는 '누구든지, 말에 실수가 없는 사람은 온몸을 다스릴 수 있는 온전한 사람입니다.'라는 구절이 나온다. 또 동양의 3대 격언집 중 하나인 명나라 시대 아동 계몽서 『증광현문增廣賢文』에는 '청인권 득일반聽人勸 得一半'이라는 말이 나온다. '다른 사람의 권고를 들으면 반은 얻은 것이다.'라는 뜻이다. 이러한 말들은 무슨 의미일까?

우리는 살아가는 동안 많은 사람들을 만나고 그들과 다양한 관계를 맺는다. 그때 우리가 보여 주는 경청, 듣기의 자세는 스스로 가치를 높일 뿐만 아니라 일을 성공시키는 데도 긍정적인 역할을 한다. 세상이 어수선하고 저마다 자기 입장만을 피력할 때 슬기롭게 잘 헤쳐 나가는 길은 듣기, 즉 경청에 있다. 누군가의 얘기를 듣는다는 것은 단순한 기술이 아니다. 듣는다는 것은 상대를 온전하게 받아들여 전인성을 회복시키는 치유의 행위이다. 우리는 진정한 경청을 통해 자신의 생각과 관점을 변화시켜 완전히 다른 사람이 될 수 있다.

연구에 의하면 인간은 하루에 2~3만 개의 단어를 말하는데 이렇게 많은 말을 하다 보니 때로 말은 다른 사람에게 상처를 주는 가장 큰 원인이 되기도 한다. 칼로 입은 상처는 회복되지만, 말로 인한 상처는 평생을 갈 수도 있다.

말로 다른 사람에게 상처를 주지 않으려면 가장 중요한 것은 유익하지 않은 말은 하지 않아야 한다. 또 남의 험담을 하거나 잘 알지 못하거나 정확하지 않다면 그 험담을 다른 사람에게 옮기지 말아야 한다. 직접 듣거나 내 눈으로 본 것이 아니면 믿지 않는 게 맞다. 직접 보거나 들은 것도 사실이 아닐 수도 있는데 몇 명을 거쳐온 말은 처음과는 전혀 다른 말이 되어 있을 가능성이 높다.

말馬은 힘이 센 동물이지만 고삐만 제대로 잡으면 제어할 수 있다. 배船는 키를 잡으면 원하는 방향으로 몰고 갈 수 있다. 하지만 사람의 혀는 입 안이지만 길들이기 쉽지 않다. 잘 길들여진 것 같다가도 결정적인 순간에 비방이나 교만의 말이 튀어나온다. 그러므로 날마다 언어 생활을 점검하고 길들여야 한다. 자신이 하는 말이 자신의 인생 전체를 지배하는 법이다.

세종대왕이 역사상 가장 훌륭한 왕으로 존경받는 이유는 무엇일까? 바로 탁월한 경청 능력 때문이다. 세종은 어전회의에서 "경들은 어찌 생각하시오?"라는 말을 자주 했다고 한다. 강력한 권력을 가진 군주였지만 결정은 신하들과 의논한 뒤에 내렸다.

기록에 의하면 세종대왕은 32년간 경연을 1,898회나 가졌다고 전한다. 태종이 18년간 60회를 가진 것과 비교하면 엄청난 숫자이다. 세종은 전분 6등법과 연분 9등법으로 나눈 토지 조세제도를 실행하기에 앞서 17년이라는 오랜 기간 동안 16만 명에 달하는 백성들의 의견을 조사했다. 또 문화와 과학 분야에서도 독보적인 업적을 낼 수 있었던 비결도 다양한 사람들의 의견을 듣고, 그들의 다양성을 받아들인 경청의 리더십을 발휘했기 때문이다.

리더가 갖춰야 할 소통 노하우 3가지

홍보는 사람 읽기다. 모든 사람들의 바람과 현실, 희망과 절망을 가능한 한 많이 알아야 한다. 그래야 그들과 진술한 대화를 할 수가 있고, 진솔한 대화가 있어야 그들의 마음이 열린다. 인간이야말로 아는 만큼 보이고 그때 보이는 것이 전과 같지 않은 존재다."

_ 박웅현

리더가 아니더라도 사람을 남기는 것은 우리가 평생의 목표로 삼고, 삶의 목적이 되어야 한다. 모든 비즈니스가 그렇지만 특히 리더가 되고자 하는 주니어들은 사람을 남기는 활동을 해야 한다. 그 사람이 지금 우리 주위에 있는 사람이 될 수도 있고, 내가 만나는 고객이 될 수도 있다.

사람을 대하는 데 정답은 없다고 하지만 그렇지 않다. 사람을 대하는 데는 원칙도 있고 노하우도 있다. 정답에 조금이라도 가까이 가는 방법 중 하나는 '소통'이다. 소통은 서로 다름을 인정하고 받아들일 준비가 되었을 때 가능하다. 리더가 되고자 한다면 비즈니스의 시작은 사람과 사람이 소통하고 관계 맺는 데서 출발한다는 것을 명심해야 한다.

첫 번째 소통 노하우는 '신속한 의사결정'이다.

비즈니스는 순간순간 선택과 의사결정의 연속이다. 신속한 의사결정을 위한 3가지 원칙은 아래와 같다.

제1원칙 : 진부한 정보보다는 돌아다니는 정보를 습득하고, 이를 의사결정에 활용하라. 돌아다니는 정보란 실시간real-time 정보를 의미한다. 우리가 다양한 분야의 사람들을 만나고 여러 분야의 지식과 정보를 얻는 이유가 여기에 있다.

제2원칙 : 전문가에 의한 의사결정이 이뤄지도록 해야 한다. 의사결정을 해야 하는데 내가 전문가가 아니라고 생각되면 전문가에게 조언을 구해야 한다. 자존심 때문에 자문을 구하는 것이 꺼려진다면 이미 리더로서 자질이 부족하다고 할 수 있다. 비슷비슷한 사람들의 고만고만한 의견을 들어 그 속에서 평균화 하는 것이 가장 나쁜 의사결정의 전형이다. 신속하고 정확한 의사결정을 위해서는 해당 문제에 정통한 대내외 숙련된 전문가의 의견을 적시에 수렴하는 것이 필요하다. 비록 그가 나보다 후배거나 아랫사람이라고 하더라도 차별해서는 안 된다.

제3원칙 : 해결책이 가져올 수 있는 갈등을 조정하는 것이 필요하다. 여기서 리더의 리더십이 빛을 발한다. 케네디John F. Kennedy는 "정치인들이 반드시 수행해야 하는 가장 용기 있는 결정들 가운데 하나는 자기 유권자들이 좋아하지 않는다는 사실을 알면서도 그들의 이익에 가장 잘 부합하는 행동을 선택하는 것"이라고 했다. 현재의 상태를 벗어나는 결정은 항상 불편함과 불안함을 야기한다. 그것을 극복하고 이겨내는 사람이 리더다.

두 번째 노하우는 '처세'이다.

처세는 자기를 낮추고 상대방을 높이는 것이다. MZ세대의 등장으로 인해 예전보다는 덜해졌다고는 하지만 위계질서가 분명한 직장에서는 특히, 처세가 중요하다. 세간에 전하는 처세의 8가지 원칙은 다음과 같다.

① 몸을 낮추는 겸손한 자세

② 미소를 짓고 인사를 잘하는 등 밝은 태도

③ 감정을 잘 나타내지 않는 포커 페이스

④ 시기와 질타를 이겨내는 강한 정신력

⑤ 끊임없이 자기를 계발하는 배우는 자세

⑥ 앞장서서 일을 처리하는 적극성

⑦ 일의 결과에 대해 책임을 지는 자세

⑧ 어제의 적이 오늘은 친구라는 오픈 마인드

세 번째 노하우는 '품성品性'이다.

비즈니스는 품성이 관건이다. 고객에게는 진정성 있는 마인드로 존중하는 마음 자세가 필요하고 나이가 적은 고객이라도 예의를 갖춰야 한다. 업무 능력이 다소 부족하더라도 배우고 익히면 되지만 상대를 속이는 것은 물론 뒷담화를 하는 등 품성이 떨어지는 비즈니스맨은 답이 없다. 비즈니스맨은 다음의 7가지 품성을 갖춰야 한다.

① 강한 충성심과 무거운 입, 그리고 구설에 오르지 않는 행동.

② 여론을 읽고 정무적 판단을 내릴 수 있는 판단력.

③ 모든 공은 보스에게 돌리고 책임은 자신이 지는 태도.

④ 심부름하는 '환관宦官'이 아니라 리더에게 'No'라고 말할 수 있는 '참모參謀' 마인드.

⑤ 리더와 토론하고 또 조언할 수 있는 용기.

⑥ 리더에게 과감하게 진언進言할 수 있는 배포.

⑦ '말이 통한다'는 평판을 들을 수 있는 소통 능력.

소통의 다른 이름, 인맥

"현자는 실속을 챙기고, 아둔한 자는 허울을 쫓는다."

_ 사마의 司馬懿

인맥Network이 오늘날 아무 이유 없이 비즈니스의 기본으로 회자된 것은 아니다. 일자리가 안정적이지 않고 조건 좋은 일자리에 대한 경쟁이 치열해질수록 인맥은 우리를 성공으로 이끄는 결정적인 요인이 된다.

인맥은 우리들의 능력을 부각시켜 준다. 성급하게 인맥에 거부 반응을 보이는 사람도 있지만 "눈에 띄지 않는 것은 없는 것이나 마찬가지다."라는 쇼펜하우어의 말을 들으면 생각이 달라질 수도 있다. 당신을 아는 사람이 없으면 그 누구도 당신을 도와줄 수 없다.

그렇다면 우리에게 인맥이 필요한 이유는 무엇일까?

세계적 회계법인인 딜로이트Deloitte의 성공 요인을 인적 자원으로 분석해 유명해진 경영전문가 로빈 아데이Robin Athey는 "사안이 복잡해지고 협력이 일반화될수록, 당신이 무엇을 아느냐보다 누구를 아느냐가 중요해진다."라고 말했다. 그렇다면 어떠한 인맥이 도움이 되고, 또 인맥은 어떻게 쌓아야 하는 것일까?

　인맥 형성에 소홀한 사람들은 대부분 사무적이며, 업무에 치중하는 경향이 있다. 그들은 성과를 통해 자신의 능력을 보여주려 한다. 회사에서 대부분의 시간을 보내는 그들은 업무로 일상을 보낸다. 분명 목표 지향적, 성과 지향적인 태도는 직원으로서 갖춰야 할 훌륭한 덕목이다. 하지만 이것은 동전의 한 면에 불과하다.

　비즈니스는 사람들과 어울려야 하는 것인데, 인맥의 중요성을 간과하고 인맥 쌓기를 소홀히 하면 비즈니스는 어려워진다. 도움이 되는 인맥을 만들고 또 관리하는 것이 당신의 업무에 속한다는 사실을 잊지 마라. 훌륭한 인맥을 쌓으면, 업무처리 속도가 빨라지는 것은 물론 업무 성과도 높아지고, 개인 평판은 물론 부서의 이미지에도 긍정적인 영향을 미칠 수 있다. 결국 승진에도 유리할 것이다.

　흔히 리더라고 하면 넘치는 에너지와 외향적 성격의 소유자를 떠올린다. 그러나 사실 수많은 기업의 CEO 중 대부분은 '내성적인 성향'이라고 한다. 내성적 성격의 사람은 깊이 있는 사고력, 창의력 그리고 뛰어난 공감능력을 가지고 있다. 외향적이어서 인간관계가 복잡해 고려할 것이 많은 외향적인 사람들과 달리 고려할 것 없이 자신이 옳다고 생각한 바를 끝까지 관철시킨다. 따라서 몰입과 추진력 면에서 우수하다. 또한 타인에 대해 쉽게 판단하거나 뒷담화를 하지 않는다. 자기 자신의 감정에 민감한 만큼 타인의 상황에도 민감한 것이 이들의 특성이다.

　내성적인 성격을 가진 사람들은 외향적인 사람들에 비해 인맥 형성과 관리를 어려워하는 경향이 있다. 하지만 내성적인 사람들에게도 성공사례는 분명 존재한다. 비록 소수이기는 하지만 내성적인 사람들도 세상을 바꾸었다. 간디와 루즈벨트도 그러했고, 스티브 잡스나 워즈니악도 본인들이 외향적인 성격이었으면 창조적 전문가가 되지 못했을 것이라고 했다.

젊은 시절의 빌 게이츠 역시 체구도 왜소하고 소극적인 사람이었다. 그 시절의 빌 게이츠를 기억하는 사람들은 그가 세계 시장을 주도하는 기업인 마이크로소프트사를 이끌었다는 사실에 놀라움을 금치 못했다고 한다. 그가 성공을 거둘 수 있었던 이유는 무엇이었을까? 세간에 알려진 바에 따르면, 바로 그의 어머니가 매우 활발한 성격의 소유자였기 때문이라고 한다.

그의 어머니인 메리 게이츠Mary Gates는 IBM의 최고경영자였던 존 에이커스John Akers 회장과 함께 자선단체의 회장으로 일했다. 마이크로소프트의 성공 스토리가 IBM과의 계약으로 시작된 것은 단순한 우연이 아니었을지도 모른다. 빌 게이츠가 토크쇼나 여러 회의에 나섰던 것을 보면, 그가 '인간적인 요소'의 중요성을 이해했다는 것을 알 수 있다.

인맥은 다양한 상황에서 우리를 지원해 줄 수 있을 만큼 광범위해야 한다. 그러므로 회사 동료나 동종업계 사람들로만 당신의 인맥이 제한되어서는 안 된다. 리더십 트레이너이자 심리학 교수인 우베 쉘러Uwe Scheler에 따르면 "당신이 쌓은 인맥에 포함된 사람 중 회사 동료의 수가 절반을 넘어서는 안 된다."라고 말했다. 인맥의 다양한 기능을 제대로 활용하려면, 폭넓은 인맥을 형성하는 것이 중요하다는 말이다.

그러나 여기서 말하는 회사 동료나 동종업계 사람들을 제외한 인맥은 개인적인 인맥과는 다르다. 오페라, 전시회, 영화 관람이나 또는 등산, 여행을 함께 갈 수 있는 친구나 지인이 있을 것이다. 또한 스포츠를 함께 즐기거나 걱정이 있을 때면 함께 이야기를 나눠 줄 친구들이 바로 당신의 개인적인 인맥에 포함되는 사람들이다. 인맥을 효과적으로 구축하기 위해서는 다음과 같은 사람들을 내 편으로 만들어야 한다.

① 다른 부서 직원이나 동료
② 회사 경영진
③ 동종업계 사람들(경쟁사로 옮긴 옛 동료, 옛 팀장이나 부하 직원, 세미나, 전시
   회 등을 통해 알게 된 외부 인맥 등)
④ 동종업계 이외의 전문가 집단

당신이 다양한 인맥을 구축할수록 이익이 된다. 만약 당신의 인맥이 회사 사람들 혹은 동종업계 사람들로만 구성되어 있다면, 당신의 가능성은 제약을 받을 수 있다. 그렇게 되면 새로운 아이디어, 새로운 가능성, 새로운 고객을 찾는 데 어려움을 겪을 수밖에 없다.

사회학자이자 스탠퍼드대학교 석좌교수인 마크 그라노베터Mark Granovetter는 새로운 일자리를 찾는 사람들에 관한 흥미로운 연구를 진행했다. 그는 수백 명의 기술자들에게 "새로운 일자리를 어떻게 구했느냐?"고 물었다. 그 결과 60퍼센트에 달하는 사람들이 인맥을 통해 일자리를 얻었다고 답했다. 그라노베터는 이러한 현상을 '약한 결속력의 강점'이라고 말했다. 자세히 들여다보면 이러한 효과는 전혀 놀라운 것이 아니다. 절친한 친구나 지인은 당신과 비슷한 환경에서 활동하고 있으며, 비슷한 세계관을 갖고 있다. 또 당신이 아는 사람들을 그들도 알고 있고, 비슷한 문제를 안고 살아간다. 하지만 새롭고 놀라운 일은 이러한 절친한 친구나 지인들의 범위를 벗어날 때 일어나는 경우가 더 많다는 것이다.

안타깝게도 많은 사람들은 이러한 사실을 잘 인식하지 못하고 있다.

하지만 이러한 사실은 리셉션이나 세미나 휴식시간, 사적인 파티 등에서 쉽게 관찰된다. 함께 서서 이야기를 나누는 사람들을 한번 관찰해 보라. 스키를 즐기는 사람은 스키를 즐기는 사람들끼리, 아이를 둔 여성은 아이를 둔 여성들끼리, 특정 회사의 직원은 그 회사의 직원들끼리 이야기를 나누고 있을 것이다. 그런 특별한 기회가 아니더라도 매일 함께 지내는 사람들끼리 말이다.

컬럼비아대학의 폴 인그램Paul Ingram과 마이클 모리스Michael W. morris는 이러한 현상을 학문적으로 증명해 냈다. 두 사람은 콜롬비아 대학의 MBA 과정에 참여하고 있는 사람들을 모임에 초대해 누가 누구와 대화를 나누는지를 관찰했는데, 그 결과는 위에서 말한 예와 마찬가지였다. 이러한 이유로 인그램과 모리스는 인맥 형성을 결정짓는 것이 '자기 유사성의 원칙'이라고 주장했다.

하지만 '자기 유사성의 원칙'은 '절친함의 원칙(대부분의 시간을 함께 보내는 부서 동료와 같은 친한 사람들과 어울리려는 경향)'과 마찬가지로 인맥을 넓히는 데는 도움이 되지 않는다. 그렇기 때문에 당신에게 도움이 되는 인맥을 형성하려면 즐거운 만남을 즐길 수 있는 동시에 새로운 세계로 나갈 수 있는 관문이 되어 주는 사람을 만나야 한다. 그러한 만남을 매주 혹은 매달 가질 필요는 없다. 1년에 몇 번 정도만 그러한 만남을 가져도 그들은 당신에게 큰 도움이 되는 인맥이 될 것이다. .

친구는 가까이, 적은 더 가까이

타인으로 너를 칭찬하게 하고 네 입으로는 말며, 외인으로 너를 칭찬하게 하고 네 입술로는 말지니라.

_ 잠언 27:2

프랜시스 포드 코폴라 감독의 영화 「대부」가 1972년 개봉했다. 영화 역사상 1편과 2편이 모두 아카데미 작품상을 받으며 '전편보다 나은 속편이 없다'는 속설을 뒤집은 몇 안 되는 걸작으로 평가받는다. 배우들의 면면도 상상을 초월하지만 영화 전체를 꿰뚫고 있는 스토리는 모든 남성들의 로망이 되기에 충분하다.

비토 코르레오네역을 맡은 말론 브란도가 극중에서 한 대사는 미국영화연구소(AFI) 선정 역대 명대사 2위에 올랐다.

"Keep close your friend, keep your enemy closer."

"친구는 가까이, 하지만 적은 더 가까이 두어야 한다." 라는 이 말은 지금도 영화계를 넘어 인생을 꿰뚫는 명언으로 너무나도 유명하다. 비토 코를레오네(말론 브란드 분)가 막내아들인 돈 마이클 코를레오네(알 파치노 분)에게 해 주는 충고다. 그리고 속편에서 다시 마이클 코를레오네 자신도 아버지로부터 들은 교훈을 아들에게 들려준다.

"친구는 가까이, 하지만 적은 더 가까이 두어야 한다"는 말의 원조는 남아프리카공화국 최초의 흑인 대통령이자 인권운동가로 유명한 넬슨 만델라로 알려져 있다. 그는 적대적이면서도 배타적이었던 남아공 백인들의 언어를 배웠는데, 언어를 배울 당시만 해도 동족들로부터 숱한 의심과 모함을 받았다.

하지만 만델라는 소위 그들의 언어를 통해 백인들이 가지고 있는 시각의 내면을 이해하고 오히려 그들을 성공적으로 설득하기에 이른다. 이해와 수용이 소통과 화합의 출발임을 실천으로 보여준 것이다.

직장생활을 처음 시작했던 철없던 시절이야 그렇다 치더라도 "친구는 가까이, 적은 더 가까이 하라"는 말을 알게 된 뒤에는 이 격언을 철저하게 지키고자 노력해야 비즈니스의 정글에서 살아남을 수 있다. 신입사원들을 비롯한 주니어들에서부터 시니어들까지 직장인들에게는 매일 업무가 쏟아진다. '왜, 나에게만 이런 시련이 생기는 것일까?' 하고 하늘을 원망하고 환경을 탓하는 것은 직장인이라면 어쩔 수 없는 멍에일 수밖에 없다. 직장이라는 곳이 업무 성과를 통해 인정받아야 승진을 할 수 있는 조직이다. 동료들은 물론 후배들과도 경쟁해야 하고 또 상사는 설득시켜야 한다. 상식과 원칙만으로 이뤄지는 것도 아니다. 말 그대로 항상 춘추전국시대인 곳이다.

어제의 친구가 오늘은 적이 되고, 오늘의 적이 내일은 친구가 되지 말란 법이 없다. 평소 미리미리 발품을 팔아 입수한 경쟁자에 대한 정보가 얼마나 큰 힘을 발휘하는지 모르는 사람은 없을 것이다.

실제로 적이 될 필요도 없고, 적이라 생각할 것도 없다지만 부담이 큰

게 사실이다. 누가, 언제, 어디서, 어떤 말로 나를 음해할지도 모르는 상황인데다가 혼자서는 어떻게 해볼 도리가 없는 게 조직생활이다. 그렇다고 혼자서 독야청청 외칠 수도 없다. 사람들이 모두 내 마음 같지 않기 때문이다. 앞에서는 웃을 지라도 속마음은 알 수가 없다.

상사나 선배, 동료들이 힘든 일 있으면 얘기하라고 달콤한 말로 유혹하더라도 절대 얘기하면 안 된다. 무심코 내뱉은 말이 언제 칼이나 화살이 되어 등이나 가슴에 꽂힐 수도 있기 때문이다. 그들 중에는 당신이 자기에게 의존하는 사람이라고 퍼뜨리는 사람도 있을 것이다. 이럴 때 '친구는 가까이, 적은 더 가까이'라는 말은 큰 위안이 되고 무기가 될 수 있다.

매사 모든 사람을 경계할 필요는 없지만 특히 이해관계가 얽힌 관계일수록 조심해야 한다. 기회가 될 때마다 마음이 맞는 친구를 만들고 그들과의 관계를 돈독히 해야 한다. 그 과정에서 관계를 풀어가는 실력이 쌓이면 '부담스런 관계'를 긍정적으로 풀어가는 노하우도 생기고 피아식별彼我識別 또한 자연스럽게 가능해진다. 죽어도 아닌 것 같은 사람은 포기하면 된다. 절대 무리할 필요 없다.

'적들은 더 가까이'라는 커뮤니케이션 대응전략은 스스로를 커뮤니케이션에 능숙하게 만들어 준다. 웬만한 사안에 대해서는 사전에 협의할 수 있고, 사전에 조치를 하거나 사후 대응도 원활하게 할 수 있다. 하지만 비즈니스 세계라는 강호는 한시도 안심할 수는 없는 것이 비즈니스맨의 숙명이다.

『협상의 법칙』의 저자로서 '협상의 왕'으로 불리는 협상 전문가 허브 코헨Herb Cohen은 "코앞에 닥쳐야만 정보를 찾는 방식으로는 참담한 실패를 피하기 어렵다."라고 했다. '평소 정보를 얻을 수 있는 기회를 미루지 말라'고 강조했다. 다른 사람들을 위해 일하는 사람, 거래 관계에 있거나 있었던 사람들은 모두 내가 정보를 획득하는 원천이다. 회사에서 승진한 직원들은 물론이고 사회에서 출세한 사람들을 보면 알 수 있다. 그들은 정보를 아는 것이 아니라 정보가 누구를 통해 어디로 흘러가는지 그 길목을 아는 사람들이 대부분이다.

소통 경험이 쌓이면서 자기도 모르게 체득하게 되는 것이 바로 허브 코헨의 논리다. 회사가 돌아가는 상황을 주도면밀하게 분석해서 정보가 지나갈 만한 길목을 살피는 한편 이슈들에 대해 관심을 가질 수 있는 사람들과는 미리 관계를 맺고 수시로 만나서 이야기를 나누고 반응을 체크해 보는 것이 필요하다. 그러다 보면 알게 모르게 쌓였던 오해를 풀 수도 있고 또 내 입장을 일부 반영함으로써 필요할 때 내가 겪을 수 있는 충격을 줄일 수 있는 노력을 해야 한다. 특히, 주니어들 중에는 대응하기 힘든 사람들에 대해 연락하기가 부담이 된다거나, 깐깐해서 말이 잘 통하지도 않는다거나, 상사가 바뀌거나 동료가 새로 올 때까지 포기 상태로 있는 경우가 있다. 대부분의 사람들에게 보이는 공통적인 반응이다.

하지만 평소에 만나기 부담스러운 사람들을 일이 터지고 난 뒤에 만나는 것은 더욱 곤혹스럽다. 이런 사람들일수록 가능하면 자주 만나는 것이 좋다. 전략적인 비즈니스맨이라면 평소 특별한 일이 없을 때 만나서 서로에 대해 알게 되고 관계를 발전시켜 나가야 한다. 사람에 대한 이해에서 출발하지 않는 관계는 제대로 된 관계로 발전할 수 없다. 인문학이 필요한 이유가 거기에 있다.

만나지 않은 상태에서는 무엇이든 가능할 것처럼 착각하기 쉽다. 하지만 실제로 만나 이야기해 보고 겪어봐야 어떤 사람인지 알 수 있다. 자주 소통하다 보면 신뢰가 쌓여 개인사든 회사 일이든 부담스런 이야기도 털어놓을 수 있게 된다. 얼마나 자주 만나느냐보다는 수고로움을 함께할 수 있고 배려하는 마음이 전달되어야 제대로 된 소통이 가능하다.

친한 친구들은 자주 보고, 덜 친한 사람들은 더 자주 보자. 부담스러운 사람들이 선호하는 것이 무엇인지 평소에 알아두고 자연스럽게 만날 수 있는 기회를 만들어 커뮤니케이션하는 것이 나중에 큰 우환거리를 방지할 수 있는 지름길이다. 호랑이를 잡으려면 호랑이굴로 들어가야 한다고 했다. 소통을 잘하고 싶은 주니어들이라면 약간의 뻔뻔스러움과 배포를 가지고 들이대는 선배들의 넉살과 노하우를 배워야 한다.

인맥을 구축하는 9가지 방법

"수명을 연장하는 방법은 말을 삼가고, 음식을 절제하며, 탐욕을 털어내고, 수면을 가볍게 하며, 기쁨과 성냄을 정도에 맞게 해야 장수한다."

_ 김시습

비즈니스를 포함한 사회생활에서 인맥人脈, Network은 내가 신뢰하고 관계 맺는 한 사람, 한 사람의 배후에 포진하고 있는 수십 명 혹은 수백 명의 지원자까지 포함한 말이다. 그러므로 신뢰하는 친구가 '힘이 되어 주겠다'고 할 때에는 그 배후에 있는 사람들의 힘까지도 간접적으로 동원하겠다는 뜻으로 받아들여도 된다. 한 사람의 친구를 얻는다는 것은 수십 명에서 수백 명의 친구를 얻는 것과 같다.

『카네기 인간관계론』(원제 : How To Win Friends And Influence People)은 미국의 관계전문가인 데일 카네기Dale Carnegie가 1936년에 출간한 책이다. 성공적인 인간관계 원리를 담고 있어 전 세계적으로 경이로운 판매기록을 세우며 지금도 팔리고 있다. 오랜 세월동안 변치 않는 인간관계의 바이블을 남긴 데일 카네기는 '사람들에게 호감을 얻는 6가지 원칙'에 대해 다음과 같이 말했다.

① 진심 어린 관심과 애정을 보여라.
② 미소 띤 얼굴로 다가서라.
③ 이름을 기억해라.
④ 상대방의 이야기를 경청해라.
⑤ 상대방이 좋아하는 것에 주목해라.
⑥ 칭찬을 아끼지 마라.

2,500년 전 공자도 『논어』「자한」편 4장에서 인간관계에 대한 원칙을 다음과 같이 전했다.

子絶四 毋意 毋必 毋固 毋我 자절사 무의 무필 무고 무아

공자는 네 가지 일을 전혀 하지 않았는데, 그 네 가지는 '무의, 무필, 무고, 무아'이다. 즉 함부로 억측하지 않았고, 자신만 옳다고 믿지 않았고, 고집을 부리지 않았고, 자신을 내세우는 일이 없었다고 한다. 이 모두를 하나의 속성으로 묶을 수 있는데, 그것은 바로 '겸손'이다. 공자가 하지 않았다는 네 가지絶四를 자세히 설명하면 다음과 같다.

첫째, 무의毋意 : 함부로 억측하지 말라.
상식과 편견은 종이 한 장 차이다. 모든 일을 조사하며 진행할 수는 없지만, 그렇다고 본인의 직감에만 의존하는 것도 위험하다. 균형 감각을 발휘해야 한다. 어떤 것을 예단하기 전에 그것이 사실과 다름이 없는지,

지나치게 편견에 의존한 판단은 아닌지 늘 경계해야 한다. 애매한 것은 귀찮더라도 한 번 더 조사해 보고 판단하는 신중함이 필요하다. 하지만 예나 지금이나 현실은 그렇지 못하다.

둘째, 무필毋必 : 자신만 옳다고 믿지 말라.

옳고 그름에 너무 집착하지 말라. 세상에 한쪽만 진리인 것은 없으며 설령 그렇다고 하더라도 조건부인 경우가 대부분이다. 물론 자기 믿음도 중요하지만, 그것을 만고불변의 진리처럼 믿고 내세우면 편견에 빠지기 쉽고 주위에 적이 많아질 수 있다. 특별히 대단한 사안이 아니라면 주변 사람들과 의견 충돌은 '다름'으로 풀어나가야지 '옳고 그름'으로 풀어서는 안 된다. 쉽지 않겠지만 너무 각박하게 하지 말고 유연한 태도로 대처하는 게 좋다.

셋째, 무고毋固 : 자기 고집을 부리지 말라.

조직 생활을 하다 보면 자기 주관을 관철해야 하는 순간이 분명 있다. 특히 결단력이 중요한 리더의 위치라면 더 그렇다. 그런 순간에 책임감을 바탕으로 밀어붙이는 추진력도 필요하다. 하지만 대부분 그렇게까지 밀어붙여야 할 일은 별로 없다. 사소한 것까지 하나하나 자기 뜻대로 해야 직성이 풀리는 사람은 정작 중요한 일을 놓치기 쉽다. 웬만한 건 적당히 넘어가고 대신 중요한 것은 챙길 줄 아는 요령이 필요하다. 사람이든 일이든 선택과 집중을 구분해야 제대로 된 소통을 할 수 있다.

넷째, 무아毋我 : 자신을 내세우지 말라.

옛 속담에 "모난 돌이 정 맞는다." 라는 말이 있다. 우리 사회는 전면에 나서거나 혹은 나선 사람들에게 그렇게 관대하지 않다. 그 사람이 나보다 뛰어나면 잘난 척 한다고 욕하고, 그냥 나서면 나댄다고 비난한다. 적극적인 성향을 가진 사람을 보면 자신감보다는 자만심이 강한 사람으로 느끼는 경향이 많으니 사람들 앞에 나설 때는 신중할 필요가 있다. 가식적이라는 평가를 듣더라도 최대한 겸손한 모습을 보여 줄 필요가 있다. 그게 진심으로 보이지 않더라도 말이다.

'자절사子絶四'의 절사絶四는 '네 가지를 끊다.' 라는 의미다. 즉 위에서 말한 네 가지는 절대 하지 말라는 얘기다. 공자가 오랜 경험과 통찰을 통해 '절대 하지 말라'고 강조했을 만큼 중요한 덕목인데, 사람이란 타고난 태생과 기질이 있어 나도 모르게 드러날 나기 마련이다. 어쩔 도리가 없다. 하지만 얼마나 해악이 많으면 공자가 '절사'로 꼽았을까? 겸손한 태도는 동서고금을 불문하고 인간관계에서 중요한 처세임이 분명하다.

비즈니스맨에게 인맥人脈, Network은 그것이 기업 내부든 외부든 1순위다. 그렇다면 그 인맥은 어떻게 구축해야 할까? 과연 비결이 있는 것일까? 처음부터 무리해서 '크고 깊은 인맥'을 구축하기 위해 애쓸 필요는 없다.

우선 가까운 사람부터 신뢰 관계를 유지하고 깊은 관계를 만들기 위해 노력해야 한다. 무조건 믿고 무엇이든 할 수 있는 깊은 신뢰로 맺은 사람을 두세 명 만들어 보자. 현실적으로 이 두세 명의 지원만 있어도 조직에서 못할 일이 없다. 이러한 인맥은 어떻게 만들까? 인맥을 구축하기 위한 몇 가지 기본 원칙을 제안한다.

첫째, 신뢰를 얻어라.

인간관계에서 무엇보다 중요한 것은 바로 '신뢰'이다. 하지만 이익이 우선시되는 인간관계에서 분명 신뢰를 쌓는다는 것은 결코 쉬운 일이 아니다. 신뢰를 얻기 위해서는 기본적인 3가지 원칙을 지켜야 한다.

① 상대방이 좋아하는 행동을 한다.

② 약속 시간을 잘 지킨다.

③ 상대방으로 하여금 이익을 보게 한다.

당연한 예기지만 만난 자리에서만 잘하고 사후 관리를 소홀히 하거나 부탁받은 일을 경솔하게 처리하면 누구에게도 신뢰받지 못한다. 그저 '말주변이 좋은 사람'으로 끝나고 마는 것이다. 이렇게 해서는 절대로 인맥이 형성되지 않는다. 비록 말주변이 없더라도 가끔 연락을 하거나 차를 함께 마시고 기념할 만한 일이 있을 때는 식사도 하면서 관계를 유지하겠다는 의지가 있는 사람은 튼튼한 인맥을 다질 수 있다. 상대로부터 신뢰를 얻지 못하면 아무리 많은 사람을 알고 있을지라도 정작 필요한 때에 아무런 도움을 받지 못한다.

세계에서 가장 위대한 세일즈맨으로 인정받고 있는 전설, 세계 최고의 자동차 판매왕 조 지라드Joe Girard는 30살 무렵부터 자동차 판매 사업을 시작했다. 그는 미국 시보레 자동차 대리점에서 15년간 무려 13,001대의 자동차를 판매하여 기네스북에 12년 동안 세계 최고의 세일즈맨으로 등재되어 있다고 한다.

그는 통찰력을 발휘하여 '1:250의 법칙'을 만들었다. 이 법칙은 굉장히 유명한데, 지라드에 의하면, 장례식에 참석하는 조문객이 대략 250명이 되고, 결혼식에 참석하는 하객도 신랑측 약 250명, 신부측 약 250명을 넘지 않는다는 것이다. 즉 결혼식장이나 장례식장에서 축하객이나 조문객 수가 한 사람당 평균 250명이라는 것이다.

지라드의 '1:250의 법칙'은 보통 한 사람이 250명의 인간관계로 엮여져 있다는 말이다. 산술적인 계산이지만 만약 자기가 만나는 한 사람에게 호감을 주면 그 사람이 관계하고 있는 250명에게 호감을 받게 되고, 결국에는 250명이 관계하고 있는 62,500명에게도 좋은 인상을 받을 수 있다는 것이다.

조 지라드의 250명의 법칙은 약 50년 전의 이론이지만 현재까지도 적용되고 있다. 보통사람의 길·흉사에 찾는 하객이나 조문객의 숫자는 200명에서 300명의 범주에서 크게 벗어나지 않는다고 한다.

반대로 만약 내가 일주일에 50명을 만나는데, 그중 두 명이 나의 태도에 불만을 가지고 있다면 그 두 명에게 영향을 받는 사람은 한 달이면 2,000명, 일 년이면 24,000명이 나에 대해 안 좋은 소문을 낼 수 있다는 것이다.

이 숫자는 단순한 숫자가 아니다. 엄청난 영향력을 가진 무서운 숫자이다. 처음 만나는 사람들과의 인간관계의 성공 여부에 따라 개인 한 사람이 좋은 영향을 받는 사람 수와 나쁜 영향을 받는 사람 수가 결정되는 것이다.

지금 나와 관계없는 사람이라고 결코 관계없는 것이 아니다. 250명의 인간관계로 얽혀 있기 때문이다.

인간관계에서 무엇보다 중요한 '신뢰'를 얻기 위해서는 앞에서 언급한 3가지 원칙을 잊지 말자.

① 상대방이 좋아할 만한 행동을 한다. ② 약속 시간을 잘 지킨다. ③ 상대방이 이익을 보게 한다.

'1:250의 법칙'을 사람을 대하는 기본적인 마음과 태도로 삼아 많은 사람들이 좋은 인간관계를 맺었으면 한다.

둘째, 상대의 입장에서 생각하고 응대한다.

평소 남을 배려하고 예의가 바른 사람은 다른 사람으로부터 좋은 정보를 전달받았을 때, 그 일에 대해 이미 알고 있더라도 "가르쳐 주셔서 감사합니다. 앞으로도 잘 부탁드립니다." 라고 말한다. 공감하고 배려하는 태도야말로 상대방의 입장에서 생각하는 첫걸음이다. 타인과의 만남도 이러한 관점에서 이루어져야 한다. 인생의 찬스는 자신의 노력도 있지만 다른 사람이 가지고 오는 경우가 더 많다. 자기만 이익을 보려는 생각을 버리고 자기중심적인 생각에서 벗어나 타인이 이익을 볼 수 있도록 생각하고 응대하려는 노력이 필요하다.

셋째, 인간의 진면목을 보려는 습관을 가진다.

사람의 진면목을 알아본다는 것은 결코 쉬운 일이 아니다. 특히 비즈니스 관계에서는 좀처럼 그 진면목을 알기 어렵다. 하지만 사람의 진면목을 보는 눈이 없다는 것은 사람과의 관계와 소통이 서툴다는 것을 의미하므로 훌륭한 리더가 되기 위해서는 사람을 알아보는 안목을 키워야 한다. 보스든 리더든 함께 일하다 보면 어떻게 해야 상대방이 만족하는지 배우게 된다. 그리고 실망하고 좌절하더라도 고난을 이겨내고 역경을 극복하면서 그 자리에 올라온 사람은 인간이라는 실체를 직접 체험했기 때문에 상황에 따라 상대방을 이용하기도 하면서 인간의 진면목을 알아보는 안목이 생겼을 것이다.

일본에서는 기본적으로 "어떠한 경우에도 큰 소리로 대답하라. 누구에게도 먼저 인사해라. 뒷마무리를 잘해라." 라는 가정교육을 시킨다고 한다. 필자 역시 "절대로 거짓말하지 마라, 말한 것은 끝까지 해내라. 어른에 대해서는 그 자리에 없더라도 경어를 써라, 약속을 잘 지켜라, 호불호를 너무 드러내지 마라." 등등 인간관계에 있어 주의해야 할 사항들을 읽고 들었다.

넷째, 필요할 때 도와주는 '광맥'을 캐는 방법

고대 중국의 제왕학帝王學 고전들에 나오는 인맥을 구축하는 원칙을 보면 '첫째, 사물의 원리원칙을 가르쳐 주는 스승을 두어라. 둘째, 직언하는 부하를 가져라. 셋째, 외부의 참모를 모셔라.' 라고 전한다.

이러한 원칙을 염두에 두고 인맥을 꼼꼼하게 구축하면 효과적이다. 인맥은 업무에서뿐만 아니라 개인적인 문제가 발생했을 때, 스스럼없이 상의할 수 있고 문제를 해결하기 위해 적극적으로 손길을 뻗어 주는 지인을 말한다.

우리는 몇 명이나 그 인맥이 있는지 생각해 보자. 어떻게 보면 인맥에 따라 그 사람의 인간관계가 결정된다고 해도 과언이 아니다. 이 세상에서 인맥을 형성할 수 있는 기회를 만났고 또한 그것을 충분히 활용할 수 있다면 행복한 사람이라고 할 수 있다. 한번이라도 이러한 경험을 해본 사람은 인맥의 심오함을 기억하고 인맥을 중요하게 생각할 것이다. 그리고 좋은 인맥을 구축하기 위해 노력하는 것은 물론 그 인맥을 유지하기 위해 애쓸 것이다.

사실 인맥은 가장 믿을 수 있는 자신의 분신이라고 해도 과언이 아니다. 그러므로 다음과 같은 사람을 주축으로 하여 인맥을 구축해 보자.

① 마음으로부터 존경할 수 있는 사람

② 인생과 일에 관해 도움을 받을 수 있는 사람

③ 인생과 일에 관한 고민을 상담할 수 있고 격려해 주는 사람

④ 무슨 일이든 진력盡力을 다해 도와주는 사람

⑤ 필요한 정보를 제공해 주는 사람

⑥ 필요한 인재를 소개해 주는 사람

⑦ 회사를 그만둘 때 힘이 되어 주는 사람

⑧ 회사를 떠나도 교제할 수 있는 사람

물론 이 밖에도 인맥으로 구축해도 좋을 만한 사람들은 개인적인 성향에 따라 얼마든지 있다. 특히 자신에게 도움이 되는 인맥은 때로는 훌륭한 조언자가 되고 때로는 멋진 파트너가 된다. 하지만 인맥이란 일방적으로 이용할 수 있는 것이 아니다. 어디까지나 'give and take'의 관계이고 때로는 'give and give'도 필요하다는 것을 잊지 말자.

다섯째, 많이 들어라.

언어학자들에 의하면, 인간의 언어 활동은 50%가 듣는 일, 30%가 말하는 일, 15%가 읽는 일, 5%가 쓰는 일에 활용된다고 한다. 우리는 일상생활의 절반을 듣는 일에 쓰는 셈이다. 옛말에 '묻는 것은 한때의 수치, 모르는 것은 일생의 수치'라고 했다. 파트너와 이야기를 주고받을 때 명심하자. 귀는 두 개인데 입이 하나인 이유는 말하는 것보다 듣는 것을 두 배로 하라는 것이다.

"변명하지 마! 입 다물어! 어디서 말대꾸야!"

아직도 '이런 말을 하는 상사가 있을까?' 하겠지만 아직 우리 주위에 이런 사람들이 있다. 이런 사람들은 경청을 하지 않고 말귀를 못 알아듣

는다며 부하에게 소리를 지르면서, 정작 자신은 무엇이 문제인지 알아보려 하거나 부하의 의견이나 생각이 무엇인지 들으려 하지 않는다. 이런 사람들은 자신보다 직급 등이 낮은 사람이 업무에 대해 뭔가 말한다면, 말의 내용에 대해 따져보는 것 자체를 거부하고 그 말을 무시해버린다. 부하의 발화능력이 문제라고 뒤집어씌우는 경우가 많지만 이런 상사들과는 아무리 노력해도 건설적인 의사소통은 불가능하다. 그러면서 자신들은 아랫사람이 경청해 주기를 바란다.

"많이 들어라."라는 말은 "잘 들어라."라는 말이다. 잘 들어야 상대방의 말의 장단점을 알고 피드백을 해 줄 수 있다.

여섯째, 감사의 마음은 제때 전달해라.

우리 인생에는 많은 순간들이 있다. 때로는 힘들고 어려운 순간들, 때로는 기쁨과 성공으로 가득한 순간들, 그러나 그 모든 순간을 더욱 특별하게 만드는 것은 '내게 위안을 주는 사람들'이다. 독불장군으로 세상을 살기는 어렵다. 인생이란 남과 협업해야 할 때도 있고 또한 남의 도움을 받아야 할 때도 있는 법이다. 그리고 도움을 받으면 말이나 글, 아니면 다른 수단으로 감사를 표현할 줄 알아야 한다.

내게 도움을 주고 위안을 주는 사람들은 행복의 원천이다. "하루 물림이 열흘 간다."라는 말이 있다. 한번 뒤로 미루기 시작하면 자꾸 더 미루게 된다는 뜻이다. 그러므로 인생에서 성공하고 싶다면 감사의 마음을 제때, 제대로 표현할 줄 알아야 한다. 감사의 마음이 우리의 인생을 더욱 풍요롭게 만든다.

일곱째, 성공의 지름길, 인간관계를 구축해라.

인생에서 성공한 사람들은 어떤 공통점이 있을까? 몇 가지 찾아보면 다음과 같다.

① 목표가 명확하다.

② 부지런한 습관을 가졌다.

③ 반드시 성공한다는 굳은 신념이 있다.

④ 풍부한 인간관계를 갖고 있다.

미국 카네기 공과대학에서 졸업생들을 대상으로 추적 조사한 결과, 성공에 도움이 된 요인으로 전문지식과 기술이 15%, 인간관계가 85% 였다.

인간관계가 깊어지기 위한 효과적인 방법은 '인간적인 접촉'이다. 인간적인 접촉에는 '발의 방문', '입의 방문', '손의 방문'이 있다. '발의 방문'이 가장 효과적인데, 여기에는 돈과 시간, 노력이 요구된다. 하지만 일일이 사람을 방문하는 것이 쉽지가 않다. 그 대안으로 전화를 이용한 '입의 방문'을 하게 되는데, 의외로 전화 한 통화에도 인색한 것이 사실이다. 선물을 받거나 편지 등 소식을 접하고도 감사전화 한 통 하는 사람은 별로 없다. 당연히 인간적 접촉이 소원해질 수밖에 없다.

그리고 '손의 방문'은 편지를 써서 보내는 것이다. 편지는 의외로 효과가 크다. 그런데 왜 편지를 이용하지 않을까? 평소 마음의 준비가 되어 있지 않은 것이 가장 큰 이유다.

미국에서는 파티에 초대받으면 다음날 아침 일찍 'Thank You Letter'라는 엽서에 서명하고 감사의 뜻을 표현해서 초청해 준 사람에게 보낸다고 한다. 소식을 전해야 할 일이 있다면 굳이 손편지는 아니더라도 이메일이나 문자메시지라도 보내자.

세상에 공짜는 없다. 성공한 리더들은 모두 하찮은 일, 사소한 일에도 최선을 다한 사람들이다. 성공의 왕도는 매사에 철저하게 행동하는 데 있다. 그리고 진정으로 성공을 원한다면 우선 인간적인 접촉의 밀도를 높여야 한다. '감동, 감격, 감사'를 모르는 기업과 인간은 성공하기 힘들다.

여덟째, 힘들 때 잘해라.

역설적이지만, 고난과 역경은 인간을 단련시킨다. 그리고 직장인들에게 흔히 있는 '좌천' 역시 인간을 크게 성장시키는 기회가 될 수 있다. 중병이나 좌천 등 위기를 극복하면 분명 이전과 다른 한층 성숙한 마음가짐과 자세를 보이고 한 차원 높은 생각의 폭과 깊이를 보이는 사례는 적지 않다. 그 이유는 무엇일까?

자신에게 닥친 불행을 계기로 누가 진정으로 자신을 위하고 누가 형식적인지 알게 되면서 인간의 본성을 깨달았기 때문이다. 평소 친하게 지내던 사람들이 냉담하게 돌아서거나, 평소 친하지 않던 사람이 불행을 함께 나누려 노력하는 모습 등이다. 이러한 환경의 변화를 통해 누가 신뢰할 만한 사람인지 혹은 그렇지 않은 사람인지를 분별할 수 있게 된다. 사실 평소 친하던 사람이 돌아서면 마음이 아프고 인간에 대한 회의감마저 느끼게 된다. 만약 당신 주위에 실의에 빠진 사람이 있다면, 평소와 변함없이 행동하는 것이 좋다. 만약 예전에 도움을 받았다면 몇 배로 은혜를 갚아야 한다.

아홉째, 험담은 반드시 전해진다.

험담은 칭찬의 말보다 몇 배 빠른 속도로 전파된다. 칭찬하는 말도 날개가 달려 전파되지만 험담은 그보다 더 빠르고 과장된 채로 당사자에게 전해진다는 것을 명심해야 한다. 사실, 사람이라는 동물은 남을 칭찬하기보다는 남을 헐뜯고 비방하기 좋아하는 속성이 있다.

아이러니하게도 험담은 험담의 대상자에게 반드시 전달된다. 이 점을 잊으면 안 된다. 험담을 해서 위험을 자초하지 마라. 서글픈 생각이 들겠지만 이것은 인간 천성의 일면이기 때문에 심각하게 생각할 필요는 없다. 다만 매사 말조심하고 남 얘기는 안하는 것이 좋다는 것을 명심해야 한다. '험담하지 않는 사람'이라는 칭찬은 큰 칭찬이다.

중국 송나라 유학자인 주자가 그랬다. '험담을 하는 사람은 경망하고, 맞장구치는 사람은 비겁하며, 험담을 전하는 사람은 비열한 사람이다.' 험담은 여러 사람을 나쁜 사람으로 만든다. 그리고 관계를 망친다.

회사 동료들뿐만 아니라 다양한 고객을 많이 만나는 사람일수록 특히, 말조심을 해야 한다.

논어에서 말하는 8가지 인간관계 원칙

"길이 다르면 함께 일을 꾀하지 않는다."

_『논어』「위령공」편

소통을 잘하고 싶다면 꼭 알아야 할 인간관계와 관련된 최고의 비법은 『논어』에 있다고 해도 과언이 아니다. 『논어』에서 말하는 인간관계의 원칙은 무궁무진하다. 군주와 신하, 그리고 백성, 부모와 자식, 친구와 친구, 직장상사와 부하직원 등 거의 모든 인간관계에 적용할 수 있다. 『논어』에서 말하는 인간관계는 오늘날 우리가 어떻게 살아야 하는지 잘 가르쳐 주고 있다.

존중과 협력의 인간관계를 이끌어내는 가장 쉬운 방법 중 하나가 바로 상대방의 장점과 강점을 인정하고 칭찬하는 것이다. 2,500년 전 공자역시 제자들의 단점보다는 먼저 장점을 인정하고 그 다음에 단점을 지적하여 제자들을 격려하고 성장시키고자 했다. 상대가 가지지 못한 것을 아쉬워하기보다 가지고 있는 것을 칭찬하는 것이 지혜롭고 현명한처세다.

아무리 뛰어난 능력을 가진 사람이라고 해도 다른 사람을 평가하는 것은 그리 쉬운 일은 아니다. 특히 리더라면 부하의 평가를 엄격하고 공정하게 해야 하기 때문이다. 하지만 냉정하고 철저하게 평가를 하되, 아울러 상대의 마음을 보듬고 격려할 수 있는 능력도 중요하다. 평가를 통해 실망하고 좌절하게 만드는 것이 아니라 힘을 얻고 분발하도록 만들어야 한다.

『논어』에서 말하는 인간관계를 발전시킬 수 있는 8가지 인간관계 원칙은 다음과 같다.

1. 己所不欲 勿施於人 기소불욕 물시어인
상대방의 입장에서 늘 생각하라.

군자는 내가 하고 싶지 않은 일은 남에게도 시키지 말아야 한다.

상대방 입장에서 생각하고 상대방 입장에서 말하는 것이 인간관계의 시작이다.

고객의 입장에서 한번만 더 생각해 보는 것이 아름다운 인간관계의 첫걸음이다.

2. 不患人之不己知 患不知人也 불환인지불기지 환부자인야
남이 나를 알아주지 않는다고 걱정하지 마라. 내가 남을 알지 못함을 근심하라.

낭중지추囊中之錐라고 했다. 주머니 속에 있는 송곳은 반드시 튀어나오게 되어 있다. 나를 알아주지 않는다고 불평할 것이 아니라 남들이 나를 알아줄 실력과 인격을 갖추면 모든 사람들이 나를 인정할 것이다.

3. 過則勿憚改 過而不改 是謂過矣 과즉물탄개 과이불개 시위과의

잘못을 알았으면 고치는 데 주저하지 마라. 잘못을 알고도 고치지 않는 것이 잘못이다.

문제가 있음에도 고치는 대신 덮으려 하다가는 늪에 빠져 허우적대는 최악의 상황을 초래할 것이다. 잘못을 알고도 고치지 않는 것이 진짜 잘못이다. 잘못을 하는 것보다 잘못을 고치지 않는 것이 큰 잘못이다.

4. 攻乎異端 斯害也已 공호이단 사해야이

자신과 다른 것을 공격하는 것은 자신에게 해가 될 뿐이다.

나와 다른 것에 대하여 무조건 비판하고 깎아내린다면 결국 본인에게 해만 될 뿐이라는 경고다. 다름을 인정하고 다름과 함께 할 때 관계는 소통된다. 오로지 나만 옳고 남은 그르다는 생각은 금물이다. 나와 다른 것에 대해 비판하고 깎아내리는 것은 본인에게 해가 될 것이다. 다름을 인정하고 포용할 때 소통하는 관계로 발전한다.

5. 君子求諸己 小人求諸人 군자구저기 소인구저인

군자는 모든 책임을 자신에게서 찾고, 소인은 모든 책임을 남에게 돌린다.

책임을 자신에게 돌린다는 것, 분명 쉽지 않은 일이다. 떳떳이 모든 책임을 인정하고 모든 것을 내 탓이라고 말할 수 있는 사람이 진정한 군자다. 자신의 잘못에 대해 자신이 책임을 지는 사람이 군자다. 군자는 공자의 영원한 이상형이다.

6. 君子求諸己 小人求諸人 군자화이부동 소인동이불화

군자는 모든 사람과 조화를 이루나 같음을 강요하지는 않는다.

일명 화이부동和而不同의 정신을 강조하는 대목이다. 화이부동의 정신, 화和는 조화다. 탄력적인 눈높이를 가지고 주변 사람과 역동적인 인간관계를 갖는 것을 화和라고 한다. 반면 동同은 패거리다. 고정 관념과 이익에 눈이 멀어 패거리를 만드는 사람을 동同이라 한다.

사람 가운데는 남에게 아첨하고 무리를 짓기 좋아하는 소인이 있는 반면 자신의 정당함을 믿고 홀로 우뚝한 군자도 있다. 소인은 '같음'만을 추구하고 '조화'를 이룰 줄 모른다. 서로 다름을 인정하는 그 포용의 정신이 인간관계의 기본이자 완성이다.

7. 衆好之 必察焉 衆惡之 必察焉 중호지 필찰언 중오지 필찰언

모두가 그를 미워하더라도 반드시 그를 살펴봐야 하고, 모두가 그를 좋아하더라도 반드시 그를 살펴봐야 한다.

우리는 일생 남을 평가하고 또 남에게 평가받으며 살아간다. 『논어』 「위령공」 편에서 공자는 항간에 떠도는 소문이나 뭇사람의 부당한 논단에 휘둘리지 말고 스스로 상대방의 인격을 정밀하게 살펴보라고 권고한다. 차근차근 살펴보는 일. 이것이야말로 상대방을 진정으로 이해하는 방법이다.

8. 歲寒然後 知松栢之後凋也 세한연후 지송백지후조야

날씨가 추워져야 소나무와 잣나무가 늦게 시드는 것을 알 수 있다.

좋은 사람, 좋은 기업은 어려운 상황이 되어서도 더욱 빛이 난다. 상황이 불리하고 어렵다고 모두 변칙과 반칙으로 조직을 운영할 때, 원칙을 소중히 여기고 묵묵히 제 갈 길을 가는 사람은 어려울 때 더욱 빛이 난다.

홍보도 마찬가지다. '홍보로 성공하고 싶다'는 마음을 갖기 전에 '내가 만나는 사람들에게 진심으로 대하겠다'는 마음가짐이 우선되어야 하고 어떻게 대해야 하는지 마음의 준비를 하고 있어야 한다. 그것이 선행되어야 고객들로부터 그 진심을 평가받을 기회가 생긴다. 진심이 읽혀지면 사람들이 모이고, 팬이 생기고, 도와주는 사람들이 생긴다. 내가 진정성으로 행동하고, 지금 내 주위에 나를 도와주는 사람들이 있다면 감사해야 한다. 마음으로만 감사할 것이 아니라 말로써, 행동으로써 표현해야 한다.

공자가 『논어』에서 강조한 '인仁'을 실천하는 방법이 '중용中庸'이다. '중용'은 지나치거나 모자라지도 않고, 어느 쪽으로도 치우치지 않는 변함없는 덕성을 의미한다. 그래서 공자는 조화와 융화를 귀중히 여겼다. 노력하고 준비한 사람만이 다음 단계로 성장하고 나아갈 수 있다.

물론 진심이 단번에 보이지는 않는다. 하지만 보이지 않는 그 마음을 신기하게도 느낄 수 있다. 우리가 진심어린 마음으로 사람들을 섬길 때 그 진심은 자연스럽게 흘러들어 가게 된다.

진심은 통한다. 그게 세상살이 진리다. 마음의 중심이 제대로 자리를 잡고 있다면 다른 것은 신경 쓰지 않아도 된다. 다른 사람들을 대함에 있어 진심과 정직만 더하면 그 관계는 성공한다. 알아주지 않는다고 서운해 할 필요가 없다. 참고 견디는 자에게 복이 있는 법이다.

비즈니스맨 필독서, 『사기』

'知人則智 能官人 지인즉지 능관인'

사람을 알려면 지혜로워야 하고 지혜로워야 사람을 쓸 수 있다.

_『사기』「夏本紀하본기」

『사기』는 2천 년 전 중국 전한前漢시대의 역사가인 사마천司馬遷이 궁형의 치욕을 견뎌내고 자신의 혼을 담아 상고시대의 오제五帝~한나라 무제 초기(BC 104~101년)의 중국과 그 주변 민족의 역사를 포괄하여 저술한 통사이다.

『사기』는 52만 자, 수십 권이 넘는 방대한 분량이지만 명언명구로 가득한 화려한 역사책이다. 위기에 맞서 자신을 드러낸 인간들의 이야기를 담고 있기 때문이다. 문장 하나, 단어 하나에 스민 통찰과 지혜가 겨울바람 앞에 마주 선 것처럼 가슴에 섬뜩하게 와 닿는다.

『사기』를 읽으면서 얻는 깨달음과 감화는 이미 우리 영혼의 일부가 된 것처럼 단단히 각인될 것이다. 삶이라는 전쟁 속에서 활용할 수 있는 콤팩트하고 현대적인 하나의 야전교범인 셈이다.

『사기』의 풍성한 어록은 다양하다. 경구도 있고 격언도 있으며 우언도 있다. 『사기』에서 뽑은 명언과 그 명언이 나온 역사적 배경, 거기서 뿜어져 나오는 통찰력은 다양한 인간관계 속에서 살아가는 비즈니스맨들에게 큰 도움이 될 것이다.

춘추전국시대를 주축으로 하는 격변의 상황 속에서 탄생한 『사기』는 인물백과사전이라 할 만한데 시대를 풍미한 자들은 왕후장상만이 아니다. 『사기』는 제왕들의 이야기인 「본기」 외에 제후들의 이야기를 담은 「세가」, 그리고 각양 각층의 영웅들의 삶을 다룬 「열전」의 어록들이 주축을 이룬다. 등장하는 인물들은 제도권 안에만 있는 것도 아니고, 한 시대를 풍미하며 큰 족적을 남긴 자들만을 의미하지도 않는다.

상인과 촌부, 그리고 여관의 심부름하는 인물까지도 자신의 영역에서 위대한 통찰을 남겼다. 조정의 권좌에 있는 자들을 빗대는 은자들의 말에는 냉소가 배어 있고, 청렴하고도 엄격한 자세를 견지하는 관리들의 말에는 혼탁한 세상을 바로잡으려는 위엄이 서려 있다. 흔히 골계가滑稽家라고 불리는 그들의 말에는 그 웃음에 섞여 있는 특유의 풍자가 일품이고, 자객들의 말에는 시대를 품고 살아가는 비장감이 서려 있다. 병가兵家들의 언어에는 만사를 결단하는 확고함이 엿보이고, 종횡가縱橫家들의 말은 상대를 설득시키려 온 힘을 다하는 심리술이 일품이다.

물론 『사기』의 어록에서 가장 백미를 이루는 것은 '태사공왈太史公曰'로 대변되는 결말 부분이다. 「열전」의 마지막 70번째 편이 '태사공자서太史公自序'이다. 누에가 실을 잣듯이 사마천은 자신만의 생각을 자신만의 글로 승화시켜 굳건하고도 독창적인 세계를 개척했다는 평가를 받는다. 어떤 시대의 분위기에도 흔들리지 않고, 주변의 왜곡된 시각에 동조하거나 성급하게 반박하여 재단한 것이 아니고, 자신의 신념으로 파고들어 자신의 눈으로 바라본 서릿발 같은 평가인 셈이다.

삶의 조건이 가혹하고 어려울수록 생각은 깊어진다. 길이 여러 갈래로 흩어져 있고 심지어 보이지 않을수록 그것을 넘어서고자 하는 인간의 이성은 칼날처럼 벼려진다. 우리 시대가 겪고 있는 이 고난과 역경은 발전된 미래를 위한 밑거름이 될 것이다.

가마에서 뜨거운 화기를 이겨낸 그릇이 더욱 맑고 고운 빛을 품듯이, 위기 상황은 어느 시대에나 위기와 정면승부를 벌여 돌파구를 만들어내는 인간들을 다음 세대의 주인공으로 만들어줄 채비를 이미 마치고 있는지도 모른다.

『사기』「회음후열전」에 '천려일실千慮一失'이라는 말이 전한다. '아무리 지혜로운 사람도 천 번에 한 번은 실수를 하고, 아무리 어리석은 사람도 천 번을 생각하면 한 번은 좋은 생각을 할 수 있다.'는 의미로 다음과 같은 일화에서 비롯되었다.

한신韓信이 조나라를 치게 되었을 때 광무군廣武君 이좌거李左車는 조나라 왕 성안군城安君에게 3만 명의 군대를 주면 한신이 진군하게 될 좁은 길목을 끊어놓겠다고 장담하였다. 그러나 성안군은 이좌거의 말을 듣지 않고 한신의 군대가 오기만을 기다리고 있다가 크게 패하여 죽고 말았다. 한신은 미리 첩자를 보내 이좌거의 계획이 뜻대로 이루어지지 않은 것을 알자 비로소 안심하고 군대를 전진시켰던 것이었다. 이좌거의 말대로 했으면 한신은 감히 조나라를 칠 엄두조차 낼 수 없었을 것이다.

한신은 조나라를 쳐서 승리하자 장병들에게 영을 내려 광무군 이좌거를 죽이지 말고 산 채로 잡아오는 사람에게 천금의 상금을 약속했다. 그리하여 이좌거가 묶여 한신 앞으로 끌려오자 한신은 손수 그를 풀어 상좌에 앉도록 하고는 스승으로 받들었다. 이때 한신은 이좌거가 사양함에도 불구하고 굳이 "앞으로 어떻게 하면 좋겠는가?" 하고 자문을 요구했다. 이좌거는 마지못하여 "듣자 하니 지혜로운 사람이 천 번 생각하면 반드시 한 번은 잃는 일이 있고, 어리석은 사람이 천 번 생각하면 반드시 한 번은 얻는 것이 있다고 했습니다. 미친 사람의 말도 성인이 택한다고 했습니다. 생각하기로는 내 꾀가 반드시 쓸 수 있는 것이 못되겠지만 다만 어리석은 충성을 다할 뿐입니다." 라고 응답하였다. 이좌거는 한신에게 연나라와 제나라를 칠 생각을 하지 말고 장병들을 쉬게 하라고 권했다. 한신은 이좌거의 도움으로 나중에 크게 성공하게 되었다.

극단적인 사례지만 '완벽하게 지혜로운 사람도, 완전히 어리석은 사람도 없다'는 의미다. 사람의 장점을 쓰는 것, 이것이 바로 뛰어난 리더의 가장 기본적인 자질이다. 그리고 그 첫째는 그들의 장점을 공개적으로 인정하는 것이다. 그리고 그 장점을 들어 적재적소에 사용하는 것이다. 사실 우리는 어릴 때부터 성인이 될 때까지 제로섬게임 식의 경쟁과 차별적 보상에 익숙해져 왔다. 그래서인지 상대의 장점을 찾아 인정하고 그것에 대해 겸손하게 배우는 데는 다소 서툴다. 차라리 약점을 찾아 공격하는 일이 자연스러울 정도다. 그러나 요즘은 독불장군 식으로 일하는 사람은 성공할 수 없다. 오늘날 가장 창의적이고 혁신적인 기업으로 꼽히는 구글이나 애플 같은 조직에서도 팀 단위의 협력적인 작업 방식을 선호하고 있다.

우리는 오랫동안 인간은 이기적인 동물이며 자기 이익만 추구한다고 생각해 왔다. 그 때문에 최근까지만 해도 비즈니스 분야에서는 경쟁과 성과주의를 신봉하다시피 했다. 협력은 비효율적인 것으로 치부되었지만 최근의 많은 연구들은 '인간은 생각보다 훨씬 더 협력적이고 이타적'이라는 사실을 증명해내고 있다.

진화론자들은 '적자생존'을 이야기하지만, 정작 다윈은 그런 말을 쓰지 않았다. 오히려 "이기적이고 분쟁을 좋아하는 사람들은 하나로 뭉치지 못하지만 협력하지 않고서는 아무 것도 얻을 수 없기 때문에 협력이 진화에 유리하다."라고 말했다.

『사기』를 통해 비즈니스 세계에 발을 들인 주니어들이 인간 군상에 대해 경험을 키우고 세상을 바라보는 힘을 길러 자신의 삶의 향방을 되새겨보는 통찰과 안목을 기를 수 있기를 바란다.

이사는 어떻게 진시황을 설득했을까

"Brevity is the soul of wit. (간결성은 지혜의 정수이다.)"

_ 윌리엄 셰익스피어

이사李斯, B.C. ?~208는 중국 전국시대 진나라의 법치주의 사상가로서 진시황을 도와 진나라의 법치주의 기반을 확립하는 데 크게 이바지했다. 다음은 이사가 진시황을 설득하며 한 말이다.

"다른 사람에게 의지하는 사람은 기회를 놓치지만, 큰 공을 이루는 사람은 남의 약점을 파고들어 밀고 나갑니다. 고대 중국의 춘추시대에 진秦나라 목공穆公이 제후국의 우두머리가 되고서도 동쪽에 있는 여섯 나라를 끝까지 함락시키지 못한 것은 무슨 까닭입니까? 그것은 제후의 수가 너무 많고 주나라 왕실의 은덕이 여전히 쇠퇴하지 않았기 때문이며, 오패五霸가 차례로 일어나 번갈아가며 주나라 왕실을 존중했기 때문입니다.

그러나 진秦나라 효공孝公 이래 주나라 왕실이 쇠약해지고, 제후들은 진나라 동쪽 지역에 오직 여섯 나라만 남았습니다. 진나라가 상승세를 타고 제후들을 아우른 지 벌써 6대가 지났습니다. 지금 제후들이 진나라에 복종해 마치 진나라의 군이나 현과 같습니다. 진나라의 강대함에 대왕의 현명함이 있다면 취사부가 솥단지 위에 앉은 먼지를 훔치듯 손쉽게 제후를 멸망시키고, 왕의 대업을 이루어 천하를 통일하기에 충분합니다. 이것은 만 년에 한 번 있을 기회입니다. 지금 게으름을 피우고 서둘러 이루지 않는다면 제후들이 다시 강대해져서 서로 모여 합종을 약속할 것이고 그렇게 되면 현명한 왕일지라도 천하를 손에 넣을 수 없을 것입니다.”

당시 거의 모든 국정은 재상인 여불위呂不韋가 주도하고 있었고 진시황은 15세 어린 나이였음에도 이사의 말을 바로 알아들었다. 이사의 말을 들은 진시황은 그를 궁궐의 모든 관리를 총괄하는 장사로 승진시켰다. 그렇다면 이사의 어떤 말이 진시황의 마음을 사로잡았을까?

이사는 시대의 사명을 정확하게 꿰뚫어보고 있었다. 이사가 진시황에게 언급한 선왕 목공은 춘추시대 초기 서쪽에 치우쳐 있던 진秦나라를 중원의 강대국으로 키운 군주다. 그는 백리해와 건숙을 비롯한 수많은 인재를 등용해 다른 제후국들에게 오랑캐 취급을 받아오던 진나라를 강대국으로 만들었다. 그럼에도 불구하고 진나라가 패권을 차지하지 못했던 것은 종주국인 주周나라를 중심으로 제후들이 이를 허락하지 않았기 때문이다. 특히 중원의 절대 강자였던 진晉나라에 문공이라는 걸출한 영웅이 등장하면서 목공은 패자가 될 수 있는 기회를 잃었다. 한마디로 그 시대는 진秦나라가 천하의 패권을 쥐는 것을 허락하지 않았다.

하지만 이사와 진시황이 살고 있는 당대는 어떤가? 진시황보다 앞서

진秦나라의 개혁을 이끌었던 효공孝公 이후 진나라는 천하를 호령할 수 있는 힘을 키워나갔다. 형식적인 종주국이었던 주나라도 결국 멸망하고, 진秦나라가 천하통일을 이룰 수 있는 분위기가 조성되었다.

진시황도 진나라 국력이 강해지고 영토도 넓어지고 있다는 사실을 알고 있었지만 진시황에게 국왕이 가져야 할 비전과 임무가 무엇인지 말해 준 사람은 이사가 처음이었다. 이사에게 진시황은 깊은 감명을 받았고 그 후 진시황은 수시로 이사를 불러 조언을 들었다. 이사는 진시황이 자신의 말을 전적으로 수용하자 빠른 시간 안에 천하를 통일할 수 있는 묘수를 귀띔해 주었다.

"모사謀士들에게 은밀하게 황금과 주옥을 나눠 주고, 각 제후국으로 보내십시오. 그들의 임무는 진나라를 옹호하거나 진나라를 위해 첩자 노릇을 할 각국의 고위급 관리들을 뇌물로 포섭하는 것입니다. 만약 제후국의 유력자 중 뇌물로도 포섭이 되지 않고 진나라와 결탁하지 않으려는 자가 있으면 아무도 모르게 죽이면 됩니다. 이렇게 군주와 신하를 따로 놀게 만들어 여섯 나라의 국력을 약하게 만듭니다. 그런 다음 강력한 진나라 군대를 보내 공격하면 멸망하지 않을 나라가 있겠습니까?"

진시황은 이사에게 매료되어 있었으므로 이 묘수를 따랐다. 이사의 예상은 정확하게 맞아떨어졌다. 여섯 나라 조정에는 진나라의 뇌물을 받은 관리들이 점점 늘어났다. 심지어 국정을 총괄하는 재상들 중에도 진나라의 뇌물에 혹해 나라를 망치는 자들이 나타났다.

리더의 능력 중에 가장 중요한 것은 뛰어난 능력을 갖춘 사람을 찾아 그들의 장점을 십분 활용하는 것이다. 이런 능력을 갖춘 리더만이 조직을 발전시키고 키워나갈 수 있다. 하지만 아무리 부하를 보는 안목을 가진 리더라고 해도 뛰어난 인재가 눈앞에 나타나지 않으면 등용할 수 없다. 그래서 뛰어난 리더들은 천리마보다 훌륭한 감정사를 더 귀하게 여기듯이, 능력이 뛰어난 사람보다 다른 훌륭한 사람들을 추천할 수 있는 사람에게 더 큰 가치를 부여했던 것이다.

리더의 이런 능력을 역으로 말하면, 뛰어난 능력을 갖춘 부하 역시 자신이 모시는 리더가 자신을 알아보고 찾을 수 있도록 해야 한다는 말이기도 하다. 물론 리더가 미리 자신을 알아보고 능력을 발휘하도록 한다면 그것보다 좋은 일은 없을 것이다. 하지만 어차피 모두가 그런 기회를 잡을 수 있는 게 아니라면, 과감하게 자신을 드러낼 필요가 있다. 자신감을 가지고 담대하게 나설 수 있어야 하며, 절묘하게 자기를 추천하는 능력과 말솜씨 역시 필요하다.

'기전파목 용군최정起翦頗牧 用軍最精'이라는 말이 있다. 백기白起, 왕전王翦, 염파廉頗, 이목李牧은 군사軍士를 부리기를 가장 정밀精密하게 운용한다는 뜻으로 당시 조나라는 진나라에 대적할 만큼 명장들을 보유하고 있었고 군사적으로도 강국이었다. 조나라 명장 염파는 진秦나라 침입에 대비해 보를 쌓고 지구전을 치렀다.

이에 진은 전략을 달리하여 염파를 제거할 음모를 꾸몄는데, 위로는 아첨과 아부가 뛰어났고 아래로는 탐욕이 많던 재상 곽개를 황금으로 포섭했다. 곽개는 탐욕이 많고 큰 이익을 얻는 것이라면 자신의 조국도 배신할 사람이었다.

진나라는 간첩을 동원해 "염파는 늙어 겁이 많다. 진 군사가 두려워하는 것은 조괄뿐"이라는 소문을 퍼뜨렸다. 한때 염파에게 '소인배'라고 모욕을 당했던 곽개도 맞장구쳤다. 조나라 효성왕은 지휘관을 조괄로

교체하여 염파는 실각해 낙향하였으며, 조는 진과 싸워 대패하여 조괄은 죽고 45만 병사들은 생매장을 당했다.

효성왕에 이어 조나라 왕위에 오른 도양왕은 위나라에 망명해 있던 염파에게 사자를 보냈다. 곽개는 이미 그 사자를 금으로 매수해 놓은 뒤였다. 사자를 만난 염파는 쌀밥 한 말과 고기 열 근을 먹었다. 이미 매수된 사자는 왕에게 "염 장군은 늙었지만 식사도 잘합니다. 그러나 신과 자리를 같이할 때 세 번이나 오줌을 지렸습니다."라고 보고했다. 결국 도양왕은 염파를 기용하지 않았다.

진나라가 침범할 분위기가 무르익자 조나라는 명장 이목과 사마상을 시켜 막게 했다. 이사는 선배 재상들의 고전적인 수법을 다시 쓰기로 했다. 이는 이목을 제거하기 위해 유목왕이 총애하는 천하의 간신이자 매국노의 상징 곽개를 다시 매수하는 작전이었다.

진나라의 뇌물을 받고 자신의 나라를 팔아먹은 재상 중에는 조趙나라의 곽개郭開가 가장 유명하다. 고래부터 천하에 간신은 수없이 많았지만 곽개는 시쳇말로 '역대급'이다.

진나라는 곽개에게 많은 금을 주어 "이목과 사마상이 모반하려고 한다"고 고하게 했다. 곽개는 간신이 할 수 있는 모든 일을 했다. 여론을 왜곡했고 훌륭한 신하들을 밀어냈다. 나랏일보다 사익을 앞세웠고, 뇌물을 받아 제 배를 불렸다. 왕을 나쁜 길로 꾀었다. 결국 유목왕은 이목의 목을 베고 사마상을 해임시켰다.

조나라의 마지막 왕이 된 유목왕과 곽개는 어찌 됐을까?

유목왕은 옛 초나라 땅 방릉으로 압송돼 시름시름 앓다가 죽었다. 곽개는 진나라 왕을 따라 함양성으로 갈 때 황금이 너무 많아 가져가지도 못할 정도였다. 나중에 옛집으로 돌아가서 뒤뜰에 묻어놓은 황금을 파내 수레 여러 대에 싣고 함양성으로 돌아가던 길에 습격을 받아 목숨도, 황금 수레도 빼앗겼다. 남은 것은 '희대의 간신'이라는 오명뿐이었다. 조나라는 결국 멸망하고 말았다.

이러한 결과 덕분에 이사에 대한 진시황의 신임은 더욱 높아졌다. 진시황에게 첫 유세를 하고 약 4년이 지난 뒤 이사는 객경客卿의 자리에 올랐다. 이로써 이사는 명예와 부를 누리기 시작했고 진시황은 천하통일의 꿈을 꾸기 시작했다.

인재가 모여들게 하는 방법

잘나가던 이사의 출세 가도에 뜻하지 않는 걸림돌이 등장했다. 전국시대 말기의 최대 간첩사건으로 기록된 정국鄭國의 음모다. 정국은 한韓나라 사람으로, 진나라의 국고를 비도록 만들라는 한나라왕의 밀명을 받고 진나라에서 활동한 인물이다.

그는 진시황이 즉위할 무렵에 진나라로 가 진나라 관리들과 관계를 맺기 시작했고, 강과 하천 공사 전문가로 명성을 날리며 진시황을 비롯한 권력자들을 설득해 대규모 수로를 건설하도록 했다. 정국이 건의한 프로젝트는 강의 물줄기를 이용해 300리가 넘는 수로를 건설하는 사업이었다. 진나라의 북쪽 고원을 가로지르는 수로가 완공되면 주변의 광활한 땅에 농업용수를 공급할 수 있었고 진나라 식량 생산량을 획기적으로 늘려 부국이 되는 기반을 마련할 수 있는 대형사업이었다.

하지만 문제는 수로공사에 걸리는 시간과 필요한 재물이 엄청나다는 것이었다. 진나라가 수로공사에 총력을 기울이면 진나라의 다른 목표인

강병, 즉 군사력이 저하될 수 있었다. 이는 주변 국가에 대한 공격이 줄어든다는 것을 의미했다. 이것이 바로 진나라로부터 침략 위협을 받고 있던 한나라가 정국을 첩자로 보낸 목적이었다. 하지만 결국 정국의 음모는 발각되었고 그 여파는 컸다.

'정국 간첩사건'을 계기로 진나라 왕족과 대신들은 모든 외국인을 추방해야 한다고 주장했다. 특히 정국과 같이 진의 정치나 정책에 관여하는 전문가 또는 지식인들은 모두 내쫓아야 한다고 강권했다. 진나라 왕족과 토착세력은 다른 나라에서 온 사람들이 겉으로는 진나라를 섬긴다고 하면서 실제로는 자기 나라의 군주를 위해 일하고 있다는 논리를 폈다. 민심도 외국인을 추방해야 한다는 쪽으로 몰리면서 진시황은 결국 축객령을 선포했다. 추방 명단에는 객경인 이사도 포함됐다. 진나라로 온 이후 10년 동안 공들여 쌓아왔던 이사의 노력이 물거품이 될 수도 있는 순간이었다.

이사는 승부수를 던졌다. 진나라를 떠나면 갈고닦은 학문을 세상에 펼칠 기회를 잃을 뿐 아니라 출세의 꿈도 이루기 힘들어지기 때문에 절박한 마음에 진나라를 떠나기 직전 진시황을 설득하기 위해 장문의 글을 올렸다. 이것이 그 유명한 「간축객서諫逐客書」다. 외국인 관리들을 모두 진나라 밖으로 추방하라는 '축객령'을 거두어달라는 내용을 담아 진시황에게 올린 편지글이다. 여기에서 그는 과거 진나라를 발전시켰던 사람들 중에 외국 출신이었던 이들의 사례를 들면서 진시황을 설득했다.

"진나라에서 나는 것만 고집한다면 외국에서 수입한 옥으로 궁을 장식할 수도 없고, 코뿔소의 뿔이나 상아로 만든 물건을 가지고 갈 수도 없습니다. 정나라와 위나라의 미인은 후궁으로 들어올 수 없고, 남쪽으로 나오는 금과 주석을 쓸 수 없습니다. (……) 다른 나라의 음악을 받아 들이지도 못할 것입니다. 이처럼 진나라는 외국의 좋은 물건을 사용하고 있고 타국의 음악을 즐기고 있습니다. 이것은 무슨 까닭입니까? 당장 마음을 즐겁게 하고 보기에도 좋기 때문입니다. 그런데 지금 사람을 뽑아 쓰는 데 있어서는 그렇지 않습니다. 인물의 사람됨이 옳은지 그른지를 묻지 않고, 굽은지 곧은지를 말하지 않고, 진나라 사람이 아니면 물리치고 빈객(외국인)이면 내쫓으려하고 있습니다. 그렇다면 여색이나 음악이나 주옥은 소중히 여기고 사람은 가벼이 여기는 것입니다. 이것은 천하게 군림하는 것이며 제후들을 제압할 수 있는 방법이 아닙니다. 제 듣건대 "땅이 넓으면 곡식이 많이 나고, 나라가 크면 인구도 많으며, 군대가 강하면 병사도 용감하다"고 합니다. 태산은 작은 흙덩이도 사양하지 않기에 그 거대함을 이룰 수 있고, 강과 바다는 작은 물줄기도 가리지 않기에 그처럼 깊어질 수 있고, 왕은 백성들을 물리치지 않기에 그 덕을 밝힐 수 있습니다."

중국 역사상 최고의 명문으로 꼽히는 「간축객서」 속 명문장이 바로 '태산은 작은 흙덩이도 사양하지 않기에 그 거대함을 이룰 수 있고, 강과 바다는 작은 물줄기도 가리지 않기에 그처럼 깊어질 수 있고, 왕은 백성들을 물리치지 않기에 그 덕을 밝힐 수 있습니다.' 라는 말이다.

이사의 「간축객서」를 읽은 진시황은 축객령을 즉시 취소하고 다시 이사를 중용하여 그를 정위廷尉, 형벌을 맡아보던 벼슬로 임명했다. 내부 사람들과는 전혀 다른 시각과 능력을 가진 인재를 외부에서 수혈해야만 사회는 변화하고 개선될 여지가 생긴다. 이사는 바로 이런 진실을 진시황에게 설파했다.

이사는 출신을 가리지 않는 인재 활용의 필요성을 넘어 진시황의 가슴을 서늘하게 만드는 발언을 이어간다. 다음은 「간축객서」의 후반부이다.

"지금 진나라는 백성들을 돌보지 않고 내쫓아 적국敵國을 이롭게 합니다. 외국에서 온 빈객을 물리쳐 다른 나라의 제후들을 도와 공을 세우도록 합니다. 천하의 선비들로 하여금 물러가게 하여 서쪽 진나라로 오지 못하도록 하고 있습니다. 한마디로 '원수에게 군대를 빌려 주고, 도적에게 양식을 내준다'는 격이라고 할 수 있습니다.

무릇 진나라에서 생산되지 않는 물건도 보배로 삼을 것이 많고, 진나라에서 태어나지 않은 선비들 중에도 진나라에 충성을 바치고자 하는 사람이 많습니다. 외국에서 온 빈객을 내쫓아 적국을 이롭게 하고 밖으로는 제후들한테 원망을 산다면, 나라가 위태로움에 빠지지 않기를 바란다고 하더라도 어떻게 무사할 수 있겠습니까?"

한마디로 말해 '내가 버리면 남이 얻는다'는 논리다. 진나라를 떠난 인재들은 결국 어디로 가겠는가? 진나라가 아닌 다른 제후국으로 가서 뛰어난 전략을 내놓을 게 틀림없다. 지금은 진나라가 절대적 우위를 확보하고 있을지라도 예전의 관중이나 안영, 자산 같은 국가를 대표하는 인재들이 다른 나라로 가서 좋은 정치를 펼친다면 전세는 언제든지 역전될 수 있다.

이렇듯 이사의 「간축객서」는 무려 2,200여 년의 시간을 뛰어넘는 보편타당한 논리로 진시황을 설득했다. 진시황은 결국 쉽지 않은 결단을 내렸다. 자신의 권력 기반이기도 한 진나라 왕족과 토착 귀족들의 엄청난 반대를 무릅쓰고 이사의 요청을 즉각 받아들여 축객령을 백지화한 것이다. 이로써 백척간두, 풍전등화였던 이사는 다시 진나라 조정으로 돌아갈 수 있었다. 이사뿐만 아니라 왕분과 몽염, 위료 등 외국 출신으로 진나라의 발전에 기여하고 있었던 사람들도 관직을 회복했다. 그리고 많은 외국 출신 인재들이 진시황의 천하통일을 도왔다. 「간축객서」는 이사뿐만 아니라 진시황의 운명과 진나라의 역사를 바꿔놓은 셈이다. 진시황은 이사를 지금의 법무장관 또는 검찰총장에 해당하는 정위廷尉로 승진시켰다. 이와 더불어 거의 모든 정책과 결정을 이사의 자문을 거쳐 시행하며 차근차근 천하통일의 기반을 다졌다.

기원전 221년 진나라는 제나라를 마지막으로 멸망시키면서 모든 제후국을 병합하는 위업을 달성했다. 이사는 여섯 나라를 병합하는 과정에서 결정적인 역할을 했지만 그의 존재는 천하통일 이후에 더욱 빛을 발했다. 통일제국 진나라의 모든 개혁을 주도하며 진시황으로 하여금 천년 왕국을 꿈꾸게 만들었다. 이사를 중심으로 군현제의 정착과 문자, 화폐, 도량형, 도로 구조의 일원화가 추진됐다. 사상과 정치 통합을 위한 분서도 진시황이 이사의 의견을 따라 단행한 것이었다. 모두 천하통일 후 10년 안에 정착된 제도였다. 이때 만들어진 제도가 현대 중국의 근간을 이루고 있다니 실로 놀랍다.

우리는 말을 할 때 어떻게 하는가? 먼저 상대방을 읽고 그 사람의 마음과 상황에 맞춰 하는가? 아니면 나의 언변을 자랑하면서 마치 서로 다른 나라 말을 하듯이 일방적으로 하고 있지는 않은가?

『손자병법』에 이르기를 '지피지기 백전불태知彼知己百戰不殆'라는 전략이 있다. '상대를 알고 나를 알면 백번을 싸워도 위태롭지 않다'는 뜻으로 이 전략은 대화에서도 그대로 통하는 진리이다. 상대를 설득하려면 먼저 그와 눈높이를 맞춰야 한다. 그리고 내가 하는 말이 그 사람에게 어떻게 들릴지를 헤아려야 한다. 아무리 멋있고 아름다운 말이라고 해도 그것을 알아들을 수 없는 사람에게는 우이독경, 마이동풍이 되고 만다.

『귀곡자』에도 전한다. '현명한 자와 부족한 자, 지혜로운 자와 어리석은 자, 용맹한 자와 비겁한 자, 어진 자와 의로운 자는 모두 제각각 장단점이 있다. 이에 따라 대응방법도 달라질 수밖에 없는데 성인은 상대에 따라 다르게 대한다.

때로는 마음을 열고 때로는 마음을 닫기도 하며 장단점과 허실을 살펴서 기호와 욕망에 근거하여 그 근거와 의도를 읽는다.'

전문가는 어렵게 말하는 사람이 아니라 아무리 어려운 말로 쉽게 풀어서 말할 수 있는 사람이다. 그리고 짧고 간결하게 말할수록 진정한 고수이다.

새 술은 새 부대에 담아라

이사가 개혁정책을 추진할 때 반대는 없었을까? 물론 엄청나게 많은 사람들 특히, 모든 개혁에 대해 반대 의견을 피력하는 기득권 세력들이 있었다. 그렇다면 이사는 어떻게 그 난관들을 뚫고 나갔을까? 결론부터 말하자면 모든 개혁은 카리스마 넘치는 절대 권력자 진시황이 버티고 있었기에 가능했다. 진시황이 통일제국의 지배자로 군림했을 때가 30대 후반이었다. 이사는 막 노년기에 접어들었다. 왕성한 힘을 가진 지도자와 노련한 정객은 이전에 없었던 새로운 국가를 만들었다. 이사가 전체구도를 설계한 뒤 실행 방법까지 꼼꼼하게 정리해 보고하면 진시황은 막강한 권력으로 필요한 재원과 인력을 투입해 개혁을 성사시켰다.

이사의 개혁정책 중에 처음으로 도전받은 분야는 군현제였다. 제후국을 평정하면서 군현을 설치했지만 당시 사람들에게는 익숙하지 않았다. 넓은 영토를 진시황 혼자 통치하는 것은 위험천만한 일로 보였다. 그래서 이사보다 높은 자리에 있었던 승상 왕관을 비롯한 고위 관료들은 진시황에게 주청했다.

"제후들을 이제 막 평정했지만 연과 제, 초나라 땅이 너무 멀어서 왕을 두지 않으면 그들을 제압할 수 없습니다. 청컨대 황자들을 왕으로 세울 것을 윤허하여 주시옵소서."

진시황은 이 문제를 놓고 조정에서 토론을 하게 했다. 다수의 의견은 주요 지역에 왕을 세워 분권체제로 다스리자는 것이었다. 황제가 먼 지역까지 직접 관장하는 것은 아무래도 비현실적으로 보였다. 이들의 머릿속에는 새로운 행정 시스템에 대한 개념이 없었다. 생각하지 못했던 것에 대해 사람들은 불안과 불편을 느끼기 마련이다. 이들에게는 군현제가 그랬다. 모두가 제후를 세우는 쪽으로 의견을 모으던 상황에서 이사가 반기를 들었다. 다시 봉건체제로 돌아가는 것은 과거의 잘못을 반복하는 일이라는 게 이사가 반대하는 이유였다. 『사기』「진시황 본기」에 기록된 이사의 주장은 다음과 같다.

"주나라 문왕과 무왕은 많은 자제들과 일족을 왕으로 봉했지만 후손들이 점차 소원해지고 멀어져서 서로 원수처럼 공격했고, 심지어 제후들끼리 서로 추벌하였음에도 주나라 천자는 그들을 막을 수 없었습니다. 이제 폐하의 신령 덕에 통일을 이뤄 모든 군현으로 삼았으니 황자나 공신들에게 국가의 부세로써 후한 상을 내리신다면 그들을 다스리시기에 매우 쉬울 겁니다. 그렇게 하시면 천하에 다른 마음이 없을 것이며 이것이 바로 천하를 안녕하게 하는 책략이오니 제후를 설치하는 것은 좋지 않습니다."

왕족들에게 한 지역을 직접 맡기면 다시 춘추전국시대 같은 혼란기가 올 것이니 그렇게 하지 말라는 얘기였다. 왕족이나 공신들에게 권력을 나누지 말고 땅 대신 다른 보상을 하고 상벌로 유력자들을 관리하라는 게 이사의 논리였다. 이는 법가사상을 총 정리한 『한비자』에도 수없이 나오는 논리다. 이사는 한비자와 더불어 전국시대 말기 대표적인 법가 추종자였다. 진시황 역시 군현제에 대한 확신이 있었다. 이사의 말을 듣고 곧바로 다음과 같이 지시한 것이 그 증거다.

"전쟁이 멈추지 않아 천하가 고통 받고 있는데, 이는 제왕이 있기 때문이다. 이제 또 제후국을 세운다는 것은 다시 전쟁을 조성하는 것이니 안녕과 평정을 구하는 것이 어렵지 않겠는가? 정위의 의견이 옳도다."

사람은 자신이 듣고 싶은 것만 듣는다는 말이 있다. 심리학 용어로 '선택적 자각'이라고 하는 것인데, 대화를 할 때는 이 현상을 제대로 활용할 수 있어야 한다.

「간축객서」 사건 이후 무려 16년가량 진나라 조정에 몸담아 왔던 이사는 진시황이 통일 이후 무엇을 가장 먼저 해야 하는지 정확하게 알고 있었다. 그것은 왕권을 강화하는 것이었다. 진시황이 진정으로 원하는 바이기도 했다. 왕이 죽으면 그 업적에 따라 후세가 정하는 시호를 없애고 왕의 칭호를 '황제'로 정했다. 또 진나라 고유의 달력을 만들고, 의복과 의례 등의 풍속과 법규를 혁신했다. 법령도 엄격하게 시행해 법치국가의 근간을 마련했다.

말을 할 때 비유를 활용하는 것이 중요한 첫 번째 이유는, 그 말이 혼잣말이 아닌 이상 다른 이와 '통하는' 것이 가장 중요하기 때문이다. 상대방이 관심 가질 만한 것이나 상대방의 눈높이에서 이야기를 해야지, 전혀 모르는 것을 아무리 외워 봐야 '쇠귀에 경 읽기'밖에 되지 않는다. 아인슈타인은 자신의 상대성 이론을 가장 잘 설명한 것으로 다음의 비유를 들고 있다. '미녀와의 1시간은 1분으로 느껴지고 난로 위에 손을 올려놓은 1분은 1시간보다 훨씬 길게 느껴진다.'

그러면서 아인슈타인은 "옆집 할머니가 알아듣게 설명하지 못하면 상대성이론을 알고 있는 것이 아니다." 라고 말했다. 비유의 힘이란 바로 이런 것이다. 상대방은 전혀 알지도 못하는 어려운 이론을 들먹이거나 자신만의 생각을 밀어붙이는 사람은 절대 상대방의 마음을 얻을 수 없다.

탁월한 언변을 가졌다고 인정받는 사람들은 여러 가지 특징을 가지고 있다. 그 중에서 공통적인 것은 비유로 말하는 데 탁월한 능력을 보인다는 점이다. 오바마 전 대통령, 워런 버핏 그리고 스티브 잡스 등은 모두 비유의 기법을 탁월하게 썼다는 공통점이 있다.

비유는 말하는 사람의 뜻의 가장 잘, 그리고 확실하게 전달한다. 그것은 바로 비유는 사람들로 하여금 상상하게 만들고, 이미지를 머릿속에 그리게 만들기 때문이다. 사람들은 이미지로 보거나 그릴 때 가장 잘 인식할 수 있다. 특히 이미지로 말하는 것은 시각적인 감각이 뛰어난 시각형 인간들에게는 가장 효과적이다.

사람은 감각에 따라서 몇 가지 유형으로 나뉘는데, 대표적인 것을 보면, 시각형 인간이 있고 청각이 발달한 청각형 인간, 촉각이 발달한 촉각형 인간 등이 있다. 이들 각각의 인간에게는 각자의 유형에 맞게 대화를 해야 그들을 제대로 설득할 수 있다.

야구를 좋아하는 사람이라면 잘 알겠지만 훌륭한 투수들은 모두 몇 가지 구질을 갖추고 있다. 강속구 투수라고 해서 빠른 공만 던진다면 결국 얻어맞을 수밖에 없다. 타이밍을 뺏는 커브나 슬라이더와 같은 변화구를 갖추고 섞어 던져야 타자를 속일 수 있다. 또 타자의 성격이나 타격 스타일에 따라서 승부를 달리 해야 한다.

대화 역시 마찬가지다. 말을 잘한다는 사람들을 유심히 살펴보면 상황에 따라 다양하게 말하는 능력을 가지고 있음을 알 수 있다. 그리고 상대에 따라서도 각각 다른 대화법을 구사한다. 사실 무엇보다 중요한 것은 상대방을 제대로 파악하고 이해하는 것이다. 상대에 관심을 가지고 이해하게 되면 그 사람을 설득할 수 있는 가장 좋은 방법을 찾을 수 있게 된다. 그리고 무엇보다도 내가 정성으로 그 사람을 이해하려고 노력하면 그 사람 역시 나에게 관심을 갖게 되고 내 말에 귀를 기울이게 될 것이다.

유방은 어떻게 항우를 이겼을까

"듣기는 속히 하고, 말하기는 더디 하며, 성내기도 더디 하라.

_ 『성경』「야고보서」 1장 19절

항우와 유방은 출신과 기질, 용모 및 처신, 대인관계에서 상반된 경향을 보여 금수저와 흙수저로 비교된다.

중국 역사상 최초로 평민 출신으로서 황제의 자리에 등극한 유방劉邦에 대한 중국인의 이미지는 좋은 편이 아니다. 무능하고 비열하여 배신을 밥 먹듯이 하지만 운이 좋은 것인지 장량과 소하 같은 신하를 얻어 항우와의 싸움에서 이길 수 있었다는 인식이 강하다.

항우에게는 영웅의 비장한 기개가 느껴지지만 유방에게는 속을 알 수 없는 능구렁이 같은 인간상을 느낄 수 있다고 말한다. 만일 실제 역사 속의 유방이 우리가 아는 유방의 이미지처럼 무능하며 비열하기까지 한 인물이었다면 그는 어떻게 천하를 얻었을까? 또 한나라 귀족이며 당대 최고의 현자로 존중받았던 장량은 왜 평민 출신 건달인 유방을 따랐을까?

항우가 자주 쓰던 문장은 "어떠냐?何如"였다. 즉 자신의 기량이 어떠냐는 과시였다. 반면 유방은 "어떻게 하지?如何"였다. 자신을 낮추고 상대방에게 의견을 묻는 태도다. 작다면 작은 이 차이가 한 사람을 황제로 만들었다.

　건달 유방이 당대 최고의 명장이었던 항우를 이길 수 있었던 것은 운과 더불어 그만이 가지고 있는 '무기'가 있었기 때문이었다. 도대체 유방에게는 어떤 강점이 있었을까?

자신의 잘못을 인정할 줄 알았다

　유방은 자신의 잘못을 지적하는 말에 대해 기분이 나쁘더라도 그것이 옳다면 곧바로 사과하고 서둘러 고치는 도량을 갖추었다. 반면 항우는 자신의 잘못을 인정하는 경우가 거의 없었다. 듣기 싫은 소리를 하면 삶아 죽이는 일이 많았고, 심지어 해하전투 당시 절망적인 상황에서도 "하늘이 나를 버린 것이지 내가 싸움을 못해서 진 것이 아니다." 라며 하늘을 탓하며 '해하가'를 읊은 뒤 결국 오강에 몸을 던져 자살하고 말았다. 자신의 잘못을 인정할 줄 알았던 유방의 사례 몇 가지를 소개한다.

　먼저 역이기酈食其의 사례이다. 『사기史記』 「역생육가열전酈生陸賈列傳」에 전한다.

　역생酈生의 이름은 식기食其이며, 진류陳留 고양高陽 출신이다. 가난하고 미천한 출신이었으나 진秦나라 말기에 유방을 설득하여 참모이자 세객說客이 되었으며, 한고조漢高祖를 도와 제후를 설득하여 끌어들이는 외교 활동에서 큰 공을 세웠다.

유방이 군소 군벌의 위치에 있을 때 어떤 늙은이가 찾아온다. '역이기'라는 이름의 늙은이는 오랫동안 유학을 공부한 유생으로 여러 곳을 전전하다 명성을 얻지 못하고 결국 유방을 찾아온 것이다. 늙은 유생이 만나러 왔다는 소식에 유방은 의관도 갖추지 않고 시녀들이 자신의 발을 씻는 상황에서 역이기를 만난다. 유방의 무례한 행동에 역이기는 "진나라를 타도하려고 마음먹었다는 인간이 이 따위로 선비를 접견할 수 있는가?"라며 일갈했고, 유방은 이 노인이 보통내기가 아니라고 직감하고 발 씻던 것을 멈추고 일어나 의관을 바로 하고 역생을 상석에 앉힌 뒤 그에게 사과하였다. 이에 역이기는 육국이 합종과 연횡을 했던 시절에 대해 이야기하였다. 패공은 기뻐하며 역이기에게 음식을 대접하고 물었다.

곧바로 예의를 갖추고 사과하는 유방의 모습에 깊은 인상을 받은 역이기는 곧 의기투합했다. 이후 역이기는 유방의 모사로써 활약하게 된다.

다음은 유경劉敬이다. 『사기史記』 「유경·숙손통열전劉敬·叔孫通列傳」에 전한다.

유경劉敬은 전한前漢 제齊나라 사람으로 본래의 성은 누婁인데 한 고조漢高祖 때 장안長安으로 도읍을 정할 것을 주장하여 고조가 이를 받아들이고 유씨劉氏 성을 하사하여 유경劉敬이라 불리고 봉춘군奉春君에 봉해졌다.

유방이 해하전투에서 항우를 무찌르고 천하를 통일한 뒤 이 기회에 북쪽 변방을 괴롭히던 흉노를 정벌하기로 했다. 대군을 이끌고 흉노 본거지로 들어간 뒤 정찰을 실시했는데 정찰병이 "흉노의 병사들은 다 늙고 병들었다"고 보고했다. 유방은 대규모 공세를 명령했는데, 이때 유경이라는 신하가 반대한다.

"보통 두 나라가 서로 전쟁을 한다면, 이는 마땅히 자신들의 장점을 부풀려 보여주는 법입니다. 그런데 오늘 신이 가보니 보이는 것이라고는 비루먹은 가축과 노약자들뿐이었습니다. 뭔가 수상합니다. 이것은 그들이 자신들의 단점을 일부러 보여 우리 한군을 유인하여 매복전으로 승리를 취하려는 기병계奇兵計입니다."

하지만 유경이 그 말을 하였을 때는 이미 한나라의 군대가 움직이고 있던 참이었고, 출전하는 와중에 재수 없는 소리를 한다고 여긴 유방은 유경에게 족쇄와 수갑을 채워 옥에 가두었다.

하지만 유방은 흉노의 선우에게 포위당해 병사를 모두 잃고 천신만고 끝에 평성으로 겨우 돌아올 수 있었다. 유방은 쓸쓸한 기분으로 귀환하면서 유경을 풀어주고 진심으로 사죄했다. 그리고 유경에게 식읍 2,000호를 내렸다고 전한다.

마지막으로 육가陸賈의 사례이다.

육가는 통칭 육생(육 선생)으로 불렸는데, 말재주가 좋아서 사신으로 자주 파견되었다고 한다.

육가는 무슨 말을 할 때마다 시와 서를 인용하곤 했는데, 기본적으로 책이나 선비를 싫어했던 유방은 어느 날 지긋지긋해져서 "말 위에서 천하를 얻었다. 그깟 시서가 무슨 소용이냐?"라고 짜증을 냈다. 일자무식에 맨손으로 천하통일을 이룩한 업적에 대한 자부심이 넘친 발언이었다. 유방의 이 말에 육가는 담담하게 대답했다.

"말 위에서 얻은 천하를 말 위에서 다스릴 수 있겠습니까?居馬上得之 寧可以馬上治之乎 거마상득지 령가이마상치지호"

실제로 진나라가 군사력으로 천하를 통일했지만 가혹한 통치로 얼마 버티지 못한 채 망했고, 항우는 군사력 일변도의 정책으로 천하를 잃은 전례가 있기 때문에 유방으로서는 모골이 송연한 발언이었다. 유방은 기분이 언짢았지만 부끄러운 표정을 지으며 정중하게 사과하며 말했다.

"선생께서 진나라가 어떻게 천하를 잃었고, 내가 어떻게 천하를 얻었으며, 과거에 나라를 잃은 일과 얻은 일을 글로 지어 알려주시오."

이에 육가는 신어新語라는 이름으로 국가의 존망에 대한 글을 묶어 쓰기 시작했다. 그 수는 총 12편이었고 처음엔 언짢아 했던 유방도 육가가 신어를 한 권 써낼 때마다 기뻐하며 칭찬을 아끼지 않았다. 육가는 정치와 사상에 대한 바탕이 미흡했던 전한 초기 유방의 통치를 도우며 사상적 기틀을 다졌다.

경청하는 능력이 탁월했다

존중은 상대방을 향해 귀를 열어놓는 것이다. 『논어』 「위정편爲政篇」에 '이청득심以聽得心'이라는 말이 나온다. 듣는 것으로 마음을 얻는다는 뜻이다. '이청득심'은 경청傾聽과 배려配慮의 단순한 의사소통이 아니라 서로간의 관계를 돈독히 하고, 신뢰를 만들어 상대방의 마음을 얻는 것이 중요하다. 성공한 사람들의 공통점 중 하나는 자기 말을 많이 하기보다는 남의 얘기를 많이 듣고, 듣기 좋은 말뿐만 아니라, 듣기 거북한 쓴소리에도 귀를 기울였다.

'경청'은 유방이 가진 강점 중 가장 큰 능력으로 알려져 있다. 평민 출신인 유방은 제대로 된 교육을 받지 못했기 때문에 무식한 편이었지만 남이 옳은 소리를 하면 곧바로 받아들였다.

진나라 2세 황제인 호해가 죽고 등극한 자영은 결국 유방에게 항복하는 길을 택했다. 초나라 패현 시골 출신인 유방이 진나라 궁궐에 들어가 궁녀들에게 빠져 주색잡기에 빠지려는 찰나 번쾌가 말린다.

"패공, 이러시면 안 됩니다. 체통을 지키십시오."

하지만 유방이 번쾌의 말을 무시하자 이번에는 장량이 반대한다.

"패공, 진나라가 이렇게 망한 것은 황음무도했기 때문입니다. 공께서는 청렴과 검소를 본분으로 삼으셔야 합니다. 예로부터 입에 쓴 약이 몸에 좋다고 했듯이 충언은 귀에 거슬리지만 이롭습니다. 번쾌의 말이 맞습니다."

유방은 곧바로 궁궐에서 빠져나와 함양 외곽에 주둔하며 병사들의 약탈을 금하고 그 유명한 '약법삼장約法三章'을 발표하여 진나라 백성들의 민심을 얻는다.

유방은 50만 대군을 이끌고 항우의 본거지인 팽성을 점령했다가 항우의 3만 대군에 전멸당하기 직전까지 몰렸다. 기세를 잡은 항우는 이 기회에 유방을 끝장내기 위해 형양, 성고지역에서 대대적으로 한나라 군대를 공격한다.

유방은 이때 한신에게 3만 별동대를 내주고 자신은 방어모드로 1년 동안 항우의 공세를 버텼으나 결국 항우의 공세를 버티지 못하고 부하 장수인 기신의 희생으로 겨우 빠져나온다. 항우에게 영혼까지 털린 유방이 한숨을 돌리고 본진을 낙양으로 물려 재정비를 하고자 하자 역이기가 반대한다.

"폐하, 항우에게 겁먹은 것은 알겠지만 지금 항우가 없을 때 형양과 성고를 되찾아야 합니다. 이곳 오창은 천하의 곡창지대로 이곳을 확보하면 나중에 군량 확보도 용이합니다."

"하늘 위의 하늘을 아는 사람은 왕업을 이룰 수 있습니다. 왕은 백성을 하늘로 생각하고, 백성은 먹을 것을 하늘로 생각합니다."

곡창지대 확보에 대한 필요성을 역설하는 역이기의 설득에 유방은 곧바로 형양, 성고지역의 재탈환에 돌입했고 조구와 사마흔, 동예를 격파해 보급전에서 유리한 고지를 선점했다.

항우가 다시 돌아왔지만 한나라 군대는 오창의 곡식을 확보한 덕분에 사기가 올라 있었고, 결정적으로 한신을 치기 위해 제나라로 출전한 용저의 20만 군대가 오히려 한신에게 몰살되면서 형양, 성고 전역전은 유방의 승리로 끝나게 되었다.

천하를 통일한 뒤 수도를 어디에 정해야 하는 문제가 있었다. 초나라 출신인 유방과 초기 거병부터 함께했던 개국공신 대부분은 고향이 동쪽에 있었다. 따라서 그들은 교통이 편리하고 비교적 중심에 있었던 낙양을 선호했고 이에 따라 낙양이 수도로 정해지는 분위기로 가고 있었다. 그러다가 유방이 순시를 떠나는 동안 고작 일개 병사에 불과한 '누경婁敬'이라는 자가 수도 선택에 대해 할 말이 있다고 알현을 요청한다. 놀라운 점은 황제인 유방이 흥미가 생겼는지 실제로 누경의 알현을 허락했다는 점이다. 이 알현에서 누경은 다음과 같이 조언한다.

"낙양은 과거 주나라의 수도로서 천하의 중심지여서 사방에서 조공을 바치기는 좋습니다. 하지만 주나라는 덕이 있는 나라여서 그것이 가능했고 폐하께서는 항우와 싸우는 동안 수많은 백성이 들판에서 해골이 되었습니다. 상황이 이런데 사통팔달인 낙양이라뇨? 오히려 방어에 좋고 생산력이 좋은 관중이 좋습니다."

천하통일의 꿈에 취해있는 황제에게 "아직 시국이 어수선한데 낙양이 가당하기나 한가요?"라고 말하는 일개 병사의 말에 유방은 일리가 있다고 생각해 대신들에게 의견을 물었다.

관동 출신의 공신들은 대부분 반대했지만 장량이 "누경의 말이 일리가 있습니다."라고 말하자 유방은 곧바로 수도를 함양 근처의 장안長安으로 결정한다.

그리고 유방은 일개 병사였던 누경에게 벼슬과 함께 유 씨 성을 하사한다. 유경劉敬이 바로 유방과 흉노가 백등산에서 싸울 때 유방을 말렸던 그 유경이다.

중국 고사에는 "관중을 얻는 자 천하를 얻는다得關中者得天下"는 말이 있을 정도로 중국 고대사에 있어서 장안은 관중 전체를 아우르기에 있어서 그야말로 핵심적인 지역이었으며, 무려 13개 왕조의 수도로 선정되었다. 진나라 진시황과 전한 유방, 당나라 이연은 이 장안이 포함된 관중 일대를 기반으로 천하를 얻었고, 오호십육국시대의 전진前秦과 후일 수나라의 전신이 되는 남북조시대의 북주北周 역시 이 지역을 기반으로 하여 화북을 통일했다. 사실상 고대 중국을 통일했던 6개 국가 중 4개의 국가가 그 시작이 관중 지방이었으니 고대 중국에 있어서 장안의 중요성을 실감할 수 있다.

반면 항우는 어땠을까? 『사기』 「항우본기」에 '목후이관沐猴而冠'이라는 말이 전한다. 항우가 함양咸陽을 수도로 정해야 한다는 한생韓生의 말을 외면하고 수도를 팽성彭城으로 결정했다. 한생이 "초나라 사람은 목욕한 원숭이가 갓을 쓴 것과 같다더니 이제야 알겠네."라고 뒷담화를 했는데, 항우는 그 소리를 듣고 한생을 삶아 죽였다.

실수에 관대했다

거병 초창기 부하 중에 옹치雍齒라는 자가 있었다. 그런데 이 옹치는 유방이 본거지를 비운 사이 풍읍을 위구에게 바쳐 뒤통수를 쳤는데, 이 때문에 유방은 한동안 고생을 심하게 한다. 결국 나중에 다시 유방에게 항복했지만 유방은 뒤통수를 쳤던 일로 옹치를 증오하게 되었다. 뒷날 천하를 통일하고 논공행상을 할 때 뒤에 합류한 세력들의 불안과 불만 이 팽배했을 때 유방은 장량의 조언에 따라 자신이 가장 미워하는 옹치 를 십방후에 임명하고 식읍 2,500호를 내렸다. 유방이 가장 미워하는 사 람에게도 2,500호의 봉읍을 내리자 다른 신하들의 불안과 불만은 바로 가라앉았다.

또 한 가지 사례가 있다. 천하통일 후 유방이 측실인 척부인과 잠자리 를 하고 있을 때 신하가 실수로 그 모습을 보게 된다. 장난기가 생긴 유 방은 곧바로 일어나 그 신하를 깔아뭉개고 "내가 어떤 군주처럼 보이느 냐?"고 물었다. 그러자 신하의 대답은 "폐하는 걸, 주와 같은 임금이십 니다." 라고 모욕했다.

말 한마디 잘못해서 목이 날아가는 일이 비일비재했던 시대에 황제에 게 가장 모욕적인 평가를 면전에서 한 것이다. 그런데 유방은 그냥 웃으 며 신하를 풀어주었다.

남을 모욕하는 게 일상인 유방은 사위인 조왕趙王 장오張敖에게 대놓 고 구박을 한 적이 있다. 자신의 임금이 모욕을 당하자 관고貫高라는 자 가 장오를 위해 유방을 죽이려고 계획을 짠다. 물론 장오는 말렸지만 결 국 들통이 나서 모조리 팽형에 처해진다. 주동자인 관고가 모진 고문을 받으면서도 "이것은 오직 제가 계획했을 뿐 조왕께서는 연루되지 않았습니다."라며 조왕을 두둔했다. 이들의 의기에 감동한 유방은 반역죄에 대해 조왕 장오는 사면해 주었다.

항우의 부하인 계포季布는 초한쟁패 기간 동안 유방을 무던히도 괴롭히던 인물 중 하나였다. 그래서 유방은 계포를 상당히 증오했고 천하통일 후 계포의 목에 어마어마한 상금을 걸었다. 계포는 주씨에게 몸을 의탁했는데, 주씨는 계포를 노나라 협객 주가에게 넘겼다. 주가는 개국공신 하후영夏侯嬰을 찾아가 "계포는 자신의 주인인 항우를 위해 싸웠을 뿐입니다. 항우의 신하를 다 죽여야 합니까? 황제께서 천하를 얻으신 지 얼마 되지 않았는데 사사로운 원한으로 죽이려는 것은 도량이 좁다고 알리는 것입니다."라고 말했다.

하후영에게서 이 말을 전해들은 유방은 계포를 사면해 주었다. 계포는 유방을 알현하여 사죄하였으며, 유방은 낭중이라는 벼슬을 하사했다. 이후 계포는 유방이 죽고 혜제, 문제 재위 시까지 한나라의 신하로 명성을 얻었다. 특히 혜제 때 번쾌가 10만 대군으로 흉노를 정벌하려고 할 때 "선황제께서 40만 군사로도 못 이긴 흉노를 어떻게 이길 수 있습니까?"라며 말렸다.

한신韓信은 제나라를 점령하고 제왕의 궁전이 있는 임치臨淄라는 곳으로 거처를 옮겼다. 책사 괴철蒯徹이 "한왕에게 표表를 올려 제왕이 되셔서 이곳에 오래도록 머물러 계시도록 하시옵소서. 이번 기회를 놓치면 영원히 제왕이 되기 어려울지도 모르옵니다."라고 말하며 유방, 항우, 한신의 '천하삼분지계天下三分支計'를 수차례 간언했지만 한신은 수용하지 않았다.

천하통일 후에 결국 한신은 죽임을 당하게 되는데 이에 한신은 "과연 사람들의 말과 같도다. 교활한 토끼를 다 잡고 나면 사냥개를 삶아 먹고,

새 사냥이 끝나면 좋은 활도 감추어지며, 적국이 타파되면 모신도 망한다. 천하가 평정되고 나니 나도 마땅히 '팽' 당하는구나.果若人言. 狡兔死良狗烹, 飛鳥盡良弓藏. 敵國破謀臣亡. 天下已定, 我固當烹"라고 한탄하며 유방을 원망하였다고 한다. 유방은 괴철을 수배해 잡아들였다.

괴철이 말했다. "예, 제가 한신 장군을 꼬드겨서 반역을 부추겼습니다. 한신이 제 주인이기 때문에 주인을 살리기 위해 그렇게 한 것입니다. 개는 자기 주인이 아닌 이상 요임금이라고 해도 짖기 마련입니다. 이는 요임금이 어질지 못해서가 아니라 개의 주인이 아니기 때문입니다. 소인은 배신을 권유할 때부터 죽을 각오를 했으니 죽음이 두렵지 않습니다."

괴철의 당당함과 한신에 대한 충성심에 감동한 유방은 반란을 사주한 괴철을 풀어주라는 명령을 내린다. 그리고 한신의 장례를 치르고 싶다는 괴철의 요청도 들어준다.

인재 선발과 인재 활용에 뛰어났다

훌륭한 인재들을 휘하에 모아 그들을 활용하는 것이 훌륭한 리더가 지켜야 할 가장 큰 덕목이다. 하지만 현실적으로 모든 부하가 다 뛰어날 수는 없는 법이다. 따라서 진정한 리더라면 부하들이 가지고 있는 장점을 찾아 그것을 장려해 주고 그들의 단점은 고쳐나가도록 해야 한다. 또한 대외적으로 그들의 장점을 내세울 수 있는 자세가 필요하다.

유방은 특히, 인재를 판단하는 능력이 뛰어났고 일단 인재를 쓸 때는 과감하게 일을 맡겼다. 가장 대표적인 예가 바로 한신이다.

한신이 항우 밑에 있을 때는 창 들고 보초를 서는 '집극낭장' 지위였다. 자신을 적극 어필하기 위해 항우에게 여러 차례 진언했지만 번번이 묵살을 당했다. 항우 밑에 있어봐야 계속 밑바닥을 전전할 것으로 예감한 한신은 유방이 한왕으로 제수되어 파촉으로 들어갈 때 유방을 따라간다.

하지만 항우 밑에서 일개 병사에 불과했던 한신이 유방 편에 붙었다고 바로 상황이 좋아지는 것은 아니었다. 군량 창고지기 정도의 지위에 머물렀던 한신은 어느 날 군량 횡령사건에 연루되어 참수될 뻔했지만 다행히 사건을 조사하던 하후영 덕분에 살아날 수 있었고, 유방의 최측근인 소하까지 만나게 된다. 소하를 만나 자신을 어필했지만 결국 창고지기에 머물러 있게 되자 실망한 한신은 탈영을 감행했다. 이 소식을 들은 소하는 유방에게 알리지도 않고 한신을 뒤쫓았는데, 이에 유방은 소하가 도망간 것으로 알고 크게 낙담한다. 이후 소하가 한신을 데리고 돌아오자 분통이 터진 유방이 쏘아붙인다.

이에 소하가 말하기를 "왕께서 이곳 한중의 왕으로 머무는 것에 만족하신다면 한신을 쓸 필요가 없습니다. 하지만 항우와 더불어 천하를 다투고자 하신다면 한신과 더불어 대사를 도모해야 합니다."라고 말했다.

소하의 엄중한 진언에 유방은 한신을 대장군에 임명한다. 일개 창고지기가 대장군으로 파격 승진을 한 것이다. 대장군으로 임명한 후 한신과 대화를 나눈 유방은 한신의 군사적 재능을 파악하고 군사업무에 관한 한신의 조언을 대부분 받아들였다.

진평陳平 역시 항우의 수하였다. 은왕 사마앙이 항우를 배신했을 때 사마앙을 설득하여 귀순시켰지만 다시 사마앙이 유방 편에 붙자 진평은 맨몸으로 유방에게 달아난다. 일전에 '홍문의 연'에서 진평의 도움을 받았던 유방은 그를 받아들였으나 곧 과거에 형수와 간통을 했다거나, 장군들로부터 뇌물을 받고 있다는 등 소문이 퍼졌다.

이에 직접 유방이 진평을 불러 심문했다.

"너는 원래 위왕 밑에 있다가 초왕을 섬기고 다시 나를 섬기는데 자주 다른 마음을 품는 것 아닌가?"

진평에게 진정 충심이 있느냐고 묻는 말이었다. 이에 대해 진평이 대답했다. "위왕은 저의 계책을 쓰지 않았기 때문에 그 곁을 떠났습니다. 항우는 항 씨 일가 외에는 사람을 믿지 않아 떠나게 되었습니다. 저는 전하께서 인재를 중용하신다고 해서 이렇게 맨몸으로 한나라에 귀순했습니다. 당장 쓸 돈이 없었기 때문에 장군들이 주는 돈을 받지 않을 수 없었습니다. 왕께서 저를 쓰지 않으시겠다면 저는 떠나겠습니다. 받았던 돈은 관청에 있으니 가져가십시오."

진평의 항변에 유방은 곧바로 수긍하고 자신의 발언을 사과했고 진평을 호군중위로 임명했다. 진평은 유방에게 공작금 명목으로 황금 수만 근을 요구했는데, 유방은 묻지도 않고 진평의 요구를 들어주었다. 그리고 진평은 이 돈을 항우 진영에 유언비어를 퍼뜨리는 데 썼고 범증을 실각시키는 데 성공한다.

여태후가 임종을 앞둔 유방에게 물었다.

"소하와 조참은 늙었습니다. 이들이 죽으면 누구를 다음 재상으로 임명해야 합니까?"

"왕릉을 임명하시오. 하지만 왕릉은 너무 우직하니 진평의 보좌가 필요하오. 진평은 지혜가 많지만 그에게 모든 것을 맡기면 안 되오. 주발은 행동거지가 무거우니 믿음직하오. 주발은 배운 것은 부족하나 유 씨 왕조를 안정시키는 데 적격이니 주발을 태위에 임명하시오."

유방이 죽고 여태후가 정권을 잡고 있었던 동안 유 씨 왕들이 핍박받고 여 씨들이 왕에 임명되는 등 왕조 교체 움직임이 일어났다. 그러다 여태후가 병환으로 세상을 뜨자마자 진평과 주발은 합심하여 여 씨들로부터 군권을 빼앗고 여 씨들을 대거 숙청, 다시 유 씨의 천하로 만들었다.

병법에 능했다

60만 대군을 이끌고 팽성에 들어갔다가 항우의 3만 군대에게 거의 전멸되다시피 하면서 군사적으로 무능하다는 이미지를 얻게 되었지만 따지고 보면 초한 쟁패 시기 동안 항우의 공격을 가장 많이 막아낸 사람도 유방이었다.

한신이 고작 3만의 별동대로 위나라, 조나라, 대나라, 제나라를 평정할 수 있었던 것도 유방이 형양과 성고에서 항우를 상대로 끈질기게 버텨준 덕분이었다. 유방의 군사 운용 수준이 항우만 보면 도망가는 정도였다면 결코 해낼 수 없었을 것이다.

역사적으로도 유방에게 치명적인 패배를 안겨 준 상대는 초왕 항우와 흉노의 선우 두 명뿐이었다. 그 외의 상대는 유방이 본인 선에서 해결했다. 명장 한신이 항우와 맞붙었던 것은 마지막 전투인 해하전투 밖에 없었고, 본격적인 초한전쟁 동안 항우와 맞붙은 상대는 유방이었다. 나중에 반란을 일으킨 영포英布도 유방이 직접 평정했다.

영국의 유명한 군사전략가인 리델 하트Liddell Hart는 자신이 편찬한 『전략론Strategy』에서 280개의 전쟁을 연구한 결과, 직접 공격해서 승리한 경우는 불과 6개에 불과했고 나머지는 모두 돌아서 공격하는 간접 공격으로 승리했다고 분석했다. 이름 하여 '우직지계迂直之計'는 『손자병법』「군쟁편軍爭篇」에 나오는 이야기다. '가까운 길이라고 곧바로 가는 것이 아니라 때로는 돌아갈 줄도 알아야 한다'는 병법의 계책이다.

군사적 규모가 우세했던 항우는 눈앞의 이익만 보고 곧바로 달려들었지만 유방은 뻔히 예상되는 직진의 길보다 적의 저항이 적은 길로 돌아갔다. 유방은 '곡선이 직선을 이긴다고 하는 곡즉승曲卽勝'의 지혜를 가지고 있었다.

군중의 말은 쇠도 녹인다

衆口鑠金 積毀銷骨 중구삭금 적훼소골

다수의 말은 쇠를 녹이고, 다수가 헐뜯으면 뼈도 녹인다.

_ 『사기』 「장의열전張儀列傳」

사람들은 말이 지닌 힘이 얼마나 강력한지 잘 알고 있다. 그럼에도 불구하고 진정성, 설득력, 긍정성 등 말의 덕목으로 천 냥 빚을 갚는가 하면, 배려 없고 부정적인 한마디로 가장 중요한 것을 잃어버리기도 한다.

2,500년 전 공자는 다른 사람이 믿는다고 해서 그대로 따르거나 믿지 말고 검증이 필요하다고 했다.

제자 자공子貢이 "마을 사람들이 다 좋아하면 그대로 따라야 합니까?"라고 묻자 공자는 "그래서는 안 된다"라고 대답했다. 또 "마을 사람들이 다 좋아하는 것이 마을 사람 중에 선한 사람이 좋아하는 것보다 못하다"고 했다. 공자는 같은 편이 좋아한다고 해서 무조건 믿으면 큰 목소리가 진실을 압도하는 현상이 나타난다고 보았다. 공자는 사람 사는 세상에 떠도는 말을 액면 그대로 믿어서는 안 된다고 강조한 것이다.

공자가 우려했던 현상은 예나 지금이나 다를 바가 없다. 사실을 따지지 않고 목소리와 조직의 힘으로 사실을 이기려고 하면 거짓을 진실로 만드는 일이 된다. 그렇게 되면 우리는 사실을 밝히는 일보다 허위를 사실로 만드는 데 노력을 기울이게 된다. 사실 자체보다 허위를 사실로 만들 수 있느냐가 중요한 가치 전도의 사회가 된다. 그 결과 진실이 허위가 되고 허위가 진실이 되는 무서운 세상이 나타날 수 있다.

'말을 잘못하면 재앙을 가져온다'는 '구화지문 화생어口禍之門 禍生於口', 잘못된 소문은 삽시간에 퍼진다며 입을 다물어야 한다는 '사마난추사불급설 언비천리駟馬難追 駟不及舌 言飛千里' 등 말에 관한 경구는 많지만 의미는 약간씩 다르다. 충고해 주는 말은 귀에 거슬리지만 여러 사람의 의견을 들으면 현명해진다는 교훈도 있다. 여기에 더하여 다수의 말은 쇠도 녹인다는 성어는 실로 무섭기까지 하다. 『국어國語』「주어周語」 하편에 나오는 '중심성성 중구삭금衆心成城 衆口鑠金'은 '뭇사람이 한 마음으로 뭉치면 마치 성과 같이 굳고, 뭇사람들이 한 목소리를 내면 쇠도 녹일 만큼의 힘이 있다'는 말이다.

『사기』「주본기周本紀」에 전하는 '방민지구 심어방수防民之口 甚於防水'는 백성의 입을 막는 것은 홍수를 막는 것보다 더 어렵고 힘든 것이므로 여론에 귀를 기울여야 함을 적시하고 있다. 여럿이 마구 지껄이는 것을 이르는 '중구난방衆口難防'이란 말도 처음에는 '백성의 입을 막는 것은 어렵다'는 뜻이었다.

역시 『사기』「장의열전張儀列傳」에 보면 '적우침주 군경절축積羽沈舟 群輕折軸 중구삭금 적훼소골衆口鑠金 積毀銷骨'이라는 말이 나온다. '깃털도 많이 쌓이면 배를 가라앉힐 수 있고, 가벼운 물건도 많이 실으면 수레의 축을 부러뜨릴 수 있으며, 여러 사람의 입은 쇠도 녹이고, 헐뜯음이 쌓이면 뼈도 삭힌다'는 말이다. 여러 사람이 마음을 하나로 합쳐 단결하면 못할 일이 없으므로 여론을 중시하라고 조언한다.

겨울이 되면 깃털보다 가벼운 눈이 내린다. 그렇지만 눈처럼 가벼운 것이 없는 듯해도 그 무게를 가늠하기 어려운 것이 또한 눈이다. 눈이 쌓이면 태풍에도 견뎌온 소나무 가지가 부러진다. 그러므로 가볍다고 무시하지 말고, 약하다고 밟지 말아야 한다. 사람들이 함께 하는 생각과 말은 곧 여론이니, 여기에는 두려운 힘이 있음을 지적한 것이다. 세상의 모든 이치가 여기서 나온다.

여론의 원천은 보잘 것 없지만 여론이 갖는 힘은 무겁고 큰 것임을 일깨워 준다. 우리에게 필요한 것은 여론을 무서워할 줄 알고 여론을 활용할 줄 아는 리더이다. 그러므로 리더가 군중과 소통을 외면하는 것은 자신의 이익만을 쫓는 소인배일 뿐이며, 조직원들의 행복을 저버리고 조직의 희망을 꺾는 것이다.

말의 힘은 많은 사람이 함께 행할수록 강력해지기 마련이다. 『삼국유사』에도 '군중의 말은 쇠도 녹인다'는 중구삭금衆口鑠金이 나온다.

신라 성덕왕 때 순정공純貞公이 강릉태수로 부임하는 길에 수로水路부인과 함께 임해정에서 점심을 먹게 되었는데, 갑자기 바다에서 용이 나타나 수로부인을 물고 바다 속으로 들어가 버렸다. 순정공은 애가 탔으나 어찌할 수 없었다. 이때 한 노인이 나타나 "뭇 백성의 말은 무쇠도 녹인다 했으니, 바다의 용인들 어찌 군중의 입을 두려워하지 않겠습니까." 라고 말한다. 이에 노인이 말한 대로 백성들을 모아 지팡이로 땅을 치며 "거북아 거북아 수로부인을 내놓아라. 남의 부인 앗아간 죄 그 얼마나 큰가. 내놓지 않는다면 그물로 옭아 구워먹으리." 라며 '해가海歌'를 지어

불렀다. 그러자 용이 부인을 제 자리로 돌려놓았다고 전한다.

민심은 천심이라 했듯이 옳은 일에 함께 입을 모으는 것은 하늘의 기운天氣을 담는 일이다. 따라서 임금도 항간에 떠도는 백성의 여론을 무엇보다 중하게 여겨, '중구삭금'을 깊이 새기며 살았던 것이다. 여론을 무시하거나 측근에 의해 언로가 차단되었던 군주의 결말이 어떠했는가는 역사가 말해 주지 않는가?

요즘 많은 사람들이 좋아하는 '소통'의 새로운 패러다임이라면 당연히 소셜 미디어다. 소셜 미디어 덕분에 우리 사회는 예전과는 다른 혁신에 가까운 변화를 맞이하고 있다. 그럼에도 불구하고 한솥밥 먹는 식구들끼리도 소통이 되지 않아 밀고 당기는 일들이 비일비재하다.

오늘날 언론은 사회에서 없어서는 안 되는 중요한 역할을 한다. 가히 언론의 시대라고 할 만하다. 언론은 사실을 신속하고 정확하게 알리기도 하지만 사회에 큰 영향을 끼치는 권력을 견제하는 역할을 하기 때문이다. 언론이 이처럼 중요한 역할을 하다 보니 같은 사실도 언론에 노출되느냐에 따라 신뢰도가 다르다. 언론에 노출되면 평범한 제품도 유명 제품이 되고 보통사람도 유명인이 된다. 하지만 최근 국민들은 진실과 거리가 먼 가짜뉴스 때문에 골머리를 앓고 있다. 언론이 진실의 대명사가 아니라 허위의 근원이 된 셈이다. 이러한 현상은 언론 자체가 원인 제공을 한 경우도 있지만 언론을 둘러싼 환경이 조성한 측면도 있다.

언론이 속보와 특종을 욕심내느라 사실을 제대로 확인하지 않고 보도해 오해를 키우기도 한다. 언론과 인터넷의 결합으로 시민이 댓글 등의 다양한 방식으로 자신의 의사를 나타내 특정인에게 상처와 피해를 줄 수도 있고, 유튜브를 비롯해 누구든 시민기자가 되어 주관적 의사를 여과 없이 피력할 수도 있다. 그렇다보니 언론이 보도하는 뉴스를 대상으로 사실성을 점검하는 '팩트 체크'가 필수가 된 시대가 됐다. 언론에 나온다고 해서 무조건 사실은 아니기 때문이다.

여러 사람이 같이 한 목소리를 내면 금도 녹여버린다는 '중구삭금'이라는 어휘도 실은 고전적인 소셜 미디어에 속한다고 할 수 있다. 요즘도 널리 쓰이는 삼인성호三人成虎와 같은 고사성어가 오래전부터 사용되었기 때문이다. '삼인성호'는 호랑이가 나타나지 않았는데도 세 사람이 호랑이가 나타났다고 말하면 사람들이 실제로 믿게 된다는 말로 '사람들이 뭉치면 없는 이야기도 만들어 낼 수 있다'는 뜻이다. 가짜뉴스의 원조 격이다. 소문의 시대나 언론의 시대나 듣는 역할과 능력이 필요하다. 전해지는 내용을 그대로 믿는 것이 아니라 사실 여부를 스스로 따지는 능력이 중요한 이유다.

『명심보감明心寶鑑』「언어言語」편에 다음과 같은 말이 전한다.

利人之言 煖如綿絮 이인지언 난여면서
傷人之語 利如荊棘 상인지어 이여형극
一言利人 重値千金 일언이인 중치천금
一語傷人 痛如刀割 일어상인 통여도할

사람에게 유익한 말은 따뜻하기가 솜과 같고,
사람에게 해로운 말은 날카롭기가 가시 같아서,
한마디 말이 남을 이롭게 하면 그 소중함이 천금과 같고,
한마디 말이 남을 해롭게 하면 그 아프기가 칼로 베는 것과 같다.

CHAPTER 2

인문학으로
무장하라

스토리

지금은 스토리의 시대

"명성을 쌓는 데는 20년의 세월이 걸리지만 명성을 무너뜨리는 데는 5분도 걸리지 않는다. 그것을 명심한다면 당신의 행동이 달라질 것이다."

_ 프리드리히 니체Friedrich Nietzsche

텍스트에서 유튜브 등 동영상으로 주도권이 넘어갔지만 여전히 스토리는 힘이 세다. 재미와 감동은 물론 여운을 남기며 자신의 이야기를 전달하는 능력은 소통의 시대에 중요한 경쟁력이다. 하지만, 모든 사람들이 스토리에 열광하지 않듯이 모든 스토리에 사람들이 열광하지 않는다. 사람들은 재미있고 감동적인 스토리에만 열광한다. 미래 산업으로 떠오르고 있는 스토리 산업은 현대사회 거의 모든 분야에서 각광받고 있다. 스토리텔링의 매력은 한 줄의 정보보다 감성적인 스토리로 사람의 마음을 움직이는 데 있다. 정보가 최고의 가치로 꼽히는 첨단 디지털 시대에 정보와는 반대의 가치를 가지고 있는 스토리의 시대가 본격적으로 시작되고 있는 이유는 무엇일까?

태풍 속에서도 떨어지지 않아 수험생들에게 몇 배 비싼 가격으로 팔려나갔던 일본 아오모리 현의 합격사과, 어느 후작의 신장결석을 깨끗이 낫게 했다는 생수 에비앙, 베트남전에 참전했던 안드레즈 육군 중사의 목숨을 살려 세계적인 명성을 얻은 지포 라이터. 우리가 그 사과를 구매하고, 그 물을 마시고, 그 라이터를 사는 이유는 무엇일까? 그 상품의 기능보다는 그 상품에 입혀진 스토리에 공감했기 때문이다.

스토리는 우리 삶과 밀접하게 연관되어 있으며 우리를 매력 넘치는 사람으로 만들기 위한 필수 요소이다. 우리가 꿈이라고 부르는 것들은 대부분 스토리를 통해 구체화된 것들이다. 그래서일까? 대부분의 사람들은 스토리를 어떤 특별한 것으로 간주한다. 어떤 사람들은 자신에게는 남들을 휘어잡을 스토리가 없다고 여긴다. 하지만 그렇지 않다. 우리는 태어나서 죽을 때까지 마치 백지에 그림을 그리듯, 우리만의 인생 스토리를 채워나가게 된다. 그 인생 안에는 성공과 실패, 만남과 헤어짐, 발전과 퇴보, 갈등과 고민, 행복과 불행을 비롯한 희로애락이 존재한다. 누구나 "내가 고생한 얘기를 하면 책 한 권은 쓸 수 있다"고 말한다.

사람의 마음을 끌어당기는 방법 중에 재미있고 감동적인 이야기를 해주는 것만큼 탁월한 힘을 발휘하는 것도 없다. 좋은 스토리에는 우리가 살아가는 인생의 생생한 목소리와 현장이 담겨 있기 때문이다. 사실 우리가 살아가는 것 자체가 자기표현의 연속이자 상대방을 설득하는 일의 연속이지 않던가.

스토리는 상대방의 관심을 끌고, 나아가 상대의 마음을 움직이는 놀라운 힘을 지니고 있다. 스토리는 언제나 존재해 왔지만, 최근 들어 전 세계적으로 스토리에 쏟아지는 관심은 유례없이 뜨겁다. 브랜드Brand 자산 구축의 측면에서 기업 역시 스토리가 필요하다. 기업이라고 하는 비정서적인 조직도 흥미있는 이야깃거리는 얼마든지 있다. 단지 그것이 이야깃거리가 되는지조차 신경 쓰지 않거나, 의식적으로 찾아보지 않았을 뿐이다. 이제 기업에도 스토리 최고책임자 CSO^{Chief Story Office}가 필요하다. 기업의 철학과 문화, 영업 방식과 제품, 기술 등 기업이 가진 가치를 친근한 스토리로 전달하는 일은 꿈과 감성의 스토리텔링 시대에 반드시 필요한 작업이다. 재미있고 감동적인 스토리가 새록새록 피어나는 기업으로 스토리텔링 된다면, 내부 임직원들에게나 외부 고객들에게나 긍정적인 기업 이미지 효과를 가져올 수 있을 것이다.

혁신의 아이콘으로 평가받는 애플의 예를 보더라도, 기업 가치를 효과적으로 전달하려는 차원에서 스토리텔링을 활용했다. 자신만의 이상과 열정으로 세상을 바꾼 아인슈타인과 마틴 루터 킹 같은 위인들과 애플을 연결시킨 '다르게 생각하라^{Think Different}' 캠페인 역시 '애플은 특별한 일을 한다'는 강력한 기업 가치를 구성원과 대중들에게 심어줬다. 기업문화 탓인지 아니면 의사결정권자들의 가치관이나 담당자들의 실력 탓인지 몰라도 기업의 비전과 핵심 가치는 추상적이고 압축적인 언어로 표현되는 경우가 많아서 대중의 공감을 얻어내기가 쉽지 않다. 이때 일상의 이야기를 활용하여 스토리로 기업 비전과 가치를 전달하면 효과적이다.

인간의 뇌는 스토리를 좋아하도록 타고났다. 스토리는 인간의 근원적인 욕망인 셈이다. 스토리에는 사람을 끌어당기고 마음을 움직이는 힘이 있기 때문이다.

우리는 팩트^{fact}의 시대에서 스토리의 시대로 변해가는 과정에 놓여 있다. 팩트의 시대에는 사실 그 자체가 권위를 가진다. 즉 사실적인 증거는 그 자체로 사건의 끝낼 수 있는 힘이 있었다. 하지만 스토리의 시대에 상황은 달라졌다. 팩트는 그저 스토리의 재료가 될 뿐이다. 우리가 종이신문의 콘텐츠를 대하는 것보다 블로그나 트위터 등 SNS 콘텐츠에 더 관심을 가지는 이유이기도 하다. SNS에는 아주 사적인 이야기들이 넘쳐난다. 제품의 기능에 대해 전문가가 연구 결과를 토대로 쓴 신문 기사보다 평범한 주부가 직접 쓴 사용후기가 더 신뢰도가 높은 시대를 우리는 살고 있다.

우리가 가진 진실을 대중들에게 어떻게 전해 주어야 제대로 전달될 수 있는지 우리는 고민해야 한다. 안타깝게도 사실이 중요하던 시대는 지나가고 있다. 중요한 것은 이 스토리의 시대에 대한 이해다. 이해하고 대처하는 방식조차 스토리로 풀어야 한다. 사실 뒤에 놓여 있는 스토리를 봐야 하고 볼 줄 알아야 하는 시대다.

기업은 물론 정부, 지방자치단체, 교육 분야, 정치경제와 문화예술 분야에 이르기까지 사회 각 분야에서 전달하고자 하는 메시지를 스토리에 담아내는 스토리텔링 기법이 각광을 받은 지 오래 되었다. 스토리는 쉽게 기억되고, 오래 기억되기 때문이다. 상대를 내편으로 만들고 싶다면 재미와 감동을 주는 스토리뿐만 아니라 외적 요소인 표정, 태도, 시선, 목소리, 옷차림에도 신경을 써야 한다.

링컨 전 미국 대통령은 "아무리 나이가 들어도 이야기할 거리가 없으면 당황하게 된다"는 말을 남겼다. 청중의 관심을 이끌어내는 이야기를 하고 싶은가? 내가 하는 이야기에 모두가 집중하기를 원하는가? 냉소적인 그들을 친구로 만들고 싶은가? 무관심한 사람을 매혹시키고 싶은가? 힘들게 준비한 프레젠테이션을 더 흥미진진하게 전달하고 싶은가? 당신의 말하기에 스토리를 입힌다면 그 길이 보일 것이다. 그때 당신의 스토리는 당신의 성공에 강력한 원동력이 될 것이다.

소통하고 싶은 본능을 가진 인간은 그 욕구를 충족하기 위해 여러 가지 소통 기술을 개발해 왔다. 가장 오래 전부터 시도해 왔고 또 가장 큰 효과를 보이는 소통 기법이 바로 스토리를 활용한 '스토리텔링'이다. '스토리Story'는 두 가지 뜻으로 알려져 있다. 첫째는 '허구적인 이야기'이며, 둘째는 '실제 있었던 이야기'이다. 사실이든 허구든 어떤 사물이나 현상에 녹아 있는 줄거리를 말이나 글로 풀어낸 것이 스토리다.

스토리는 보다 쉽게 타인에게 자신을 표출하는 방식이며 궁극적으로 우리가 삶에서 소통을 하는 데 효과적인 도구 역할을 한다. 상대의 호기심과 욕구를 자극하는 스토리는 일대일 관계에서 상대방을 설득하는 데 가장 손꼽히는 소통 도구 중 하나다. 특히 대중 설득에 있어서는 유일무이한 수단에 가깝다. 스토리에는 공감으로 소통하는 '자연스러운 매력'이 있기 때문이다.

말 잘하는 사람들이 자주 사용하는 스토리텔링 기법은 화자가 전달하고 싶은 핵심 메시지에 스토리를 입히는 것이다. '어떻게 이야기를 구성할 것인가'에 대한 원리를 파악하고 지속적으로 훈련한다면 누구나 말 잘하는 사람으로 거듭날 수 있다. 스토리 소재는 멀리 있지 않다. 우리 일상에 널려 있는 것이 우리들이 살아가는 이야기가 아닌가? 치밀하게 그 이야기들을 재구성한다면 당신의 이야기는 듣는 이들을 빨려들게 만들 것이다. 스토리의 힘은 과학적으로도 뒷받침된다. 인지과학에 따르면 인간이 중요한 결정을 내려야 하는 순간 작동하는 것은 이성이 아닌 감성이라고 한다. 그러니 감성을 자극하는 스토리가 순간의 결정을 좌우할 수도 있다.

혁신의 아이콘으로 추앙받는 스티브 잡스는 탁월한 프레젠터로도 명성이 높았다. 단순할 수도 있는 신제품 발표에 사람들이 한시도 눈을 떼지 못하게 했으니 실로 대단한 일 아닌가. 그의 프레젠테이션을 본 사람들의 소감은 한결같았다.

"한 편의 영화, 한 편의 드라마를 보는 듯 했다."

그 비결 역시 스토리에 있다. 잡스의 프레젠테이션에는 기승전결이 있었고 극적인 반전이 있었다. 마치 한편의 시나리오와 같은 구성이었다. 그의 프레젠테이션을 보고난 사람들은 "애플의 아이패드를 갖고 싶어졌다"고 말했다. 한 편의 드라마를 보는 듯한 그의 발표가 사람의 마음을 움직인 것이다. 그는 한 사람의 기업가로서 다수의 소비자들에게 '애플 제품을 사고 싶다'는 욕망을 심어줬으니 최고의 마케팅을 한 셈이다. 잡스는 사람들이 자신에게 집중하고 자신의 주장을 받아들이는 가장 강력한 수단이 스토리임을 잘 알고 있었다.

잡스의 프레젠테이션 스토리 전략은 화법이나 화술에도 효과적으로 적용할 수 있다. 스토리는 두 사람 간의 대화부터 수십, 수백 명을 상대로 한 대중연설까지 청중의 귀를 열고, 마음을 여는 열쇠가 된다. 일상적인 대화에서는 굳이 누군가를 설득할 필요가 없다.

하지만 비즈니스 대화나 대중연설은 다르다. 특히, 대중연설은 기본적으로 청중을 설득하는 데 목적을 둔다. 연설을 하면서 청중들이 자신의 말을 한 귀로 듣고 한 귀로 흘려버리기를 바라는 발표자는 아무도 없을 것이다. 따라서 대중연설은 말로써 누군가를 설득하려는 것이라고 할 수 있다. 설득력을 높이는 가장 강력한 수단은 단연 '스토리'이다.

아리스토텔레스는 "면밀하게 구성된 스토리가 없으면 비극의 효과는 도저히 불가능하다"는 말을 남겼다. 즉 스토리로 구성을 잘하면 일상적인 대화는 물론 대중연설과 프레젠테이션에서도 큰 설득력을 갖게 될 것이다.

호메로스가 남긴 불후의 서사시나 오래도록 사랑받는 찰스 디킨스의 소설들처럼 훌륭한 스토리는 사람들이 한 번이 아니라 몇 번이고 되풀이해서 읽고 오래 기억한다. 좋은 스토리는 미래의 독자들까지도 사로잡는다.

덴마크의 세계적인 미래학자 롤프 옌센Rolf Jensen은 본론과 사실이 중요한 정보화 사회에서 꿈과 스토리가 중요해지는 '드림 소사이어티Dream Society'가 도래했다고 말했다. 변화의 핵심은 더 이상 브랜드 자체로는 소비자를 사로잡을 수 있는 시대가 아니라는 점이다. 여기서 우리가 명심해야 할 점은 콘텐츠, 즉 '스토리'에 집중해야 한다는 것이다.

인간의 뇌는 중요한 사실을 스토리 형태로 저장한다. 연구에 따르면 인간의 뇌에는 스토리를 저장하는 기억 영역이 존재한다고 한다. 그러므로 자신이든 타인이든 머릿속에 특정 메시지를 각인시키고 싶다면 '스토리'를 만들어낼 수 있어야 한다.

프레임

"비관주의자는 어떤 기회 속에서도 어려움을 보고, 낙관주의자는 어떤 어려움 속에서도 기회를 본다."

_ 윈스턴 처칠Winston Churchil

우리는 자신의 행동에 영향을 주는 타인의 힘에 대해서는 민감하지만, 타인의 행동에 영향을 주는 나의 힘에 대해서는 놀라울 정도로 둔감하다. 타인의 행동을 유발하는 원인이 정작 나 자신임에도 불구하고, '원래 저 사람은 저래'라는 생각의 함정에 빠지고는 한다. 지혜와 자기 성찰의 완성은 타인에게 미치는 나의 영향력을 직시하는 것이다.

내가 누군가에게는 또 하나의 프레임이 될 수 있음을 인식한다면, 더 나은 나를 창조하려는 노력을 소홀히 할 수가 없을 것이다. 영화 등 미디어를 통해 '프레임'에 대한 다양한 사례를 접하면서 '프레임'의 역할과 위력에 대해 깨달았다. 꼭 비즈니스맨이 아니더라도 세상을 살아가는 데 나를 지켜줄 수 있을 것 같아 프레임에 대해 자세히 공부하고 싶은 마음이 생겼다. 그렇게 만난 책이 최인철 교수가 쓴 『프레임』이었다.

프레임은 드러내는 게 아니라 품는 것이라고 생각한다. 프레임에 관한 한 최인철 교수의『프레임』만한 책이 없어『프레임』을 중심으로 프레임에 대해 알아보기로 한다.

'지혜는 한계를 인정하는 것이다.'

『프레임』을 쓴 최인철 교수가 한 말이다. 이어 그는 "지혜란 자신이 아는 것과 알지 못하는 것, 할 수 있는 것과 할 수 없는 것 사이의 경계를 인식하는 데에서 출발한다고 믿었다. 건물 어느 곳에 창을 내더라도 그 창만큼의 세상을 보게 되듯이, 우리도 프레임이라는 마음의 창을 통해서 보게 되는 세상만을 볼 뿐이다. 우리는 세상을 있는 그대로 객관적으로 보고 있다고 생각하지만, 사실은 프레임을 통해서 채색되고 왜곡된 세상을 경험하고 있는 것이다. 프레임으로 인한 이러한 마음의 한계에 직면할 때 경험하게 되는 절대 겸손, 나는 이것이 지혜의 출발점이라고 생각한다." 라고 했다.

우리 마음의 한계를 자각한다는 것은 역설적으로 그 한계 밖에 존재하는 새로운 곳으로의 적극적인 진군을 의미한다. 건물의 어느 곳에 창을 내더라도 세상 전체를 볼 수는 없다. 그것을 알기에 건축가는 최상의 전망을 얻을 수 있는 곳에 창을 내고자 고심한다.

우리의 삶도 가장 아름답고 행복한 풍경을 향유하기 위해 최상의 창을 갖도록 노력해야 한다. 어떤 프레임을 통해 세상에 접근하느냐에 따라 삶으로부터 얻어내는 결과물들이 결정적으로 달라지기 때문이다. 최상의 프레임으로 자신의 삶을 재무장하겠다는 용기, 그것이 지혜의 목적지이다.

세상을 바라보는 마음의 창, 프레임

프레임에 관한 가장 흔한 정의는 창문이나 액자의 틀이다. 프레임은 그 틀 넘어 뚜렷한 경계 없이 펼쳐진 대상들 중에서 특정 장면이나 대상을 하나의 독립된 실체로 골라내는 기능을 한다. 동일한 풍경과 대상을 보고도 저마다 찍어낸 사진이 다른 이유는 그들이 사용한 프레임이 다르기 때문이다.

프레임은 한마디로 '세상을 바라보는 마음의 창'이다. 어떤 문제를 바라보는 관점, 세상을 향한 마인드셋mindset, 세상에 대한 은유, 사람들에 대한 고정관념 등이 모두 프레임의 범주에 포함된다.

'사람의 지각과 생각은 항상 어떤 맥락, 어떤 관점 혹은 일련의 평가 기준이나 가정 하에서 일어난다. 그러한 맥락, 관점, 평가 기준, 가정을 프레임이라고 한다.'

프레임에 대한 철학적 정의이다. '지각과 생각'은 인간의 모든 정신활동을 뜻한다. 따라서 프레임의 정의에 따르면, 우리의 모든 정신활동은 진공 상태에서 일어나는 것이 아니라 어떤 맥락과 가정 하에서 일어난다. 대상을 있는 그대로 보는 것이 아니라 이미 어떤 관점과 기준 그리고 일련의 가정을 염두에 두고 본다는 것이다. 한 마디로 우리가 안경을 쓰고 세상을 보고 있음을 의미한다.

프레임은 우리가 무엇을 보는지, 어떤 판단을 내리는지, 어떤 행동을 하는지, 그 모든 과정을 특정한 방향으로 유도하고, 결국 특정 결과를 만들어낸다. 모든 정신 과정을 프레임이 '선택적'으로 제약하기 때문에, 우리가 어떤 프레임을 가지고 있으냐에 따라서 처음부터 전혀 보지 못하는 대상과, 고려조차 하지 못하는 선택지가 존재할 수 있다. 예를 들면, 어떤 일을 해야 하는 이유를 보게 하는 프레임을 가지고 있는 사람은 하지 말아야 할 이유를 처음부터 보지 못하고, 하지 말아야 할 이유를 보게 하는 프레임을 가지고 있는 사람은 그 일을 왜 해야 하는지에 대한 이유를 처음부터 찾지 못한다.

프레임을 이해하기 위해서는 프레임의 정의부터 알아야 한다. 다음은 최인철 교수가 밝힌 프레임에 대한 정의이다.

1. 프레임은 맥락이다.

프레임의 가장 빈번한 형태는 '맥락'으로 나타난다. 특히 언론 분야에서 어떤 사람의 발언을 앞뒤 맥락 다 자르고 보도하거나 보여줌으로써 진의를 왜곡하는 '악마의 편집'이 문제가 되기도 하는데, 이는 맥락이 얼마나 강력하게 프레임으로 작동하는지를 보여주는 사례다.

맥락을 고려하지 않고 어떤 판단을 내리기는 어렵고, 맥락을 공유하지 않은 사람들끼리 의견의 일치를 보기란 불가능에 가깝다. 프레임의 변화, 즉 맥락의 변화는 우리에게 다양한 얼굴들을 만들어낸다. 선거에 당선된 뒤 생각이 달라진 정치인, 승진 전과 후의 모습이 달라진 회사원, 결혼 전과 후의 태도가 달라진 사람들을 비난하는 것은 적절치 않다. 이전과 이후에 접하는 맥락이 다르기 때문이다. 어떤 상황에 처하기 전에는 보지 못하던 것들이 이후의 맥락에서는 보이게 마련이다. 역지사지의 심정이란 다름 아닌 상대의 맥락을 이해해 주는 것이다.

2. 프레임은 정의다.

사전에는 거의 모든 사물들에 관한 정의가 실려 있다. 사전辭典이 사전

死典이 되어가는 이 시대, 우리에게는 자신만의 새로운 사전이 필요하다. 사물과 상황에 대한 나만의 정의를 다시 내려 보는 것, 그것이 프레임을 바꾸는 길이다.

3. 프레임은 단어다.

대상에 대한 정의가 단어들로 구성되어 있기 때문에 "프레임은 정의다."라는 말은 필연적으로 "프레임은 단어다."라는 의미이기도 하다. 한 대상을 지칭할 때 어떤 단어를 사용하느냐는 단순한 어휘 선택의 문제가 아니라 그 대상에 대한 프레임을 결정하는 중요한 행위다.

프레임 싸움은 '단어 싸움'이다.

단어를 바꾸지 않고서는 프레임을 바꾸기 어렵다. 얼핏 말장난 같고 탁상공론인 것 같지만 프레임을 바꾸기 위한 노력의 일환으로 인정해 줄 필요가 있다. 단어가 곧 프레임이기 때문이다.

4. 프레임은 질문이다.

"프레임은 질문이다"는 말은 아무리 강조해도 지나치지 않다. 질문은 내용도 중요하지만 순서 역시 이에 못지않게 중요하다. 그렇다면 질문의 순서는 왜 중요할까? 앞의 질문이 뒤에 나오는 질문을 해석하는 프레임으로 작동하기 때문이다. 중요한 질문 바로 직전에 던지는 질문이 중요한 질문의 주된 프레임에 영향을 미친다는 의미다. 그렇다면 바로 직전에 던지는 질문은 어떤 것일까? 당연히 평소에 자주 던지는 질문일 가능성이 높다. 따라서 평소 자신이 자주 던지는 질문을 점검해야 한다. 자기 삶에 대한 평가가 시시하다면 내가 시시한 질문을 던지고 있기 때문인지도 모른다. 답이 안 나오는 인생을 살고 있다면, 질문에 문제가 있을 가능성이 있다. 무언가 더 나은 답을 찾고 싶은 사람은 세상을 향해 던지고 있는 질문부터 점검해야 한다.

5. 프레임은 은유다.

은유^{隱喩, Metaphor}의 사전적 정의는 다음과 같다. 전달할 수 없는 의미를 표현하기 위해 유사한 특성을 가진 다른 사물이나 관념을 써서 표현하는 어법. 은유는 크게 보면 비유^{比喩}에 속하기 때문에 비유의 뜻을 살펴보면 은유가 프레임으로 작동한다는 말을 실감할 수 있다.

비유는 '어떤 현상이나 사물을 직접 설명하지 아니하고 다른 비슷한 현상이나 사물에 빗대어 설명하는 일'이라는 뜻이다.

사람들은 어떤 대상을 직접적으로 표현하기가 어려울 경우 비유를 들어 설명하거나 이해하려 한다. 그런데 어떤 실체에 대한 이해를 돕기 위해 도구로 사용하는 비유가 사람들이 그 실체를 바라보는 프레임을 완전히 바꿔놓는다. 인생에 대한 접근방식이 다른 사람들을 보면 그들이 인생에 대해 갖고 있는 비유가 다른 경우가 많다.

개인이나 조직이 어떤 은유를 사용하는지를 보면 그들의 프레임을 알 수 있다. 어떤 기업은 회사를 '가족'에 비유하고 어떤 기업은 회사를 '실험실'로 비유한다. 가족으로 비유되는 회사에서는 관계가 중시되고, 실험실로 비유되는 회사에서는 모험과 창의성이 중시된다. 가족으로 비유되는 회사에서는 위계질서와 조화가 핵심 가치가 되지만, 실험실로 비유되는 회사에서는 위계질서보다는 평등과 독립적 사고가 우선적인 가치가 된다.

개인, 가정, 조직, 국가에는 나름의 은유가 작동한다. 우리 삶을 지배하는 가장 강력한 은유는 우리가 실감하지 못할 정도로 자연스럽다. 마치 물고기가 물을 의식하지 못하는 것처럼, 우리가 그 은유 속에 살고 있는 것 자체를 인식하지 못 할 수 있다. 프레임을 바꾸고 싶다면 바로 그 은유를 찾아내 바꾸어야 한다.

6. 프레임은 순서다.

프레임은 뜻밖의 형태로도 작동한다. 바로 '경험의 순서'다. 일상에서도 순서에 대한 고민은 자주 일어난다. 프레젠테이션 순서를 결정할 때 먼저 할 것인가, 나중에 할 것인가, 누구 다음에 할 것인가 등은 누구나 하는 고민이다. 도대체 우리는 왜 이런 고민을 할까?

그 이유는 앞에서 한 경험이 뒤에서 하게 될 경험을 바라보는 프레임으로 작동하기 때문이다.

인생에서는 순서가 중요하다. 젊어 고생은 사서도 한다고 한다. 젊은 시절의 고생이 인생 후반부의 경험을 더 달콤하게 만들어 주기 때문이다. 젊은 시절의 좋은 경험이 프레임으로 작동하여 말년의 고통을 더 극심하게 만들기 때문이다.

우리의 하루를 마음대로 설계할 수 있다면 경험의 순서를 현명하게 디자인할 필요가 있다. 만일 안 좋은 일과 좋은 일을 하나씩 경험할 수 있다면, 무엇을 먼저 경험하겠는가? 대체로 안 좋은 일을 먼저 경험하는 것이 낫다. 안 좋은 일 다음에 경험하는 좋은 일은 더 달콤하게 느껴질 뿐만 아니라, 뒤에 경험한 좋은 일이 앞에서 경험한 안 좋은 일을 긍정적으로 재해석해 주기 때문이다.

7. TV가 프레임이다.

TV는 현대인의 멘탈 시뮬레이션을 도와준다. TV를 통해 사람들은 자신이 직접 살아보지 않은 삶을 경험한다. 자기가 살아보지 못한 삶을 경험하고, 자기가 겪어보지 못한 세상을 경험한다. TV를 통해 인간의 다양한 가능성을 접하게 되는 셈이다. 그러나 TV는 시뮬레이션을 돕는 데 그치지 않고 세상을 보는 프레임으로 작동한다. 결국 TV를 많이 보는 사람일수록 TV로 인해 생긴 프레임 때문에 세상을 보는 시각에서 몇 가지 중요한 특징을 보인다.

① TV를 많이 보는 사람은 세상을 위험하다고 생각한다.

② TV를 많이 보는 사람은 사람들을 덜 신뢰한다.

③ TV를 많이 보는 사람일수록 세상에 대해 음모론적인 시각을 갖기 쉽다.

④ TV를 많이 보는 사람일수록 물질주의적 가치관이 강하다.

TV뿐만 아니라 모든 매체가 우리의 사고를 지배하는 프레임 역할을 한다. 그중 특별히 주목할 것이 광고다. 효과적인 광고는 '대상에 대한 판단judgment of an object'을 바꾸는 것이 아니라 '판단의 대상an object of judgment' 자체를 바꾼다. 다시 말해 대상을 보는 프레임 자체를 바꿔버린다. TV와 광고는 은연 중에 사물을 보는 우리의 프레임을 변화시키는 역할을 한다.

8. 프레임은 욕망이다.

욕망은 프레임의 강력한 원천이다. 욕망이 세상을 보는 눈을 흐리게 만든다는 생각은 새로운 것이 아니다. 이 말을 좀 더 심리학적으로 풀어 쓰면 '욕망이 세상을 특정한 방향으로 보게 하는 프레임을 만들어낸다'가 된다. 즉 사람들은 보고 싶은 것을 본다는 의미다.

세상은 어제와 다름없었지만 세상을 보는 내 프레임이 변했음에도 불구하고 나는 세상이 변한 듯 착각하는 것이다.

9. 프레임은 고정관념이다.

우리는 많은 고정관념의 프레임에 갇혀 있다. 인종, 성, 나이, 국가, 사회적 지위, 옷차림, 외모, 학력 등이 만들어내는 고정관념에서 자유롭기가 쉽지 않다. 사람들을 대할 때 끊임없이 휘몰아치는 고정관념의 유혹에서 스스로를 지킬 수 있을까? 고정관념이라는 폭력적인 프레임을 거부하고, 있는 그대로의 타인과 만나는 일은 일생을 걸고 도전해 볼 만한 가치가 있다.

홍보맨과 스토리텔러

"아무도 당신을 믿지 않을 때도 자기 자신을 믿는 것, 그것이 챔피언이 되는 길
이다."

_ 슈거 레이 로빈슨 Sugar Ray Robinson

스토리는 선사시대부터 전해 내려온 인간의 커뮤니케이션 기술이다.
누구나 스토리를 좋아하기 마련이다. 지금도 아프리카의 한 부족은 오
래된 족장이나 어른이 죽으면 '한 권의 책과 지혜가 사라졌다'고 한다.
사적인 대화나 공개 강의 시작 전에 강사가 "먼저 재미있는 이야기 하나
들려드리겠습니다." 라고 운을 떼는 순간 경계심을 풀고 눈을 깜빡이며
귀를 기울였던 경험이 있을 것이다.

스토리란 무엇일까? 사전적 의미는 '일정한 줄거리를 담고 있는 말이
나 글'이다. 그리고 스토리텔러Story-teller는 '전달하고자 하는 내용에 스
토리를 가미해 전달하는 사람'을 말한다. 스토리텔러는 이야기를 잘하
는 사람이 아니다. 스토리텔러는 '자신이 경험한 일이나 마음속에 있는
생각을 남에게 들려주는 사람'이다. 이때 스토리텔러는 단순히 내용만

전달하는 역할이 아니라 수용자를 이해하고 공감할 수 있는 내용을 전달해야 성공할 수 있다. 스토리텔러는 상대로부터 이야기를 잘 이끌어내는 사람이고, 이야기를 잘 듣는 사람이며, 이야기를 통해 희망을 심어주는 사람이다.

누구나 리더가 되고 싶어 한다. 『어린왕자』의 저자인 생텍쥐페리는 "배를 만들고자 한다면 사람들에게 나무를 모으게 하고 일을 나누거나 명령하지 말라. 대신 그들에게 넓고 끝없는 바다를 동경하게 하라"고 말했다. 스스로 배를 건조하고 넓은 바다를 항해할 수 있도록 구성원들의 숨겨진 욕구를 찾아내고 비전을 구체화할 수 있어야 리더가 될 수 있다. 리더는 사람들이 바쁜 현실 속에서 잊고 있었던 자신의 꿈과 희망을 되찾고 열정적으로 생활할 수 있도록 도와줄 수 있어야 한다.

일정 시간 동안의 열정은 마음만 먹으면 누구나 가질 수 있다. 그러나 오랜 시간 동안 지속적으로 열정을 유지하기는 쉽지 않다. 어려움이 있어도 포기하지 않는 열정이 필요하다. 어떤 사람은 열정적이고, 어떤 사람은 열정적이지 못한 이유가 무엇일까? 그것은 꿈이 있느냐 없느냐의 차이다. 이때 그 꿈은 지속적인 꿈이어야 한다. 꿈을 지속하는 가장 쉬운 방법은 "나의 꿈은 무엇입니까?" 라고 수시로 자신에게 질문하는 것이다. 사실 꿈이 없는 사람은 없다. 다만 크고 작을 뿐이고 잊고 있을 뿐이다. 물론 꿈을 잊지 않고 그 꿈을 이루기 위해 열심히 사는 사람도 많다. 그 꿈을 이루기 위한 삶 중 하나가 바로 '스토리텔러'가 되는 것이다.

사람들이 꿈을 이야기할 때 자주 거론하는 인물이 바로 마틴 루터 킹 Martin Luther King 목사다. 미국은 1986년부터 그의 생일을 즈음한 1월 셋째 주 월요일을 '마틴 루터 킹 데이Martin Luther King, Jr. Day'로 명명하고 독립기념일, 추수감사절, 크리스마스 등과 같이 국가 기념일로 지정했다. 그의 생일이 국가공휴일로 정해진 것만 봐도 미국인들이 얼마나 그를 존경하고 사랑하는지 알 수 있다. 미국은 꿈에 대해 이야기하는 것을 좋아하는 나라로 알려져 있다. 특히 킹 목사가 1963년 8월 28일, 워싱턴 링컨기념관 광장에서 25만 명의 군중 앞에서 한 연설은 역사에 길이 남을 만큼 유명하다.

"I have a dream that one day every valley shall be exalted, and every hill and mountain shall be made low. The rough places will be made plain, and the crooked places will be made straight, and the glory of the Lord shall be revealed, and all flesh shall see it together."
"나에게는 꿈이 있습니다. 어느 날 모든 산골짜기가 솟아오르고, 모든 언덕과 산이 주저앉으며 거친 곳이 평탄해지고, 굽어진 곳이 곧게 펴지며, 주의 영광이 나타나 모든 인간이 함께 그것을 볼 수 있는 날이 오는 꿈입니다."

킹 목사는 존 F. 케네디 대통령이 암살될 당시, 부인과 함께 TV를 지켜보며 자신의 죽음을 예측하면서도 자신의 꿈을 말하는 것을 포기하지 않았다. 나아가 킹 목사의 생일이 국가공휴일이 될 수 있었던 이유는 그의 꿈이 많은 사람을 감동시키고 미국 국민들이 선진화된 미국에서 살아갈 수 있도록 기여했기 때문이다.

역사를 만드는 것은 인간이다. 꿈을 가질 때 그 사람의 열정은 지속된다. 리더는 다른 사람들의 꿈에 관여하는 사람이다. 스스로 꿈꾸고, 다른 사람들을 꿈꾸게 한다는 점에서 킹 목사는 리더가 될 자격이 충분했던 것이다.

6만 대군을 이끌고 알프스 산맥을 넘은 나폴레옹은 "리더는 희망을 파는 상인이다."라고 말했다. 홍보맨들은 회사를 위해 기자들에게 기업은 물론 제품과 서비스를 홍보한다. 홍보맨들은 꿈꾸는 사람들의 가슴 속에 숨겨진 그들이 살아온 이야기, 그리고 살아갈 이야기를 끄집어내고 들어줄 수 있어야 한다. 기자들에게 들려주는 스토리에는 긍정적인 스토리텔러로서의 사명감이 묻어나야 한다.

홍보맨은 어떠한 경우에도 회사는 물론 자신의 스토리에 부정적인 내용을 담으면 안 된다는 철학이 있어야 한다. 쉽지 않겠지만 먹고 살기 위해 이 일을 한다는 느낌을 주어서도 안 된다. 과거에 실패를 했고 그래서 이 일을 하고 있다는 느낌 또한 주어서는 안 된다. 리더는 어려움 속에서도 목표에 대한 방향을 잃지 않으며 팀원들의 역할과 서로에 대한 존중을 바탕으로 열정을 잃지 않는 모습을 보여줘야 한다.

월트디즈니컴퍼니의 회장인 로버트 아이거는 "사람들은 비관론자에게서 동기를 부여받거나 활력을 얻지 못한다."고 말했다. 멀리 내다보는 시선과 상대를 존중할 줄 아는 격려의 말 한마디가 더욱 간절하다는 말이다.

홍보맨으로서 고객들과 소통하는 데 스토리를 활용하는 것이 성공적인 홍보의 첫걸음이다. 홍보맨의 첫 고객은 당연히 기자들이다. 회사는 물론 자기소개를 할 때 스토리를 활용하는 홍보맨은 많지 않다. 교육을 받은 적도 없고, 스토리를 활용하라고 교육도 받고 스스로 학습을 통해 알고 있지만 어떻게 활용하는 것인지 알지 못하기 때문에 그냥 넘어가는 경우가 대부분이다. 분명 효과가 좋다는 것을 알면서도 왜 그럴까? 분명 한번쯤 생각해 볼 문제다.

스토리는 거창한 이야기가 아니어도 괜찮다. 고객에게 감동이나 즐거움을 줄 수 있도록 자신의 경험을 바탕으로 깨달은 것들을 진솔하게 이야기하면 된다. 기자들도 나와 함께 사회 속에서 자신의 꿈을 이루기 위해 살아가는 사람들이다. 평범한 사람으로서 살아가는 자신의 이야기를 할 때 사람들은 공감하게 된다. 그럴 때 고객들은 내가 하는 스토리와 나를 동일시 하게 되는데, 그때 내가 들려주는 이야기는 설득력이 높아진다. 그것이 바로 스토리의 힘이다.

물론 남의 이야기를 진부하다거나 지루하다고 생각하는 사람도 있다. 그런 사람들에게는 내 이야기를 하기보다 그들의 이야기를 들어보라. 들어보고 나와 맞으면 만남을 지속하면 되고 도저히 안 되겠다 싶으면 안 만나면 된다. 거기까지인데 굳이 힘들게 만남을 이어갈 필요가 없다. 만나야 할 사람들, 만나고 싶은 사람들만으로도 우리의 하루는 짧다.

"변화하지 않는 것은 실패를 설계하는 것과 같다." 라는 말이 있다. 스토리를 활용하는 습관이 하루아침에 만들어지는 것은 아니다. 내 몸에 익숙해질 때까지, 다시 말해 내가 변화할 때까지 부단히 노력하는 수밖에 없다. 스토리는 내 삶을 풍요롭게 할 것이다. 홍보맨들이여, 스토리텔러가 되자.

성공한 브랜드에는 좋은 스토리가 있다

"나에 대한 사람들의 평가는 내가 스스로를 어떻게 평가하느냐에 따라 좌우된다."

_ E. M. 헤밍웨이 Ernest Miller Hemingway

감성의 시대, 21세기가 도래하면서 기업들은 스토리 만들기에 여념이 없다. 산업화시대에는 기계 자본이, 정보화시대에는 지식이 가치를 창출했다면 감성의 시대에서는 창조적인 스토리가 가치 창출의 원천이 된다는 것이 전문가들의 예견이다. 잘 만든 스토리가 긍정적인 기업 이미지와 브랜드의 성공을 좌우한다는 뜻이다.

기업과 제품, 서비스에 스토리를 담는 것은 기업이 고객과 교감하고 브랜드의 차별화를 꾀하기 위한 최고의 마케팅 전략 중 하나다.

창업자의 기업 설립에 관한 이야기나 브랜드 탄생 비화, 브랜드 네임의 의미 등이 모두 스토리의 재료가 될 수 있다. 세계적으로 성공한 브랜드의 스토리텔링 사례를 몇 가지 소개한다.

나이키 NIKE, 영감과 혁신을 주는 기업

"나는 우리에게 주어진 시간이 생각보다 짧고, 한정된 시간을 의미있게 보내야 한다는 사실을 뼈저리게 느꼈다. 그 시간을 목표를 가지고 창의적으로 써야 한다. 무엇보다 남들과는 다르게 써야 한다. 나는 내가 태어난 흔적을 세상이 남기고 싶었다. 승리하고 싶었다."

_ Phil Knight, 나이키 창업자

"기억하세요. 나이키는 생필품을 판매하는 회사입니다. 신발을 파는 회사라고요? 하지만 '나이키' 하면 단순히 신발을 파는 회사라는 단순한 이미지가 아닌 더 의미 있는 무언가가 떠오릅니다. 여러분들도 아시겠지만 나이키 광고에서 그들은 결코 제품에 대한 이야기를 하지 않습니다. 그들은 절대 그들의 '에어 농구화'가 리복의 에어 운동화보다 낫다고 이야기하지 않습니다. …. 나이키는 광고를 할 때 무슨 이야기를 할까요? 그들은 위대한 운동선수에게 경의를 표하고 위대한 스포츠 역사를 기립니다. 그것이 그들의 정체성이고 그것이 그들이 존재하는 이유입니다."

1997년, 자신을 쫓아냈던 애플에 복귀한 잡스가 임직원들에게 새로운 광고 캠페인 'Think Different'를 공개하며 했던 말이다.

나이키는 세계 1위 스포츠용품 기업으로서 브랜드 팬덤을 이야기할 때 빼놓을 수 없는 브랜드다. 미국 10대들을 대상으로 한 조사에서도 의류 및 신발 분야에서 가장 사랑하는 브랜드로 뽑혔다. 스티브 잡스도 최고의 마케팅 기업이라고 칭찬할 만큼 나이키의 브랜드 마케팅 전략에 큰 영감을 받은 것으로 알려져 있다.

기업은 주요 고객의 가치관을 읽어내 이를 지지하는 브랜드 정체성을 표현해야 한다. 나이키는 운동선수들에게 영감과 혁신을 주는 브랜드라고 알려져 있다. 가장 강력한 경쟁자는 2004년에 시작한 "Impossible is Nothing." '불가능, 그것은 아무것도 아니다' 라는 캠페인으로 유명한 아디다스Adidas다. 사실 아디다스는 나이키의 뒤를 이었지만 이미 많은 팬덤을 보유한 브랜드로, 나이키와는 우열을 가릴 수 없다고 봐도 무방하다. 나이키가 '영감과 혁신을 주는 기업'이라는 슬로건에 부합하는 사례가 있다.

샌프란시스코 포티나이너스forty-niners의 쿼터백이었던 콜린 캐퍼닉Colin Kaepernick은 2016년 프리시즌 그린베이 패커스와의 시범경기에서 미국 국가인 'The Star-Spangled Banner'가 울려 퍼지자 모두 기립했는데, 혼자 자리에 앉아 있었다. 경기 후 기자들이 캐퍼닉에게 왜 이런 행동을 했는지 물었다. 캐퍼닉은 "인종차별을 하는 나라를 위해 일어서고 싶지 않다." 라며 폭탄선언을 했다. 일련의 운동으로 콜린 캐퍼닉 선수는 2018년 국제엠네스티의 양심대 사상(Ambassador of Conscience Award)을 수상했다.

2018년 9월, 나이키는 미국 소비자들을 타깃으로 한 'Dream Crazy' 광고의 모델로 캐퍼닉을 기용함으로써 공개적으로 그를 지지했다. 이 광고로 인해 미국 내 호불호가 극명하게 갈렸는데, 나이키에 반감을 가지는 사람들이 많이 생겨났고 또 트럼프 대통령도 트위터를 통해 비난했다. 한편, 해당 광고에 대해 호평하는 사람들도 많았으며, 단적으로 광고 이후 온라인 매출이 폭증한 데다 광고를 공개한 이후 주가는 떨어졌지만 다시 상승세를 이어갔다.

이 광고를 통해 많은 고객을 잃을 수 있다는 것을 나이키가 몰랐을 리 없음에도 이 광고를 제작한 것은 그만큼 나이키의 팬덤이 분명했기 때문이었다. 나이키는 자신들의 진짜 고객인 '세상을 변화시키고 싶은 사람들'을 중요하게 생각했던 것이다. 그들은 나이키의 '도전하라'는 메시지에 공감하고 혁신적인 메시지에 열광했다.

팬덤을 만드는 가장 중요한 요소는 제품의 '아이덴티티Identity'다. 나이키는 처음 에어 쿠션을 선보인 1978년부터 2019년에 선보인 전자동 신발에 이어 최근에는 스마트폰으로 신발 사이즈를 측정할 수 있는 앱까지 개발하는 등 지속적으로 새로운 기술을 선보임으로써 가장 혁신적인 브랜드로 인정받고 있다. 기술뿐만 아니라 디자인 역시 마찬가지다. 다양한 분야의 전문가들과의 콜라보를 통해 나이키만의 독자적인 디자인을 선보이고 있다. 대부분 한정 수량으로 생산해 신발 수집가들 사이에서 희소성 있는 브랜드로 자리 잡았다.

농구화로 특화되어 만들어진 '에어 조던Air Jordan' 시리즈는 상상을 초월한다. 참고로 에어 조던1 '레트로 레전드 오브 섬머 블랙'의 가격은 수천만 원에 육박한다. 기술 혁신과 고객맞춤형 디자인으로 나이키는 타깃 고객들에게 대체 불가능한 브랜드가 되었다.

나이키는 마케팅에 천문학적인 돈을 쏟아 부으며 고가의 운동화를 판매해 많은 이윤을 얻고 있다. 하지만 나이키의 팬들은 나이키가 다른 운동화 브랜드에 비해 덜 상업적이라고 여기며 나이키의 모든 것에 열광한다. 혁신적이면서 아이덴티티가 강한 제품, 도전과 혁신의 메시지 등에서 그 이유를 찾을 수 있을 것이다.

나이키를 오늘날 세계 최고의 스포츠 브랜드로 만든 초석이 된 슬로건은 1988년 시작된 'Just do it'이다. 매 광고마다 등장하며 많은 이들에게 희망과 용기를 심어준 이 슬로건의 탄생 배경은 다소 충격적이다.

1976년 유타주에서 2명을 살해한 혐의로 사형을 선고받은 게리 길모어Gary Gilmore의 말에서 영감을 얻었기 때문이다. 1977년 1월 17일 사형집행 당일, 10년 만에 부활한 사형제도가 처음 집행된 탓에 대중의 관심이 쏠렸다. 마지막으로 남길 말을 하라는 참관 목사의 말에 게리는 "Let's do it"이라고 말했다. 죽음 직전에 "사형 집행을 시작하자"는 그의 말은 화제가 되면서 센세이션을 일으켰다.

TV 광고대행사 위든 앤 케네디Wieden & Kennedy의 대표인 댄 위든은 "실패할 가능성이 높지만 마지막으로 도전해야 한다면 어떻게 해야 할지 생각했다. 그래서 'Let's do it'을 떠올렸고 'Just Do It'으로 바꿨다"고 말했다. 이후 이 슬로건은 나이키의 브랜드 정신을 대표하며 스포츠와 자신의 삶에 대한 열정과 투지를 상징하고 지속적으로 사회적 약자들의 목소리를 대변하면서 팬덤 형성에 큰 기여를 하고 있다.

애플, "Think Different!"

"The people who are crazy enough to think they can change the world are the ones who do."
세상을 바꿀 수 있다고 생각하는 제대로 정신 나간 사람들이 세상을 변화시킨다.

-스티브 잡스

애플은 브랜드 스토리를 이야기할 때 빼놓을 수 없는 기업이다. 아이폰 신제품이 출시될 때마다 매장 앞에 사람들이 길게 늘어선 모습은 이미 익숙하며 애플에 대한 팬덤은 세계 최강이다.

스티브 잡스가 자신이 창업한 회사에서 쫓겨난 1985년 이후 애플은 경영 상황이 악화되면서 절체절명의 상황에 놓였다. 1997년 경영난에 빠진 애플로 복귀한 스티브 잡스는 다시 경영권을 잡았다. 당시 애플은 경쟁사보다 제품 개발이 한참 뒤쳐져 있었던 반면 경쟁사는 출시 제품이 잇따라 성공하면서 애플의 시장 점유율은 하락하고 있었다. 애플은 그동안 누렸던 브랜드 포지션마저 잃은 채 도산 직전까지 몰렸다. 누가 봐도 부활은 불가능하다고 보았다.

스티브 잡스는 가장 먼저 '애플은 혁신적인 제품을 만드는 기업'이라는 비전을 다시 한 번 시장에 상기시키기로 했다. 하지만 아무리 신제품 개발에 힘을 쏟는다고 해도 이를 금세 시장에 내놓기에는 현실적으로 무리라는 게 시장의 분위기였다. 하지만 잡스는 애플의 DNA에 기초한 스토리를 만들어 텔레비전 광고 캠페인으로 내보내고자 했다. 당시 상식으로는 부진한 실적에 빠진 애플이 출시되는 제품도 없는 상태에서 TV 광고를 한다는 것은 있을 수 없는 일이었다.

그 캠페인의 메인 타이틀은 지금까지도 회자되고 있는 "Think Different"다. 하나의 제품이 아니라 애플이 추구하는 가치와 기업의 DNA를 스토리로 담아 광고를 만들었는데, 당시 영상에는 알베르트 아인슈타인, 마틴 루터 킹, 존 레넌, 토머스 에디슨, 무하마드 알리, 마하트마 간디 등 남들과는 다른 면모로 세상을 바꾼 인물들이 연이어 화면에 등장해 다음의 메시지를 읽어 준다.

미치광이들이 있었다. 사회 낙오자, 반항아, 애물단지라 불리던 사람들. 네모난 구멍에 둥근 못을 처박듯 사안을 완전히 다른 눈으로 보았던 사람들. 그들은 규칙을 싫어했고 현상 유지를 긍정하지 않았다.

그런 그들의 말에 감동을 받은 이들이 있었다. 반대하는 사람도, 칭찬하는 사람도, 헐뜯는 사람도 있었다. 하지만 그들을 무시하는 이는 아무도 없었다. 왜냐하면 그들은 세상을 바꿨기 때문이다. 그들은 인류의 전진을 이끌었다. 그들은 미쳤다는 소리를 들었지만, 우리는 그들을 천재라고 생각한다. 자신이 세상을 바꿀 수 있다고 진심으로 믿는 이들이야말로 진짜 세상을 바꿀 수 있기에.

Think Different.

훗날 이 광고는 광고업계 종사자들 사이에서 전설이 되었다. 당시 애플은 아무것도 가진 게 없었기 때문에 오히려 '혁신'이라는 기업의 DNA를 스토리로 만들어 외부로 전달할 수 있었다. 그리고 이 메시지는 사회적으로 큰 반향을 불러일으켰다.

다음 해인 1998년, 애플은 혁신적인 개인용 컴퓨터 '아이맥iMac'을 출시했다. 'Think Different' 정신을 구현한 아이맥은 소비자들의 열광적인 반응을 이끌어 냈고 애플은 화려하게 부활하는 데 성공했다.

애플이 스토리를 통해 그려낸 애플의 강점은 세 가지였다. 첫째, 지금까지 세상에 없던 제품을 만들어 낸 창의적인 개발자들. 둘째, 크리에이터Creator를 중심으로 한 열광적인 마니아 고객층. 셋째, 무엇보다 그들이 공통적으로 추구한 '혁신Innovation'이라는 애플의 DNA였다. 애플은 혁신적인 DNA를 가진 이들을 존경하며, 혁신적인 사람들이야말로 애플의 직원이자 고객이라는 점을 상징적으로 보여 주었다. 역사에 길이 남을 브랜드 스토리의 레전드라고 할 수 있다.

애플은 강력한 경쟁자들이 많다. 컴퓨터 부문에서는 마이크로소프트가 있고 스마트폰은 삼성이 있다. 하지만 그들과 애플의 가장 큰 차이는 제품의 독자성Identity이다. iOS라는 독자적인 운영체제 외에 제품의 디자인이 그것이다.

애플은 기존 전자제품에서 보기 어려운 미니멀한 디자인을 추구하는 것으로 알려져 있다. 일반 전자제품은 다양한 버튼을 설치해서 사용자의 편리함을 우선시하는 기능성이 강조된 반면, 애플은 심미성을 중시한다. 애플의 수석 디자이너인 조너선 아이브Jonathan Ive가 선보인 제품들은 기능적 편리함을 과감히 포기하고 갖고 싶은 느낌이 들도록 디자인되었다. 심미적인 매력을 중시하는 사람들 사이에서 애플의 제품은 아이덴티티Identity가 강한 제품으로 인식되면서 강력한 팬덤을 구축했다.

참고로 뉴욕 포스트에 소개된 조사 결과에 따르면, 아이폰 사용자들은 안드로이드 사용자들보다 옷 구매에 지출하는 돈이 두 배 많으며, 하이테크 제품에 대한 관심도 더 많고, 친구 또한 더 많은 것으로 나타났다. 즉 아이폰 사용자들은 자신을 표현하는 것에 관심이 많고, 사교적이며, 새로운 기술에 대한 관심도 많다는 것이다. 애플은 이들에게 대체불가하며 유일무이한 브랜드였던 것이다.

스티브 잡스가 세상을 떠난 뒤 애플의 CEO를 맡고 있는 팀 쿡Tim Cook은 모험보다는 안전, 혁신보다는 이익을 중시하는 경영자로 알려져 있다. 그렇다보니 시장을 뒤흔드는 혁신적인 제품보다 이익 지향적인 제품들이 주로 출시되고 있다는 평가를 받는 이유다.

애플 창업자 스티브 잡스 만큼은 아니라도 많은 팬을 보유한 사람은 애플의 수석 디자이너 조너선 아이브일 것이다. 그는 영국 출신 산업디자이너로 잡스와 함께 애플의 혁신적인 제품들을 탄생시켰다. 1992년부터 아이맥, 아이팟, 아이패드, 맥북 등 지금의 애플 신화를 가능하게 한 제품의 디자인을 주도한 사람이다. 그가 2019년 애플을 떠난 것도 혁신적인 제품이 나오지 못한 이유라고 지적하고 있다. 사실 현재 애플의 팬덤은 잡스와 아이브가 만들어 냈다고 해도 과언이 아니다. 그렇다고 해도 여전히 애플은 세계 최고의 브랜드와 스토리를 보유한 기업임에는 틀림없다.

블루보틀, 커피업계의 애플

"프로가 된다는 것은, 당신이 하고 싶은 모든 일을 당신이 하고 싶지 않은 날에 하는 것을 말한다."

_Julius Erving, NBA 스타

블루보틀은 2002년 클라리넷 연주자인 제임스 프리먼James Freeman이 캘리포니아 주 오클랜드에서 56평짜리 간이창고 구석에서 한번에 3kg 정도의 적은 양밖에 볶을 수 없는 로스터기를 놓고 창업한 커피 브랜드다. 연주 여행을 다닐 때도 커피콩과 핸드드립 도구를 가지고 다닐 만큼 커피 애호가였던 그는 당시 스타벅스와 같은 브랜드 매장에서 판매하던 커피의 품질에 만족하지 못해 직접 볶은 커피로 맛있고 신선한 커피를 팔고자 스타트업을 했던 것이다.

한국 시장은 스타벅스와 같은 대형 브랜드들이 자리를 잡고 있다. 스타벅스는 '비싸다'는 인식이 있지만 '스타벅스'라는 브랜드가 주는 서비스, 품질 등과 같은 고유의 브랜드 이미지와 철학 덕분에 사람들이 지속적으로 방문하였고 스타벅스 마니아들이 생겨났다.

이처럼 다양한 프렌차이즈 커피 매장이 자리 잡고 있는 한국 커피 시장에서 '블루보틀'이 소비자들에게 인식되는 것은 물론 강력한 마니아층을 보유하고 있는 스타벅스와 경쟁하는 커피 브랜드로 성장하게 된 비결은 무엇일까?

'우리는 최고의 커피를 원하는 사람들을 위한다'는 비전으로 최고의 커피를 위한 블루보틀의 노력은 수많은 팬덤을 만들어 내며 믿을 수 없는 성장을 하고 있다. 블루보틀 커피가 커피업계의 애플로 불리게 된 첫 번째 이유는 '최고의 제품만을 취급한다'는 슬로건 덕분이었다.

블루보틀은 2002년 샌프란시스코의 한 식당 귀퉁이를 월세 600달러에 빌려 로스팅 하였고, 주말에는 농산물 시장에 커피 카트를 놓고 주문을 받는 즉시 커피콩을 저울에 달아 핸드드립 커피를 팔기 시작했는데, 사람들 반응이 좋아 지역 명물이 되었다. 2005년 샌프란시스코에서 정식으로 첫 매장을 열었으며, 2017년에는 네슬레가 5억 달러(약 6천억 원)에 블루보틀의 지분 68%를 인수했다.

한국과 일본 등 해외시장을 넓혀가고 있는 블루보틀은 단일지역에서 생산된 고급 원두를 매장에서 바리스타가 직접 내려주는 드립커피로 유명해졌다.

블루보틀 커피가 커피업계의 애플로 불리게 된 것이 블루보틀의 마케팅 전략 덕분이라고 하더라도 스토리텔링에 대해서는 누구도 반문하지 않는다. 블루보틀이 커피업계의 애플로 불리는 두 번째 이유는 '단순화한 메뉴 정책' 덕분이다. 스티브 잡스가 애플에 복귀해서 가장 먼저 한 일은 애플의 제품군을 맥으로 집중시킨 것이었다.

블루보틀은 창업 초기 8가지 메뉴를 판매했고 지금도 타 브랜드에 비해 적은 메뉴를 판매하는데, 커피에 집중하기 위해서라고 한다.

블루보틀이 커피업계의 애플로 불리는 세 번째 이유는 '심플한 로고 디자인'이다. 흰색 배경에 블루 컬러의 BI부터 인테리어 등 모든 것들이 군더더기 없이 최고의 커피를 제공하기 위해 심플하다.

고객의 니즈는 끊임없이 변화하고 또 다양하다. 블루보틀의 타깃은 스타벅스와 같은 대중화된 커피에 만족하지 못하는 사람들이다. 시장을 이끄는 주요 소비자인 MZ세대들은 자신이 원하는 맛과 품질, 디자인을 가진 브랜드를 원했고 전반적으로 소비자들은 가치소비를 추구하기 시작했다. 가격이 비싸더라도 그만한 가치가 있다면 그 브랜드의 제품을 소비하길 원했고 단순히 제품만이 아닌 그 브랜드가 제공하는 서비스도 중요하게 보았다.

우리나라 블루보틀 1호점은 2019년 5월 3일, 서울시 성동구 성수동1가에 개점하였다. 블루보틀의 해외 진출 국가로는 일본에 이어 두 번째 국가다.

블루보틀이 내세우는 장점은 좋은 품질의 신선한 커피다. 블루보틀에서는 동일한 농장에서 생산된 품질 좋은 싱글 오리진 원두를 사용한다. 블렌드 커피가 가진 획일적이고 표준화된 맛이 아니라 독특하고 새로운 맛을 경험할 수 있다. 블루보틀만의 철학은 이러한 시장의 변화와 고객

니즈의 변화에 부합하였고 블루보틀이 한국 시장에서 성공할 수 있었던 이유이다.

브랜드가 성공하기 위해서는 고객의 니즈를 파악하는 것이 매우 중요하다. 현재 시장을 이끄는 소비자의 특성을 잘 파악한 마케팅과 블루보틀 브랜드 고유의 철학을 유지한 스토리텔링 전략이 빛을 발한 덕분이다.

파타고니아Patagonia, 파도가 칠 때는 서핑을

"There is no business to be done on a dead planet."
죽어버린 지구에서 할 수 있는 비즈니스는 없다.

_David Brower, 미국 환경운동가

'파타고니아Patagonia'는 암벽 등반가인 이본 쉬나드Yvon Chouinard가 1973년에 창고의 보일러실을 개조해 설립한 아웃도어 의류 및 장비 제조회사다.

쉬나드는 14살부터 암벽 등반을 시작했다. 당시 암벽 등반에 사용되던 피톤(암벽에 설치하는 철물)은 연한 철로 만들어져 유럽의 무른 암벽에는 잘 맞았지만, 미국 요세미티 산의 강한 바위에 사용하기에는 너무 약했다. 한번 사용하면 재사용도 불가능했다.

그는 18살 때부터 자신과 친구들을 위해 강철로 피톤을 직접 만들기 시작했고 그후 항공공학자인 톰 프로스트Tom Frost와 함께 수많은 종류의 피톤을 개발하면서 암벽 등반 역사에 큰 족적을 남겼다. 이후 암벽 등반용 장비뿐만 아니라 암벽 등반에 적합한 옷도 직접 제작하게 되었다. 암벽 등반 장비만 만들던 시절에는 자신의 이름을 딴 '쉬나드 장비회사'라는 이름으로 회사를 운영했지만, 옷까지 만들기 시작하면서 그는 다른 회사 이름이 필요하다고 생각했다.

본래 파타고니아는 아르헨티나 파타고니아 지방의 산자락에 위치한 지역으로 이곳은 눈 덮인 산, 빙하, 호수, 피오르(빙하로 만들어진 골짜기)가 함께 존재했다. 당시 미국과 유럽의 암벽 등반가들에게는 지도에 없는 미지의 지역처럼 느껴지는 곳이었다.

그는 자신이 사랑하는 아르헨티나 파타고니아 지방의 '피츠로이산 Mount Fitz Roy'을 형상화 하여 로고를 만들고 거친 환경에서도 견딜 수 있는 옷을 만들겠다는 신념을 가지고 회사를 설립했다. 그는 사람들이 자신이 만든 옷을 입고 파타고니아와 같은 미지의 지역을 탐험하기를 바라는 마음에서 자신이 만든 옷에 '파타고니아'라는 이름을 붙였다. 그것이 지금의 'Patagonia'라는 브랜드가 탄생한 스토리다.

이미 의류 브랜드가 넘쳐나는 의류시장에서 파타고니아는 여전히 꾸준한 성장세를 보이고 있다. 특히 몇 년 사이에 한국에서도 아웃도어 브랜드 가운데 팬덤이 가장 강한 브랜드로 파타고니아의 팬은 급속히 늘어나는 추세다. 파타고니아가 제품의 품질이나 가격 면에서 경쟁자인 노스페이스보다 우수하다고 평가받는 것은 팬덤을 가졌기 때문이다. 파타고니아가 가지고 있는 강력한 팬덤의 이유는 무엇일까?

파타고니아는 의류 브랜드 가운데 환경보호에 가장 앞장서고 있는 브랜드다. 창립자인 이본 쉬나드는 "사업을 하는 이유는 돈을 벌기 위해서가 아니라 그 돈으로 환경과 자연을 지키기 위해서다." 라고 말할 정도로 환경보호에 앞장서고 있다. 창립자의 철학은 파타고니아가 만드는 제품에 잘 반영되어 있다.

제품을 만들 때 환경과 동물에 가해지는 피해를 최소화하기 위해 노력하며 매출의 1%를 환경보호를 위해 기부한다. 미국의 최대 세일 기간인 블랙 프라이데이Black Friday(추수감사절 다음 날로 여러 매장에서 대규모 할인행사를 한다)에도 다른 브랜드와 달리 할인을 하지 않는 대신 그날 발생한 판매액 전부를 기부한다.

파타고니아의 위상을 가장 잘 보여주는 유명한 광고가 있다. 2011년 11월 블랙프라이데이를 맞아 뉴욕타임스에는 "이 재킷을 사지 마세요. DON'T BUY THIS JACKET."라는 광고가 실렸다. 광고에서 사지 말라고 한 재킷은 바로 파타고니아 재킷이었다. 이 광고를 통해 파타고니아는 "자신들이 환경 보호를 위해 노력하고 있지만 여전히 새로운 제품을 만들고 그 제품이 다시 버려지면서 환경에 많은 해를 끼치고 있다"고 말하고 있다. 소비자들에게 꼭 필요하지 않다면 자신들의 상품을 사지 말라고 광고한 것이다. 다른 브랜드에서는 절대 생각하기 어려운 일이다. 설령 이런 광고를 하더라도 위선적인 마케팅이라고, 이 또한 마케팅의 일환이라고 비난을 받을 가능성이 높다. 하지만 파타고니아는 오랫동안 환경보호를 위해 적극적으로 실천하고 있는 브랜드였고, 자신을 가장 잘 표현한 광고라고 인정받았다.

자신들의 제품을 사지 말라고 말할 수 있는 브랜드가 몇이나 될까?

이 광고는 더 많은 소비를 종용하는 패션업계에 경종을 울렸고 많은 사람들에게 감동을 주면서 이듬해 매출은 30%나 급증했다. 파타고니아만이 할 수 있는 광고였고 더 많은 팬덤을 만들었다.

지난 2012년 파타고니아는 식품업으로 사업영역을 확장했다. 새롭게 눈길을 돌린 분야가 재생농법을 기반으로 한 식품사업이었다. 환경과 가장 밀접한 관계를 맺고 있으면서 지구에 환원할 수 있는 가장 많은 분야가 식품이라고 판단했다.

시리얼부터 수프, 맥주까지 다양한 식품을 취급하는 일명 '파타고니아 프로비전Patagonia Provisions'이다. 의류 분야에서만큼은 환경에 미치는 영향을 최소화하는 데 괄목할 만한 성과를 거뒀다는 평가를 받는 파타고니아가 의류와 접점이 전혀 없는 식품업에 뛰어들었다는 사실이 흥미롭기는 하지만 기업이 수익성과 경쟁력 제고를 위해 사업 다각화를 꾀하는 경우는 종종 있다.

그럼에도 파타고니아가 주목받은 이유는 파타고니아의 브랜드 철학과 관련이 있다. 파타고니아는 음식을 어떻게, 왜 만들고 있는 것일까?

파타고니아 프로비전의 대표 상품은 'Long Root Ale' 맥주다. 화학비료나 살충제 없이 키운 유기농 보리, 미국 랜드연구소가 수 년 동안 육종 프로그램을 통해 개발한 다년생 밀 품종인 '켄자Kernja'를 주재료로 만든 맥주다. 켄자는 1년 단위로 경작되는 밀을 대체할 수 있는 다년생 식물로 알려져 있다. 한해살이 식물에 비해 영양분과 물을 흡수하는 능력이 뛰어나고, 한번 심으면 몇 년 연속 곡물을 수확할 수 있어 생산량도 뛰어나다. 그러면서도 밀 농사에 비해 비료가 적게 들고 밭갈이를 최소화해 지력을 회복하는 데 도움이 된다. 무엇보다 3미터 이상 자라는 뿌리를 통해 대기 중에서 흡수한 이산화탄소를 땅속에 저장함으로써 토양을 건강하고 비옥하게 만든다.

환경보호에 있어 파타고니아 수준의 브랜드는 찾기 어렵다보니 환경보호에 관심 있는 사람들에게 파타고니아의 위상은 독보적이다. 많은 사람들이 파타고니아를 사랑하는 이유는 파타고니아의 스토리 덕분이다. 파타고니아의 철학에 공감하고 환경보호에 관심 있는 사람이라면 누구나 파타고니아의 팬이 되었고 이것이 파타고니아의 브랜드 파워가 되었다.

'특별한 물' 에비앙

성공적인 제품 탄생 비화로 대표적인 사례 중 세계 최초로 생수를 상품화한 에비앙이 있다. 지금은 생수를 사서 마시는 일이 흔해졌지만 십수 년 전만 해도 상상하기 힘든 일이었다. 그때 에비앙은 '스토리'를 세일즈맨으로 내세웠다. 그들이 내세운 이야기는 다음과 같다.

1789년 한 귀족이 알프스의 작은 마을 에비앙에 머물면서 요양을 했다. 그는 공기 좋은 마을에서 늘 지하수를 마셨고 어느새 병이 나았다. 이를 신기하게 여겨 물의 성분을 분석해 봤더니 인체에 효험이 있는 미네랄 성분이 다량으로 함유되어 있었다. 이후 마을 주민들이 지하수를 '에비앙Evian'이라는 제품으로 판매하기 시작했고, 에비앙은 곧 '약수'라는 브랜드 스토리를 갖게 됐다.

여기에 월드스타 마돈나가 전국투어 콘서트를 할 때 머무르는 호텔 욕조에 에비앙을 채워달라고 요청했다거나, 팝스타 마이클 잭슨이 생전에 에비앙으로 세수를 했다는 등의 스토리가 더해지면서 에비앙은 '특별한 물'로서의 입지를 확고히 했다. '그냥 물이 아니다.' 라는 에비앙의 스토리는 과연 사실일까? '그냥 물'과는 정말 차원이 다른 것일까? 중요한 것은 사람들이 물을 살 때면 자기도 모르게 '약수 스토리'를 떠올리며 무의식적으로 에비앙에 손을 뻗는다는 사실이다.

귀족의 초콜릿, 고디바

고급 초콜릿의 대명사로 꼽히는 '고디바Godiva'의 브랜드 이름은 11세기 영국 고번트리 지방을 다스리던 영주의 부인 이름에서 따온 것이다. 당시 과중한 세금에 시달리는 소작농들을 가엾게 여긴 고디바 부인은 남편에게 농민들에게 부과한 세금이 과중하니 부담을 줄여달라고 부탁했다.

영주는 부인에게 "알몸으로 말을 탄 채 마을을 한 바퀴 돌면 그 부탁을 들어 주겠다"고 했다. 귀족 신분인 부인이 그런 수치스러운 제안을 받아들일 리 없다고 생각했던 것이다. 젊고 아름다웠던 부인은 말없이 옷을 벗고 말에 올라 마을을 돌았다. 고디바의 용감한 행동에 마을 사람들은 감동했다. 그러고는 아무도 시키지 않았음에도 부인이 마을을 도는 동안 창문을 모두 닫고 커튼을 쳐서 부인의 알몸을 보지 않았다고 전한다. 이후 고디바 부인의 고귀한 희생은 참 귀족의 상징으로 남았고, 초콜릿 '고디바'는 고디바 부인의 귀족 이미지를 성공리에 품게 됐다.

스토리텔링 마케팅의 정석, 말보로

브랜드명에 얽힌 스토리를 마케팅으로 활용한 사례로 '말보로 스토리'를 빼놓을 수 없다.

말보로의 역사는 창업자인 필립 모리스Philip Morris가 1847년 런던에서 여성 흡연자들을 겨냥하여 '5월처럼 부드러운Mild As May'이라는 슬로건을 내걸고 여성의 기호품으로 말보로를 시판했지만 여성들의 호응이 신통치 않았다.

필립 모리스는 1854년에 자신의 공장 지명을 브랜드화 하여 '말보로우Marlborough'라는 이름으로 담배를 판매했다. 기존 이름의 철자를 단순화하여 지금과 같은 말보로Marlboro 브랜드를 내세운 것은 1924년으로 알려져 있다. 또한 말보로는 세계 최초로 필터가 들어간 담배였는데, 그때가 1930년대였다.

말보로는 처음부터 마초적인 남성 이미지가 강한 브랜드가 아니었다. 이 스토리의 주인공은 미국인 출신으로 되어 있지만, 1920년대 초반 미국에서도 사람들의 관심을 끌지 못했다. 여기에 대공황과 제2차 세계대전까지 이어지면서 1950년대 초반까지도 말보로는 미국의 시장점유율이 0.25%에 불과한 이름 없는 담배였고 판매 부진으로 생산이 중단될 위기에 처했다.

이에 회사 측은 새로운 전략을 찾았다. 이를 담당할 마케팅 담당자로 전설적인 광고기획자 레오 버넷Leo Burnett을 영입했다. 그는 브랜드 이미지를 정반대로 바꾸기로 하고 '말보로 맨'으로 광고 캠페인을 벌이면서 판도가 완전히 달라졌다.

여성 대신 남성을 새로운 공략 대상으로 삼고 황야의 카우보이를 내세운 광고 등을 통해 '야성적 남자를 위한 담배'라는 메시지를 전하기 시작했다. 개척정신의 상징인 광활한 서부를 배경으로 등장한 카우보이는 미국인들의 향수를 자극했다. 여기에 새로 도입된 패키지는 말보로에 특별함을 더했다. 내용물인 담배를 보호하고자 도입한 하드 팩도 혁신적이었지만, 담뱃갑 상부 전체의 뚜껑이 개폐되는 '플립 탑flip top'이라는 획기적인 방식은 '레드 루프Red Roof'라는 별칭까지 얻으며 인기를 끌었다. 그러면서 한편으로는 이름에 얽힌 로맨틱한 '루머'로 사람들의 감성을 자극했다. 그들이 퍼뜨린 루머는 다음과 같다.

존이란 청년이 있었다. 26세의 나이로 MIT 대학 졸업반이었던 그는 23세의 재벌회장의 외동딸 수잔을 만나 사랑에 빠졌다. 하지만 수잔의 아버지는 홀어머니 슬하에서 자란 가난한 청년 존을 탐탁지 않게 여겼다. 더구나 수잔에게는 권력자의 아들이 끊임없이 구애를 하고 있었다. 수잔의 아버지는 말도 안 되는 조건을 걸어 둘 사이를 억지로 갈라놓기 위해 딸을 멀리 친척집으로 보내버렸다.

생이별을 당한 존은 폐인이 되어 갔다. 그러기를 3년, 존은 사랑했던 수잔이 아버지의 강권으로 권력자의 아들과 정략결혼을 했다는 소문을 들었다. 설상가상으로 어머니마저 잃은 존은 완전히 거리의 부랑아가 되었다. 매일 줄담배로 소일하던 그는 궐련담배를 피우다 손을 데는 게 일상이었다.

'손을 데이지 않고 담배를 필 수는 없을까?'

순간 아이디어가 스쳤다. 그리고 그는 세계 최초로 필터가 달린 담배를 개발해 팔면서 떼돈을 벌었다. 세월이 흘러 존은 수소문 끝에 수잔의 소식을 듣게 됐다. 아버지의 사업이 망하고 남편도 세상을 떠나 혼자 병든 몸으로 빈민가에서 외로이 살고 있다는 것이었다. 존은 황급히 사람을 동원해 수잔을 찾아냈다.

"나는 아직도 당신을 사랑해. 나와 결혼해 주겠어?"

수잔은 한참 망설이다 생각할 시간을 달라고 했다. 존이 다음날 다시 그녀를 찾아갔을 때 수잔은 사라지고 없었다. 그를 기다리고 있는 것은 메모 한 장이었다.

'저는 당신의 여자가 될 수 없어요. 부디 저를 잊어 주세요.'

그리고 그날 저녁 뉴스에는 이런 소식이 전해졌다.

"담배 대기업 사장이 사옥에서 투신자살, 개발 중인 담배 이름을 Marlboro^{Man Always Remember Love Because of Romantic Occasion}로 해달라는 유언장 남겨."

이 뉴스가 너무나 유명해지면서 회사 측은 이 '루머'가 사실이 아니라고 밝히기도 했지만 이 스토리는 말보로를 세계에서 가장 잘 팔리는 담배로 만드는 데 일조했다. 말보로는 급성장했고, 급기야 1972년에 출시된 말보로 라이트는 전 세계 판매 1위를 기록하기에 이르렀다. 말보로의 스토리는 오늘까지도 이어지고 있다.

스토리가 만든 명품, 켈리백

에르메스 대표 제품인 켈리백^{Kelly bag}은 가격이 3천만 원을 웃돈다. 여성 핸드백의 일종인 켈리백은 사다리꼴 모양을 하고 있으며, 상단에 자물쇠가 있는 것이 특징이다. 원래 에르메스 제품이었지만 현재는 다양한 브랜드에서 이 형태의 가방이 판매되고 있다. 주문을 하고 몇 달을 기다려야 겨우 제품을 받을 수 있다는 에르메스 켈리백은 도대체 어떤 백일까?

켈리백은 모나코의 왕비로 알려진 영화배우인 그레이스 켈리^{Grace Kell}

덕분에 유명해졌고, 켈리백이라는 이름도 그녀의 이름에서 나왔다. 켈리백의 탄생 스토리는 다음과 같다.

할리우드 역사상 가장 아름다웠던 여배우, 여배우로 시작해서 모나코의 왕비가 되어 신데렐라의 꿈을 이루었던 여인, 이 여인이 바로 그레이스 켈리다. 그레이스 켈리는 할리우드를 대표하는 다른 여배우들의 삶과는 다른 모습으로 우리의 기억 속에 남아 있다. 할리우드 최고의 여배우, 모나코의 왕비라는 화려한 수식어와 달리 결혼 후 한 남자의 아내로, 자녀들을 잘 키워낸 엄마로 살다간 그레이스 켈리는 남녀를 불문하고 많은 사람들로부터 사랑과 부러움을 한몸에 받았다. 또한 그레이스 켈리의 삶을 영화화한 니콜 키드먼 주연의 영화 「그레이스 오브 모나코」가 나올 정도로 많은 사람들의 사랑을 받았다.

할리우드를 떠나 1956년 모나코 왕비가 된 후, 그레이스 켈리가 첫 딸인 캐롤린 공주를 임신하고 있을 때의 사진 한 장이 「라이프Life」지에 실렸다. 에르메스 백으로 배를 살짝 가린 모습이 「라이프」지를 통해 알려진 후, 임신 중에도 우아한 매력을 유지하고 있는 그레이스 켈리에 대한 칭송과 함께 배를 가린 백에도 관심이 집중되었다. 에르메스는 이 기회를 놓치지 않고 그레이스 켈리의 허락을 얻어 '쁘띠 삭 오트petit sac haute'였던 가방 이름을 공식적으로 '켈리백'으로 바꾸어 판매했다. 에르메스는 그레이스 켈리의 스토리를 '쁘띠 삭 오트petit sac haute' 라는 제품에 입혀 켈리백으로 팔았고, 수많은 여인들은 켈리백을 지금도 구매하고 있는 것이다. 희대의 스타 마케팅은 지금까지도 전설로 남았다.

덴마크 출신의 미래학자인 롤프 엔센Rolf Jensen은 『Dream Society』에서 상품의 소비자가 누구인지 말해 주는 제품, 소비자들의 스토리를 가지고 있는 상품시장이 계속 성장할 것이라고 말했다. 그 대표적인 제품이 바로 명품이고, 명품은 스토리를 먹고 점점 크게 자라난다. 그리고 스토리를 잃으면 명품은 세일을 시작할 수밖에 없고 그 순간 그 자리를 내려 놓아야 한다.

가치를 창조하는 스토리의 힘

홍보맨들은 '기자를 비롯해 다양한 사람들을 설득하는 일'을 한다. 다양한 사람들의 다양한 마음을 설득하기 위해서는 지금까지 들어보지 못한 새로운 이야기, 재미있으면서도 감동적인 이야기, 핵심을 찌르는 이야기가 필요하다. 그것은 다른 누구도 아닌 나만의 스토리일 때 가치가 있다. 스토리가 차이를 만들고 스토리가 가치를 창조한다. 스토리는 어떤 힘을 가지고 있는 걸까?

첫째, 스토리는 또 다른 스토리를 만들어 낸다.

문자Text는 단기 기억에 잠시 머물지만 비주얼 이미지는 바로 장기기억 보관소에 각인이 된다. 뇌에 오래 남은 기억의 90%는 비주얼 이미지이며 이것을 우리 뇌가 정보를 처리하는 속도는 문자보다 60,000배 빠르다고 한다.

스토리의 힘은 이러한 문자로 이뤄졌음에도 불구하고 비주얼 이미지를 가진다는 점에서 흥미롭다. 스토리는 그림을 사용하지도 않았지만 스토리를 접한 사람들을 스토리에 빠져들게 한다. 좋은 스토리는 우리의 관심을 끌고 집중을 유지하게 하며 계속 읽고 싶게 만든다.

좋은 광고는 제품의 스펙Spec이 아니라 스토리Story로 승부한 '스토리텔링 광고'다. 정보를 전달하는 것이 아니라 소비자 스스로 상상하고 이야기를 만들고 느끼고 결국 구매를 하게 만드는 스토리텔링 광고가 좋은 광고다.

요즘은 제품의 성능에 대해서는 광고하지 않는다. 예를 들어 연예인들이 부부로 등장해 고급 냉장고가 선사할 수 있는 우아한 생활을 보여 준다. 마치 냉장고가 그것을 가능하게 해 주는 것처럼 냉장고의 멋진 기능을 설명하는 것이 아니라 냉장고를 통해 즐길 수 있는 업그레이드된 삶을 보여 준다. 성능이 아니라 경험과 상상으로 유혹하는 것! 그래서 '광고쟁이'들은 스토리를 찾고 스토리텔링을 통해 소비자들의 인식에 파고들기 위해 노력하고 있다.

고객들의 마음속에 제대로 자리 잡고자 하는 기업의 노력은 참으로 처절하다. 그럼에도 불구하고 정보 홍수와 광고 홍수의 시대에, 제품들의 성능이 별로 차이가 나지 않는 시대에 차별화를 만들어 내기란 쉽지 않다. 그래서 마케터를 비롯한 홍보맨들은 스토리로 차별화한다. 이 세상에서 유일한 것, 다른 어떤 기업이나 제품과 차별할 수 있는 것, 그것이 바로 그 기업, 그 제품이 가지고 있는 스토리이기 때문이다.

둘째, 스토리는 단순한 제품을 명품으로 만든다.

명품은 최고의 제품이 멋진 스토리를 만날 때 탄생한다. 그 스토리들은 때로는 창업자의 스토리이고 때로는 제품을 이용한 유명인의 스토리이고, 또는 제품 탄생의 스토리이다. 그 스토리들이 대중 속으로 파고들어 명품의 가치를 만들어 내고 시간이 지나도 가치가 떨어지지 않는 명품으로 자리를 잡아간다. 그리고 그렇게 탄생한 명품들은 또 다른 스토리를 우리에게 들려준다. 그것은 바로 명품을 소비하는 사람들에 대한 스토리다.

명품을 살 때 그 기능 때문에 사는 사람은 없다. 명품이 가지고 있는 품질의 우수성은 기본이고, 그 명품의 탄생과 발전, 그리고 지금 생산되고 있는 제품들의 스토리를 고가에 사고 있는 것이다.

19세기 말에 활약했던 미국의 경제학자인 소스타인 베블런Thorstein Veblen은 부유층과 상류층이 명품 소비를 지향하는 현상의 원인에 대해 '자긍심을 느끼는 동시에 주위 동료나 친구들의 선망의 대상이 되기 때문'이라고 보았다. 필요하기 때문에 소비하는 것이 아니라 명품이 가지고 있는 스토리와 명품 소비를 통해 표현하고 싶은 스토리 때문에 사람들은 명품을 소비한다는 의미다.

자신의 이미지 관리를 위해, 대중들로부터 선망의 대상이 되거나 자신이 추종하는 세력이나 집단에 대한 소속감을 느끼기 위해 사람들은 필요와는 무관한 소비를 하고 있는데, 이런 요인들이 명품의 지속적인 인기와 판매 급증으로 이어지고 있다.

셋째, 스토리의 힘은 진정성이다.

많은 기업들이 창업주나 최고 경영자의 스토리를 광고와 마케팅에 활용하고 있다. 소비자들이 기업의 스토리를 알게 되고 또 기업에 대해 친근감을 느끼면 결국 그 기업의 제품을 이용하게 되기 때문이다. 마치 그 기업의 스토리에 동참하는 것 같은 생각을 하게 되고, 그 기업의 제품을 보면 잘 아는 기업이라는 느낌을 가지게 된다.

창업주의 유명한 스토리 중에는 故구인회 회장이 1947년 락희화학공업사(현LG그룹)를 창업한 이야기가 있다. LG의 역사는 연암 구인회가 락희화학공업사를 창립함으로써 시작되었다. 한국의 화학, 전자산업의 토대를 닦은 구인회 회장의 63년 삶의 주요 순간을 되짚어 보면 그가 LG를 탄생시킬 수 있었던 사업가적 기개와 기질을 알 수 있다.

그의 경영철학은 거창한 학문적 뒷받침으로 빚어진 산물이 아니다. 그의 통찰력과 판별력, 정감이 섞여서 빚어낸 천성적 철학이었다. 많은 사람들은 그의 경영철학을 인화 단결과 개척 정신, 그리고 지속적인 연구 개발이라고 말했다.

LG는 지난 1947년 창립한 이래 77년의 역사를 이어온 대한민국의 대표적인 기업이다. 부산의 작은 화장품 공장을 오늘날 글로벌 기업인 LG로 성장시켰다. 대한민국 최초로 플라스틱 산업과 전자산업을 개척하여 가정과 산업 전반에 혁명을 일으킨 LG는 중화학산업에서부터 무역, 서비스 등 3차 산업에 이르기까지 다양한 사업영역에서 국민의 생활 향상과 국가 경제발전에 기여해 왔다.

물론 스토리 전략이 성공하려면 스토리가 매력적이어야 하고, 사람들을 감동시킬 만한 진정성이 필요하다. 창업주의 스토리가 없을 때는 직원들 중에 스토리가 있는 사람을 찾고, 그것도 아니라면 직원들이 만들어가는 기업문화에서 스토리를 찾아 만들어 내야 한다. 왜냐하면 그것이 소비자들에게 어필하기 때문이다. 기업의 홍보맨들은 이제 무엇보다 사람과 그 사람이 만들어낸 스토리에 주목해야 한다.

하지만 기업에서 활용하는 모든 스토리가 성공하는 것은 아니다. 제품이나 서비스와 연결되지 않는 스토리는 오히려 제품과 서비스의 가치를 떨어뜨리고 재미나 감동이 없는 스토리는 제품과 서비스의 특징과 기능을 알려주는 광고보다 훨씬 나쁜 결과를 만들어내기도 한다.

그런 위험에도 불구하고 홍보맨들은 회사의 제품과 서비스를 알리고 기업의 이미지를 제고하기 위해 스토리를 찾고 있다. 왜냐하면 기업은 물론 기업의 제품과 서비스를 알리는 데 스토리만한 것이 없기 때문이다. 어떻게 해야 우리 회사만의 고유한 스토리를 찾아낼 수 있을까?

기업들은 제품과 서비스에 스토리를 입혀 제품과 서비스의 가치를 높이고 차별성을 강화하기 위해 노력한다. 창업자의 성공 스토리는 소비자들에게 긍정적인 기업의 이미지를 알리고 친근감을 갖도록 해서 기업의 마케팅을 도와준다. 그리고 회사가 보유한 스토리는 왜 그 제품과 스토리가 명품으로 살아남았는지 설명해 준다

스토리의 기능

"여론의 흐름에 따르면 모든 것이 쉬워진다. 여론은 세상의 지배자이다."

_ 나폴레옹 NAPOLEON

　사람들은 이야기로 되어 있는 것을 더 쉽게 받아들이고 이해하면서 동시에 이야기하는 사람과 듣는 사람 사이에 정신적인 교감까지 느낀다. 동서양을 막론하고 오래 전부터 사람들은 스토리로 세상을 이해해 왔다. 스토리는 의미를 창조하는 가장 원초적이고 기본적인 형식이다. 동시에 세상과 자아를 이해할 수 있도록 도와주는 친절한 안내자라고 할 수 있다.

　프랑스 사상가인 사르트르Jean Paul Sartre는 "인간은 세상사 모든 것을 이야기를 통해 이해한다."라고 지적한 바 있다. 스토리가 위력적인 이유는 이처럼 인간 의식의 원형을 건드리기 때문이다.

　미국의 인지심리학 대가인 로저 생크Roger C. Schank도 인간의 지식과 기억 구조가 이야기 방식으로 구성되어 있으며 이는 내면 깊이 잠재된 인간의 본성이라고 말했다.

누구나 이야기에 대한 갈증이 있다. 무릇 인간이라면 다른 존재들에게 자신을 드러내려는 본능이 있기 때문이다. 스토리의 중요한 기능 중 하나는 자신의 삶을 내보일 수 있다는 것이다. 자신의 존재감을 확인시키는 가장 보편적인 방법이 바로 말과 글로 만들어 낸 스토리이다.

분명 스토리는 훌륭한 설득 도구이다. 다른 사람에게 영향을 미칠 수 있는 방법은 다양하다. 가장 효과적인 방법은 자신이 하는 일의 결과를 스스로 상상할 수 있도록 유도하는 것이다. 스토리는 바로 그 역할을 한다. 스토리는 친근감을 불러일으켜 화자와 청자 사이에 존재하는 보이지 않는 벽을 허무는 데에도 효과를 발휘한다.

역사적으로 영향력 있는 리더들은 모두 당대에 손꼽히는 뛰어난 '이야기꾼'이었다. 루스벨트나 처칠 같은 뛰어난 정치가들 역시 국민을 하나로 뭉치는 데 스토리를 활용했다.

또 하나 스토리의 기능은 해결사다. '사실'도 중요하지만 '스토리'는 더 중요하다. 같은 사실을 전달하더라도 있는 그대로의 '팩트'만 이야기하는 것과 스토리를 실어 이야기하는 것은 분명 차이가 있다. 사실을 퍼부어대는 것보다는 단순하고 잘 짜인 이야기가 훨씬 더 강력한 효과를 발휘하는 것이다.

2009년 카네기멜론 대학교에서는 '추상적인 사실'과 '구체적인 이야기' 중에서 어느 것이 사람의 행동에 더 영향을 미치는지 비교하는 연구를 실시했다. 대상자를 두 개의 그룹으로 나눈 뒤 구체적인 통계치를 적은 편지와 흥미로운 사연을 적은 편지를 보냈다. 결과는 어땠을까?

통계치를 적은 편지를 받은 학생들은 평균 1달러 14센트를 기부한 반면 구체적인 사연을 읽은 학생들은 평균 2달러 38센트를 기부했다.

심리학자들은 풍부한 스토리를 가지고 있다는 것은 곧 복잡한 문제를 해결하는 능력을 가지고 있다고 분석한다. 심리학적 근거에 의하면 스토리는 창의력, 상상력, 감성의 결합체라고 할 수 있다.

스토리는 공감대나 친근감을 형성하는 데 탁월한 도구이자 콘텐츠를 차별화시킬 수 있는 특별한 도구다. 스토리는 대중연설, 프레젠테이션 등에서 우리가 자연스럽게 말을 꺼낼 수 있도록 돕는 동시에 분위기를 원하는 대로 풀어갈 수 있는 해결사 역할을 한다. 왜 우리는 그토록 스토리를 필요로 하는 것일까?

첫째, 당신이 누군가의 마음을 움직이려고 할 때 스토리는 당신이 사용할 수 있는 가장 확실하고 강력한 도구이기 때문이다. 우뇌를 자극하는 스토리를 활용해서 누군가를 설득하고 행동하게 하려면 스토리를 만들고 활용하는 법을 익혀야 한다.

둘째, 당신이 어디에서나 환영받는 사람이 되기 위해서다. 이야기로써 만나는 사람들을 즐겁게 하고, 핵심을 찌르면 불필요한 논쟁을 끝내고 분위기를 살리는 사람이 될 수 있다.

셋째, 당신의 스토리가 당신의 매력을 만들고 당신의 브랜드를 형성하기 때문이다. 자기만의 멋진 스토리를 만들어나가고 그 스토리를 전염시키기 위해 당신은 스토리를 알고 활용할 줄 알아야 한다.

고객들의 마음을 움직이려면 스토리를 알아야 한다. 우리는 매일 누군가를 설득하고 이해시키면서 살아간다. 하루 종일 무엇을 하고 있는지 살펴보면, 마음을 움직이는 스킬, 스토리에 대한 이해와 활용이 필요한 순간들이 있다는 것을 알게 된다. 만약 당신이 설득하는 기술이 필요하고 또 그 기술이 중요하다고 생각한다면 스토리텔링에 대해 공부하고 활용할 줄 알아야 한다. 스토리는 미처 우리가 깨닫지 못하고 있는 어떤 위력을 가지고 있다. 사람의 마음을 움직이는 가장 좋은 수단은 스토리다. 날마다 정보의 홍수 속에서 살아가는 오늘날의 사람들은 단순한 정보가 아닌 이야기가 담겨 있어 오감을 만족시켜 줄 수 있는 스토리를 원하기 때문이다. 그 스토리가 당신의 매력을 만들고 사람들이 당신을 좋아하도록 만들 것이다.

우리가 스토리를 알아야 하는 가장 큰 이유는 스토리가 사람의 마음을 움직이는 가장 효과적인 수단이기 때문이다. 직장에서 무슨 일을 하든 누군가를 설득해야 하고 그러자면 그들의 마음을 움직여야 한다. 감성적인 스토리를 통해 우뇌를 자극하면 우뇌는 우리가 원하는 결정과 행동을 하도록 한다. 스토리텔러가 아무런 감정 없이 존재하는 사실fact에 메시지와 감정이라는 옷을 입힐 때, 사실은 스토리가 되고 스토리는 상대의 우뇌를 자극하여 무언가 결정하고 움직이고 변화를 만들게 한다.

성공하기 위해 가장 중요한 요소 중 하나가 '인맥'임을 부인하는 사람은 없다. 그런데 그 인맥이라는 것이 누구를 안다는 것만을 의미하는 것은 아니다. 알고 지내는 누군가를 통해 무언가를 할 수 있을 때 그 인맥은 의미가 있다. 폭넓은 인맥을 가진 사람, 여러 모임에 참여하고 영향력을 가진 사람이 되려면 무엇보다 그 모임에서 환영받는 사람이 되어야 한다. 재미있는 이야기, 감동적인 이야기, 새로운 이야기를 쏟아내는 사람들은 어디서나 환영받는다. 그래서 우리는 스토리텔러가 되어야 한다.

좋은 스토리든, 나쁜 스토리든 우리는 오늘도 무의식중에 써내려가고 있는 스토리로 평가받고 있다. 가능하면 좋은 평가를 받고, 좋은 스토리로 유명해지는 것이 좋지 않을까?

홍보와 스토리의 콜라보레이션

"성공을 자축하는 것도 중요하지만 실패를 통해 배운 교훈에 주의를 기울이는 것이 더 중요하다."

_ 빌 게이츠 Bill Gates

비즈니스 현장은 흔히 전쟁터에 비유된다. 그만큼 치열하고 급박한 상황이 많이 벌어지기 때문이다. 비즈니스 현장은 고객을 서로 차지하려고 다투는 상황들이 발생하지만, 비즈니스맨들은 스스로를 보호하고 인격적으로 대우받을 수 있는 환경을 만들어 나가야 한다.

사람을 많이 만나야 하는 홍보 업무는 '내가 하는 일이야말로 사람들을 통해 배우고 인생을 깨우치는 일이다.' 라는 생각을 할 때가 많다. 우리는 살아가면서 다양한 인간관계를 맺게 되고, 다양한 친구와 사귀면서 서로를 발전시킨다. 가장 훌륭한 인간관계는 자신보다 상대방을 먼저 배려하는 인간 존중을 바탕으로 했을 때 이루어진다. 휴머니즘에 기반해 고객과 진정한 관계를 맺는다면, 이것이야말로 피플 비즈니스에 있어 최고의 가치가 될 것이다.

휴머니즘은 직무가 아닌 '소명'이다. 이렇게 될 때 고객은 고마움을 넘어 '신뢰'를 갖게 될 것이고, 고객에게 소명을 다했다고 할 수 있을 것이다.

입으로만 이야기하면서 듣는 사람들에게 가슴으로 들어주기를 바란다면 그것은 어불성설이다. 내가 가슴으로 이야기해야 듣는 이도 가슴으로 받아들이고 공감한다. 즉 내가 경험하지 못했거나 다른 사람에게 들었던 이야기를 내 가슴이 공감하지 못하고 그저 옮기는 수준으로 이야기한다면 결코 듣는 사람의 마음을 움직이지 못한다.

스토리로 고객들의 마음을 움직이고자 한다면 어떻게 해야 할까?

고객들에게 들려주는 스토리는 간결하고 균형이 있어야 하며, 메시지는 쉽고 선명하며 또한 단순해야 한다. 다소 과장되고 가공의 이야기라고 하더라도 이야기를 들은 고객들이 스스로 생각하고 사고의 반전을 일으킬 수 있도록 해야 한다. 감동적인 스토리 소재를 찾아내려면 주변에서 일어나는 여러 가지 사건과 쉽게 마주칠 수 있는 사물들을 스토리화 할 수 있도록 세심하게 관찰해야 한다.

홍보맨들에게는 신문과 방송, 영화 등 다양한 문화 콘텐츠들과 우리가 살아가는 주변 환경이 스토리 소재가 될 수 있다. 다양한 스토리 소재를 갖고 있다면 언제, 어디서, 어떠한 상황에서 누구를 만나더라도 대화를 주도할 수 있다.

'인생에서 소중한 것을 먼저 하라'는 말이 있다. 하지만 누구나 알고 있는 그 말에 수긍은 하지만 삶의 태도를 바꾸는 것은 쉽지 않다. 하지만 "인생이라는 항아리에 무엇부터 채울 것인가?"라고 질문을 누군가 하면 호기심을 갖고 귀를 기울이게 된다.

어느 철학과 교수가 테이블 위에 항아리를 올려놓고 주먹크기만한 돌을 항아리 속에 넣기 시작했다. 항아리에 돌이 가득 찼을 때 학생들에게 물었다.

"이 항아리가 가득 찼습니까?"

학생들이 "예!"라고 대답했다.

그러자 그는 "과연 그럴까요?"라고 말하고 다시 자갈을 한 움큼 항아리에 집어넣고 항아리를 흔들었다. 주먹크기만한 돌 사이에 자갈이 차자, 그는 다시 물었다.

"이 항아리가 가득 찼습니까?"

학생들은 "글쎄요"라고 대답했고, 그는 다시 모래를 항아리에 넣고, 돌과 자갈 사이의 빈틈을 채운 후 다시 물었다.

"이 항아리가 가득 찼습니까?"

학생들은 "아니오."라고 대답했다.

그는 "그렇습니다." 라고 말하면서 물 한 주전자를 항아리에 부었다. 학생들에게 다시 물었다.

"이 실험의 의미가 무엇이겠습니까?"

그리고 그는 계속 말을 이어나갔다.

"이 실험이 우리에게 주는 의미는 '만약 당신이 큰 돌을 먼저 넣지 않았다면, 영원히 큰 돌을 넣지 못할 것이다'는 것입니다. 인생의 큰 돌은 무엇일까요? 여러분이 하고 있는 프로젝트입니까? 사랑하는 가족들과 시간을 함께 보내는 것입니까? 성공? 승진? 우정? 내 인생에서, 내 직업에서, 큰 돌이 과연 무엇인지 자신에게 물어보기 바랍니다. 여러분의 큰 돌이 무엇이 되었든, 그것을 항아리에 가장 먼저 넣어야 한다는 것을 절대 잊지 마십시오."

이 스토리가 주는 메시지는 '중요하고 소중한 것을 먼저 하라'는 것이다. 대부분 사람들은 급한 일부터 먼저 하지 소중하고 중요한 일을 찾아서 먼저 하지는 않는다. 인생에서 가장 소중한 것을 먼저 하라고 얘기해봤자 별 효과가 없다. 이럴 때 항아리 얘기를 하면서 설득력 있게 이야기로 풀어간다면 더 쉽게 학생들의 마음을 움직일 수 있을 것이다.

적절한 예시와 강한 인상을 남기는 스토리는 고객들의 마음에도 파장을 일으킬 수 있다. 시기적절하고 상황에 맞는 스토리로 고객에게 감동을 줄 수 있어야 한다.

스토리는 서로의 마음을 열게 하고 공감하도록 하여 감정의 벽을 허무는 중요한 콘텐츠다. 비즈니스 현장에서도 적절한 스토리를 가미하면 어렵지 않게 고객의 마음에 다가설 수 있고 진심을 전할 수 있다. 남녀노소 누구나 공감할 수 있고 쉽게 이해하고 받아들일 수 있는 이야기가 좋은 스토리라고 할 수 있다. 고객에게 알리고자 하는 게 무엇이든 재미있고 생생한 스토리로 설득력 있게 전달한다면 기업 가치 제고에 기여할 수 있을 것이다.

스토리를 좌우하는 콘셉트의 힘

"내가 헛되이 보낸 오늘은 어제 죽어간 이들이 그토록 바라던 하루이다. 단 하루면 인간적인 모든 것을 멸망시킬 수도 있고 다시 소생시킬 수도 있다."

_ 소포클레스 Sophocles

　공자가 제자 자공에게 "내가 많이 배워서 아는 사람이라고 생각하느냐?"라고 물었다. 자공이 "아닙니까?" 하고 되묻자 공자는 "그렇지 않다."라고 답하면서 "나는 모든 것을 일이관지一以貫之로 알고 있다."라고 말했다. 일이관지란 '하나로 꿰뚫고 있다'는 의미로서 일관성이란 말은 바로 일이관지에서 비롯됐다. 이 일화에 따르면, 공자는 '콘셉트에 의한 사고Conceptual thinking'를 했다고 볼 수 있다. 콘셉트에 의한 사고란 핵심을 꿰뚫는 사고라고 할 수 있다. 공자는 인간사의 핵심이 되는 원칙을 하나로 꿰뚫고 있었기 때문에 제자들의 질문에 시기와 상황에 맞춰 가르침을 줄 수 있었다.

　일본 혼슈 최북단에 위치한 아오모리 현의 합격사과 스토리는 스리텔링의 핵심인 '콘셉트의 힘'을 보여준 사례로 유명하다. 이 이야기를 통해 우리는 무언가를 팔 때 적절한 스토리를 입히면 더 많이, 더 비싸게 팔 수도 있다는 것을 알게 되었다.

아오모리 현은 일본 최대의 사과 산지다. 맛과 품질, 생산량 모든 면에서 일본 최고를 자랑하는 아오모리 사과. 아오모리현에는 어떤 사과보다 유명한 사과가 있다. 바로 '합격사과'다.

1991년 여름, 사과로 유명한 일본의 아오모리 현에 연이어 태풍이 덮쳤다. 수확을 앞둔 사과 중 90퍼센트가 태풍을 견디지 못하고 떨어졌고, 마을 농민들은 실의에 빠졌다. 그나마 나뭇가지에 붙어 있는 사과들도 이름난 아오모리 사과의 명성과는 달리 당도도 떨어지고 상처투성이인 불량사과가 대부분이었다. 누구를 원망할 수도 없고, 문제를 해결할 방법도 없는 안타까운 상황이었다.

농부들이 땅에 떨어진 사과를 주우며 안타까워하고 있을 때 한 농부의 눈에 태풍의 모진 비바람을 이겨내고 나무에 붙어 있는 사과가 보였다. 그 농부는 기발한 아이디어를 냈다. 남은 사과는 강력한 태풍에도 떨어지지 않았으니 그 의미를 담아 '합격사과'라는 이름으로 팔자는 것이었다.

개당 100엔씩 팔리던 아오모리 사과는 합격사과로 변신해 개당 1,000엔에도 날개 돋친 듯 팔려나갔다. '합격사과'는 보통 사과보다 수십 배나 비쌌지만 수험생을 위한 합격선물로 날개 돋친 듯 팔려나갔다. 수확량은 평년 대비 30%였지만 수입은 3배나 늘었다. 말 그대로 대박이 났다.

농부들은 예년보다 품질이 안 좋은 사과를 비싼 가격에 팔았지만 누구도 그들을 사기꾼이라고 고소하지 않았고, 또 사람들은 비싸기만 하고 질이 나쁜 사과를 샀지만 누구도 그들을 멍청하다고 놀리지 않았다. 왜냐하면 그들은 사과가 아니라 스토리를 샀기 때문이다. 사람들은 경제성을 고려해 보다 저렴한 가격의 물건을 구입하기도 하지만 제품의 의미와 상징을 소비의 요소로 고려하기도 한다. 여기서 말하는 의미와 상징이 바로 '스토리'이다.

평범한 사과에 '합격'이라는 콘셉트를 부여하자 여느 사과와는 다른, 없어서 못 파는 사과로 거듭난 것이다. 어떻게 이런 일이 가능한 걸까?

아오모리 현의 합격사과 이야기는 우리에게 스토리에 대한 두 가지 지혜를 알려 준다.

첫째, '스토리가 상품의 가치를 변화시킨다'는 것이다.

품질이 떨어지는 아오모리 사과가 합격사과라는 황금사과가 된 것은 스토리가 가치를 만들고 상품의 가치를 높인다는 것을 알려 준다.

둘째, '소비할 때 소비자들은 합리적이지 않다'는 것이다.

만약 합리적인 소비자라면 스토리보다는 상품 자체가 가지고 있는 가치를 선택하지 않을까? 아오모리 현의 맛없는 사과보다는 더 싸고 맛있는 사과를 사먹어야 하지 않을까?

세상사 성패는 콘셉트에 달려 있다고 해도 과언이 아니다. 비즈니스도 마찬가지다. 중소기업이 히트상품을 내놓지 못하는 이유가 바로 '콘셉트 개발 능력'이 떨어지기 때문이라는 지적도 있다. 구슬이 서 말이라도 꿰어야 보배이듯 아무리 훌륭한 기술이 있어도 이를 하나로 꿰는 콘셉트를 개발하지 못하면 아무 소용이 없다. 콘셉트가 없다는 것은 핵심이 없는 것이나 마찬가지이기 때문에 기술 개발에 힘만 들고, 결국 얻는 것도 없다.

비즈니스 역시 콘셉트 개발 능력이 무엇보다 중요하다. 고객과 소비자의 욕구를 직관적으로 파악하여 이를 하나의 콘셉트로 도출하고 이에 기초해 전략을 수립하는 능력은 비즈니스의 핵심이며 비즈니스맨의 핵심 역량이다. 콘셉트는 비즈니스 모든 분야에서 사용되지만 특히, 홍보에서의 콘셉트는 '다른 제품이 아니라 바로 이 제품을 사야 하는 이유'를 고객과 소비자에게 어필하는 것이다. 그 제품과 서비스를 사야 할 이유는 당연히 차별화된 가치다. 소비자는 제품이나 서비스에 반응하는 것이 아니라 콘셉트에 끌려 구매하게 된다. 그래서 홍보와 마케팅에 의해 열등한 제품이 우월한 제품을 이길 수 있어도 열등한 콘셉트로는 우월한 콘셉트를 절대 이길 수 없다.

타인에게 호감을 얻거나 이미지를 재정립하고자 할 때에 감성적인 스토리의 매력을 활용할 수 있다. 또 차별화된 콘셉트를 내세워야 할 때에도 감성에 호소할 수 있는 스토리에 담아 제시한다면 제품과 서비스의 가치, 혹은 메시지에 대한 설득력을 극대화할 수 있다.

스토리의 출발은 콘셉트를 잡는 일이다. 훌륭한 스토리는 훌륭한 콘셉트에서 나오기 때문이다. 그렇다면, 콘셉트Concept란 무엇일까? 콘셉트란 어떤 제품이나 서비스를 출시할 때 소비자들에게 어필하고자 하는 핵심 주제를 말한다. 전달하려는 콘셉트를 뼈대로 삼고, 그 콘셉트에 맞아 떨어지는 스토리로 살을 붙여가는 과정이 바로 스토리텔링이다.

콘셉트를 제대로 잡으려면 우선 목표를 확실히 하는 게 중요하다. 그래야 방향을 잡아가기가 수월해진다. 목표를 정했다면 다음은 메시지를 전달할 대상을 정하고 철저히 분석해야 한다.

대상이 되는 타깃의 '현재'를 파악하고 그들에게 숨겨진 욕구를 자극하는 스토리를 던져야 한다. 이 과정을 통해 차별화된 스토리를 던질 수 있다. 독특하고, 참신하며 전체적인 메시지들이 서로 긴밀한 연관성을 유지하고, 철저하게 듣는 사람들의 이해와 요구에 맞춘 콘셉트와 그에 따른 스토리를 끌어낼 수 있다면 성공은 어렵지 않다.

'호모 나랜스homo-narrans'라는 신조어가 있다. 이야기하는 사람이라는 뜻이다. 인간은 태어날 때부터 누군가와 이야기하며 소통하고 싶어 하는 욕구를 가졌음을 강조하는 용어다. 전문가들은 트위터, 페이스북 등 소셜 미디어를 통해 자신의 이야기를 끊임없이 나누고자 하는 '디지털 호모 나랜스'가 신인류로 부상했다고 분석했다. 이런 시대적 흐름과 함께 '스토리 역량'은 이 시대 인재가 반드시 갖춰야 할 주요 능력으로 꼽히고 있다. 다중지능이론의 창시자이자 미국 인지심리학자이자 하버드 대학의 교육심리학 교수인 하워드 가드너Howard Gardner는 "모든 리더들은 위대한 이야기꾼"이라고 분석한 바 있다. 그리고 미래학자인 다니엘 핑크Daniel Pink는 미래 인재의 6가지 조건으로 스토리, 디자인, 놀이, 공감, 의미, 조화 등을 언급하며 "미래 사회의 최고 리더는 스토리를 생산해내는 사람"이라고 말한 바 있다.

프레젠테이션, 대중연설, 일대일 대화 등 어떤 종류의 말하기든 좋은 콘셉트를 끌어내는 것이 제1순위의 능력이라고 할 만큼 콘셉트 도출 능력은 중요하다. 좋은 콘셉트를 설정하고 그에 어긋나지 않는 스토리를 제대로 엮어낼 때 그 스토리를 듣는 사람들은 감동받게 될 것이다. 스토리는 사람의 마음을 움직이게 하는 능력으로, 때로는 지식이나 능력, 학벌보다 더 큰 성과를 얻을 수 있다는 것을 잊지 말자.

훌륭한 스토리는 우아한 거짓말

"이룰 수 없는 꿈을 꾸고, 이루어질 수 없는 사랑을 하고, 이길 수 없는 싸움을 하고, 견딜 수 없는 고통을 견디며, 잡을 수 없는 저 하늘의 별을 잡자."

_ 돈키호테

사실Fact은 스토리 소재가 된다. 그리고 사실은 메시지를 입히는 소재가 되기도 한다. 하지만 그 사실이 반드시 '진실'이거나 '역사적 사실'일 필요는 없다. 독창적인 마케팅 기법을 제시해 온 '마케팅 혁명가' 세스 고딘Seth Godin은 『All Marketers Are Liars 마케터는 새빨간 거짓말쟁이』에서 성공할 수 있는 마케팅 비결로 '스토리'를 언급했다. 그는 마케터가 소비자에게 새빨간 거짓말을 하는 이유는 소비자가 그것을 요구하기 때문이라고 했다. 또 위대한 마케터는 믿을 만한 스토리를 들려준다고 했다.

소비자의 선택은 객관적인 '필요'보다 비합리적인 '욕구'에 의해 좌우되는 경우가 많다. 제품에 관한 객관적 사실과 정보만 제공해서는 성공하기 어렵다. 마케터는 스토리를 만들어 내고, 소비자들은 그 스토리를 믿고 구매하는 것이다. 스토리가 의미 있는 이유는 사람들의 비합리적인 모습 때문이다. 우리가 합리적인 인간이라면, 소비자들이 합리적으로 소비한다면 스토리는 의미가 없다.

물론 여기서 중요한 것은 진실성이다. 아무리 만들어 낸 스토리라고 할지라도, 그것은 진실을 바탕으로 해야 한다. 결국 훌륭한 스토리는 우아한 거짓말인 셈이다. 지금도 현명한 세일즈맨들은 자신들이 파는 제품과 서비스에 스토리를 입혀 팔고 있다. 합격사과는 물론이고 '1865 와인 스토리' 역시 전달하고 싶은 메시지와 스토리가 잘 만난 사례라고 할 수 있다. 우리나라에서 가장 인기 있는 와인 중 하나인 '1865'의 마케팅 사례를 통해 스토리에 대해 살펴보자.

1865 와인

검은색 병에 하얀 글씨로 '1865'라는 숫자가 적혀 있는 '1865 와인'은 칠레의 산 페드로San Pedro라는 와인 회사의 대표 제품이다. 그렇다면 1865는 무엇을 의미하는 것일까?

1865는 1865년을 말하는데, 와인 생산년도가 아니라 1865 와인을 생산하는 와이너리 '산 페드로'의 설립년도이다. 1865 와인은 와이너리 설립을 기념해 만든 와인이었던 셈이다.

1865는 안데스산맥의 뜨거운 태양 아래에서 재배된 포도로 만든 와인으로 가격에 비해 품질이 뛰어나고 향이 강하다. 특히 1865는 한국인들이 좋아할 만한 맛을 지녔다는 평가를 받는데, 18세부터 65세까지 마시는 와인으로 불리기도 한다. 1865 와인은 유통업체인 금양인터내셔널을 통해 수입되고 있으며 매년 판매순위 톱10(매출액 기준)에 들어간다고 한다. 이 회사에서 진행한 성공적인 스토리 마케팅 전략이 한국에서 1865 와인의 인기를 만들어내는 데 큰 몫을 했다. 1865 와인의 스토리 마케팅은 다음과 같다.

골프경기에서 18홀의 홀마다 파Par, 각 홀에서 정해진 스코어를 달성를 기록해도 72타다. 따라서 골프를 치는 사람들에게 18홀 동안 65타는 드림 스코어라고 할 수 있다. 드림 스코어와 결부시켜 '18홀 동안 65타를 칠 수 있도록 해 준다'는 1865 와인은 골프 애호가들에게 선물하기 좋은 와인으로 알려졌다. 산 페드로사의 설립년도인 1865를 골프에 비유하면 18홀을 65타로 치기로 해석할 수 있기 때문이다.

마케팅 스토리를 정하고 난 뒤, 금양은 골프장 중에서도 안양베네스트 등 비즈니스 골프를 많이 치는 클럽하우스에서 일하는 소믈리에와 종업원을 집중적으로 공략했다. 클럽하우스를 찾는 고객들에게 '18홀에 65타를 친다'는 행운의 뜻으로 1865 와인을 권했다. 그 후 1865의 인기가 치솟으며 주문이 폭주하였고 지금도 홀인원 기념 선물와인으로도 사랑을 받고 있다.

1865 와인의 마케팅 전략은 스토리를 활용한 마케팅 성공사례로 유명하다. 골프 타수와도 나이와도 아무런 상관이 없는 숫자다. 그런데 그 숫자에 스토리를 입혔고, 그 스토리는 사람들의 마음을 움직였고 마케팅은 성공했다.

좋은 스토리는 전달하고 싶은 메시지가 스토리의 소재인 사실과 잘 만났을 때 탄생한다. 그런데 1865가 의미하는 사실은 진실과는 다르다. 마케팅을 위해 전혀 존재하지 않았던 스토리를 만들어낸 것이다. 만들어진 허구, 앞으로도 우리는 이런 현상을 자주 발견하게 될 것이다.

사실과 메시지가 잘못 만난 스토리는 듣는 사람을 고민하게 만들고, 질문하게 만들고, 맥 빠지게 만든다. 고개를 갸우뚱하게 만드는, 질문을 하게 만드는 그저 그런 이야기가 되고 만다. 잊지 말자. 훌륭한 스토리는 우아한 거짓말이다.

스토리의 시작, 철학과 프레임

"좋은 평판을 쌓기 위한 방법은 당신이 다른 사람들에게 보여주고 싶은 모습을 갖추기 위해 노력하는 것이다."

_ 소크라테스 Socrates

철학은 직장생활은 물론 비즈니스를 할 때도 매우 중요하다. 비즈니스는 특히, 상대하는 사람들이 많은 일이다. 철학이 있으면 비즈니스를 수행하는 데 한결 수월하다. 철학, 즉 필라소피Philosophy는 고대 그리스어인 필로소피아Philosophia에서 유래했다. 필라소피아는 '지혜에 대한 사랑'을 뜻한다. 그 지혜는 일상생활의 실용적 지식이 아닌 인간과 세계에 대한 지식을 의미한다.

피타고라스Pythagoras는 철학이라는 단어를 인류 최초로 쓴 사람으로 알려져 있다. 그는 철학의 목적을 '자신이 스스로에게 강요한 경계로부터 마음을 자유롭게 하는 것'이라고 가르쳤다. 그래서 피타고라스는 부와 권력, 명성보다 현명하게 지식을 추구하라고 했다. 그는 인간이 전지전능했다면 철학을 추구하지 않았을 것이라고도 했다.

또한 플라톤은 '철학은 모든 학문의 어머니'라 했다. 생각과 행동이 남다른 사람에게 우리는 "그 사람은 철학이 있다!"고 말한다. 여기서 언급한 "철학이 있다"는 말은 인생을 사랑하는 지혜가 있다는 말이기도 하다. 그래서 철학은 '사랑할 줄 아는 지혜'라고도 한다.

그리고 프레임frame은 '테두리나 창틀'을 의미하지만 심리학에서는 '세상을 보는 관점이나 생각의 틀'이라는 뜻으로 쓰인다. 프레임을 바꾸면 삶이 달라진다. 자신에게 주어진 상황을 반전시키고 그 상황에 어떻게 반응하느냐에 따라 삶은 분명히 달라질 수 있다. 프레임은 업무는 물론이고 삶에 있어서도 중요한 요건이라고 할 수 있다.

친구끼리 미사를 가는 중에 한 친구가 물었다.

"너는 기도 중에 담배를 피워도 된다고 생각해?"

다른 친구가 대답했다.

"글쎄 잘 모르겠는데. 신부님께 한번 여쭤보는 게 어때?"

한 친구가 신부에게 물었다.

"신부님, 기도 중에 담배를 피워도 되나요?"

신부는 정색을 하면서 대답했다.

"기도는 신과 나누는 엄숙한 대화인데, 절대 그러면 안 됩니다."

신부의 대답을 전해들은 다른 친구가 말했다.

"그건 네가 질문을 잘못했기 때문이야. 내가 가서 다시 여쭤볼게."

다른 친구가 신부를 찾아 물었다.

"신부님, 담배 피우는 중에는 기도를 하면 안 되나요?"

신부는 얼굴에 온화한 미소를 지으며 말했다.

"기도는 때와 장소가 필요 없다네. 담배를 피는 중에도 기도는 얼마든지 할 수 있지."

위의 일화는 동일한 현상도 관점에 따라 전혀 다르게 볼 수 있다는 '프레임의 법칙'에 대한 예시로 자주 거론된다.

프레임은 세상을 인식하는 방법이다. 보는 방향과 생각하는 관점에 따라 다르게 인식되는 것이 '프레임의 법칙'이다. 프레임 법칙이란 똑같은 상황이라도 어떠한 틀을 가지고 상황을 해석하느냐에 따라 사람들의 행동이 달라진다는 것이다.

사람들은 각자 갖고 있는 고유의 프레임 속에서 세상을 보거나 생각할 수밖에 없다. 프레임 법칙을 과도하게 적용하게 되면 '고정관념'이라는 틀에 갇히게 되어 많은 것들을 놓치는 경우가 발생하기도 한다. 원하는 답을 얻으려면 질문을 달리 해야 한다. 즉 질문이 좋아야 답도 좋아진다는 말이다.

세상을 바라보는 비즈니스 프레임이 바뀌고 있다. 무엇보다 철학과 가치를 중요하게 생각한다. 스토리에 철학과 가치를 담아보자. 사람들의 마음속에는 기본적인 본능과 다양한 욕구가 서로 경쟁하고 있다. 따라서 훌륭한 스토리텔러가 되고자 한다면 고객이 원하는 가치가 무엇인지 찾아낼 수 있어야 한다.

비즈니스맨은 고객의 프레임을 바꾸기 이전에 자신이 하고 있는 일에 대한 명확한 소명의식과 긍정적인 프레임을 갖추어야 한다. 어떤 프레임을 갖고 자신의 일을 대하느냐에 따라 주어지는 기회가 달라지고 조직에서 평가 또한 달라진다는 것을 명심하자.

함께 살아가는 사회에서 서로 간에 불협화음이 일어나는 것은 고정관념에서 나오는 선입견이나 편견으로 상대의 생각과 행동을 해석하기 때문이다. 특히 말은 입에서 한번 나오면 주워 담을 수 없다. 따라서 역지사지易地思之의 입장에서 상대방을 배려하고 한 번 더 생각하는 자세가 소통의 기본이 되어야 한다.

단순 비즈니스의 한계에서 벗어나 철학과 프레임으로 스토리를 찾아내고 또한 그 스토리에서 가치를 창출해 낼 수 있다면 가치에 중점을 둔 비즈니스를 할 수 있다.

고객의 프레임은 제품과 서비스만으로는 쉽게 바뀌지 않는다. 제품과 서비스 자체만 말하기보다는 그 제품과 서비스가 주는 보편적인 혜택과 긍정적인 사회 변화를 스토리를 통해 보여주어야 고객의 프레임을 바꿀 수 있다. 무엇을 말하느냐보다 어떻게 말하느냐가 중요하다는 말이다.

스토리 차별화와 4가지 특징

"훌륭한 사람은 아이디어에 대해 논의하고, 평범한 사람은 일어난 일에 관해 논의한다. 그리고 어리석은 사람은 사람에 대해 논의한다."

_엘리노어 루즈벨트 Eleanor Roosevelt

위대한 기업은 훌륭한 브랜드와 감동적인 스토리를 갖고 있다. 기업이 창업주를 비롯한 인물과 히트 제품, 그리고 독보적인 서비스를 활용한 스토리를 개발한다는 것은 마케팅의 핵심인 차별화differentiation 요소를 선점하는 것이다.

대부분의 사람들은 과거를 활용하기보다 현재에 집착하기 마련이다. 리더들 중에도 메시지를 전달하고 설득하는 데 초점을 두는 반면 '설득 메시지의 스토리화'에는 익숙하지 않은 사람들이 많다. 감동적인 스토리는 결코 한순간에 만들어지지 않는다. 시장의 미래를 개척할 수 있는 스토리 소재와 아이디어는 현재뿐만 아니라 과거에서도 찾을 수 있다는 것을 명심하자.

스토리를 활용해 브랜드의 가치를 알리는 리더가 훌륭한 리더라는 것은 이제 상식이 되었다. 하지만 스토리텔링을 잘한다는 것은 결코 쉬운 일이 아니다. 스토리텔링을 잘 하기 위해 요구되는 구성 요소, 즉 스토리의 주인공이 있어야 하고 주인공으로 인해 해결되는 갈등이 존재해야 한다. 갈등은 스토리를 보유한 기업과 연계된 쟁점으로부터 촉발되어야 한다는 것을 알아야 한다. 이야기를 잘하려면 스토리를 통해 해결할 갈등과 이 과정을 이끌어갈 인물을 선정해 내는 능력을 갖추고 있어야 한다는 말이다.

스토리를 마케팅에 활용하는 것을 '스토리 마케팅Story marketing'이라고 한다. 마케팅이라고 하면 거액의 예산, 전문가의 컨설팅이 필요할 것이라는 고정관념이 있다. 전통적 개념의 스토리 마케팅은 제품과 서비스에 대한 정보를 알리는 활동, 즉 퍼블리시티Publicity의 개념보다는 그 제품이나 서비스와 관련한 인물 또는 역사나 사건에 대해 설명하는 것도 포함된다. 즉 인물과 제품 등에 담겨 있는 의미나 역사, 개인적 스토리를 제시함으로써 해당 제품에 대한 소비자들의 감성적인 몰입 또는 흥미를 유도해 내는 기법이다. 이를 두고 감성 지향적 마케팅 기법이라고도 하는데, 이는 수많은 정보가 범람하는 상황 속에서 이성적 정보만으로는 제품의 차별화가 어렵기 때문이다.

미국의 32대 대통령인 프랭클린 루즈벨트의 아내인 엘리노어 루즈벨트가 한 말을 되새겨 볼 필요가 있다.

"당신 스스로를 관리하려면 머리를 사용하고, 다른 사람들을 관리하려면 마음을 사용해라. (To handle yourself, use your head; to handle others, use your heart)"

스토리로써 이성rational보다는 감성emotional으로, 마음mind보다는 가슴

heart으로 소비자에게 다가갈 수 있다면 대중들의 마음을 사로잡을 수 있을 것이다.

명품 브랜드 역시 자신만의 차별화된 브랜드 스토리를 갖고 있다. 스토리와 차별화를 어렵게만 생각할 문제는 아니다. 브랜드 스토리는 현 시점에서 소비하는 제품이 어떻게 현재에 이르게 되었는가를 소비자들에게 설명하면서 '소비의 재미와 가치'를 자연스럽게 전달해 주는 것이다. "과거의 스토리가 미래의 브랜드를 만든다." 라는 말과 같이 브랜드는 스토리를 통해 자연스럽게 우리와 익숙해진 많은 인물, 역사적 사건과 제품 등이 유기적으로 연결되면서 새로운 차원의 PR 효과를 안겨 준다.

스토리는 차별화의 핵심 요소가 될 수 있다. 제품과 서비스의 차별화보다는 결국 브랜드의 차별화가 현실적이며, 브랜드 차별화의 성공 비결은 제품과 서비스와 연관된 스토리들을 소비자들에게 들려주고, 보여주고, 그들이 느끼도록 하는 것이다.

누가 5,000원 짜리 커피를 아무 거부감 없이 마시게 했는가? 그것은 커피 자체가 아니라 그 커피를 판매하는 스타벅스의 브랜드와 그 브랜드가 갖고 있는 문화 코드, 다시 말해 소비자에게 들려주고, 소비자들에게 보여주고, 또 소비자들이 느낄 수 있는 스토리가 있었기 때문이다.

스토리는 시간적인 관점으로 보면, 과거에 발생한 문제 속에서 특정한 개인 또는 집단이 그 문제를 해결하는 과정에 대해 기술하는 것이다. 반면 캠페인은 현재 시점에서 스토리와 유사한 효과를 거두기 위한 PR 활동이다. 캠페인campaign은 현재 기업이나 제품 등을 둘러싼 쟁점을 해결하기 위해 노력하는 활동을 말한다. 여기에는 인물이 등장하고 또 상징물 등이 활용된다. 이러한 캠페인이 장기간 지속된다면 그 안에서 다양한 스토리를 만들어 낼 수 있을 것이다. 유한킴벌리에서 진행하는 '우리 강산 푸르게 푸르게' 캠페인은 최근 이슈가 되고 있는 ESG경영이 등장하기 전인 1984년부터 지속하고 있다.

PR에서 위기는 기회라는 주장도 이러한 스토리의 성공과 관련이 있다. 위기와 관련된 스토리는 조직과 연관된 이슈로부터 촉발되는 경우가 많다. 그리고 그 문제를 해결하는 과정 속에서 벌어지는 일련의 활동을 통해 새로운 스토리들이 지속적으로 등장하게 된다. 또한 그 스토리가 성공함에 따라 브랜드도 성장하게 되는 것이다. 결국 성공적인 브랜드를 갖고 싶다면 훌륭한 스토리를 찾아 다른 제품이나 서비스와 차별화해야 한다.

그렇다면, 훌륭한 스토리는 어떤 특징이 있을까?

훌륭한 스토리는 세일즈와 마케팅을 포함한 다양한 비즈니스 영역에서 활용되고 있다. 스토리만큼 브랜드의 가치를 가장 잘 전달하는 수단이 없기 때문이다. 어떤 영역에서, 어떤 일을 하느냐에 따라 스토리 주제와 활용 방법은 다양하겠지만 스토리 활용 역량을 강화하기 위해서는 스토리가 가진 기본적인 특징들을 알아야 한다. 마케팅의 중요한 소재이자 비즈니스의 가장 중요한 도구이며, 제품과 서비스를 홍보하는 데 필요한 아이디어에 날개를 달아줄 스토리의 4가지 특징을 살펴보자.

첫째, 스토리는 가장 오래되고 익숙한 소통 방법이다.

라틴어인 호모 나랜스Homo narrance는 '이야기하는 사람'이라는 뜻이다. 미국 캘리포니아 대학의 영문학자 존 닐John D. Niles의 『호모 나랜스Homo narrance』에서 유래한 용어로 '인간은 태초부터 이야기하는 존재'라는 말이다.

스토리는 인간의 존재 양식이다. 서로 대화를 하고 자신의 생각을 표현하는 것뿐만 아니라 스토리를 통해 삶을 설계하고 계획을 통해 실행하고 또 반성한다. 시대에 따라 사회에 미치는 영향은 다를 수 있지만 사람은 항상 이야기를 하면서 살아왔고 앞으로도 스토리 속에서 살아갈 것이다. 인터넷, SNS, 스마트폰 등 수많은 소통 도구들의 발달로 스토리는 점점 다양해지고 인간의 스토리 본능은 더욱 강화될 것이다.

사실 인간은 태어나기 전부터 이야기를 접한다. 태초부터 지금까지, 엄마 뱃속에서부터 세상을 떠나는 날까지, 스토리는 인간의 본능이고 가장 익숙하면서 편한 소통 방식이다. 가장 익숙하고 편한 방식이라면 제대로 활용해야 하지 않을까?

둘째, 스토리는 오래 기억된다.

어린 시절부터 많은 시간을 배우는 데 사용한 우리가 기억하고 있는 것은 무엇일까? 우리는 도대체 무엇을 기억하고 있는 것일까? 그것은 바로 스토리다.

오랜 세월 배운 것들이 적지 않지만 우리는 그 수많은 내용들 중에서 특히 스토리를 기억한다. 이순신 장군이 몇 년도에, 어떤 해전에서 이겼는지는 잘 모르지만 12척의 배로 일본군을 물리친 명량해전이나 죽음의 순간에도 "나의 죽음을 적에게 알리지 말라"고 했던 노량해전 이야기는 기억한다. 우리는 많은 일들을 스토리로 이해하고, 스토리로 인식하고, 스토리로 기억한다.

셋째, 스토리는 쉽고 재미있다.

우리가 기억하고 있는 스토리들은 모두 전달하고자 하는 핵심 메시지를 갖고 있다. 그리고 무엇보다 이런 이야기들은 쉽고 재미있다. 전달하고 싶은 핵심 메시지를 비유와 사례를 통해 쉽게 전달하는 것이 스토리의 특징이다.

세상을 살아가면서 접하는 다양한 만남과 경험하는 사건 속에서도 일희일비 하지 않고 남들과 비교하지 말고, 꾸준히, 성실하게 일하는 것이 경쟁에서 이기는 방법이라는 것을 『토끼와 거북이』 이야기보다 더 쉽게 전달할 수 있을까? 성실하게 살면서 미래를 대비해야 한다는 메시지를 『개미와 베짱이』 이야기보다 더 재미있게 전달하는 방법이 가능할까?

스토리가 오래 기억되는 이유는 쉽고 재미있기 때문이다. 어렵고 복잡한 스토리는 기억되지 않는다. 명심하자. 좋은 스토리는 쉽고 재미있다. 그래서 오래 기억된다.

넷째, 스토리는 상대방 마음의 벽을 쉽게 허물 수 있다.

정교하게 제대로 만들어진 스토리는 쉽고 재미있게 메시지를 전달할 수 있고 대화 과정에서 상대방을 무장해제 시킬 수 있다. 누군가를 설득해야 하는 사람, 설득을 통해 제품이나 서비스를 팔아야 하는 비즈니스맨은 스토리를 통해 고객이 가지고 있는 장벽을 슬쩍 뛰어넘어 자신의 메시지를 전달할 줄 알아야 한다. 왜냐하면 그 메시지를 전달하는 능력이 실력의 차이를 만들고 성과를 만들어 내기 때문이다.

스토리 주제는 어떻게 찾을까

"20년 후, 당신은 했던 일보다 하지 않았던 일로 인해 더 실망할 것이다.

그러므로 닻줄을 던져라. 안전한 항구를 떠나 항해하라.

돛에 무역풍을 가득 담아라. 탐험하라. 꿈꾸라. 발견하라."

_ 마크 트웨인 Mark Twain

스토리가 힘을 발휘하려면 듣는 사람의 신뢰를 얻어야 한다. 이를 위해 스토리는 진정성이 우선되어야 한다. 좋은 스토리를 위한 여러 가지 소재 중 하나가 바로 '자신'이다. '자신의 이야기'는 스토리에 진정성을 더해 준다. 특히 고난과 역경을 딛고 일어선 이야기는 듣는 사람들에게 시대와 공간을 뛰어넘는 감동을 선사한다. 물론 자신의 경험만으로 모든 것을 커버할 수는 없다. 아무리 많은 경험을 했다고 하더라도 세상에서 일어나는 모든 사건을 겪었다고 볼 수는 없다. 따라서 다양한 간접 경험이 필요하다. 직접, 혹은 간접적으로 겪은 다채로운 경험은 상상력을 더하는 데 큰 도움이 된다.

간접 경험을 늘리는 방법 중에 독서를 빼놓을 수 없다. 동서고금의 위대한 작가들이 남긴 고전은 물론 위인들이 남긴 저서와 명언, 그리고 그들의 일생을 다룬 영화 등에서 인상 깊은 구절이나 명대사를 발견했다면 놓치지 말고 자신만의 것으로 만들어 보자. 관건은 자신이 전달하고자 하는 메시지에 적합한 스토리를 찾아내는 일이다. 자신과 비슷한 환경에 처했는데도 성공한 인물들의 스토리는 듣는 이들로 하여금 자신이 걸어온 길을 뒤돌아보고 자신이 서있는 자리를 확인하는 것은 물론 앞으로 살아갈 계획을 세우는 데 큰 역할을 한다. 세파에 부딪치면서 살아가다 보면 어떤 판단이 필요한 상황이 있다. 성공한 사람들의 스토리에는 우리가 그 상황을 벗어나는 데 도움이 되는 통찰과 혜안, 그리고 깨달음이 들어 있다.

　세상에는 성공 스토리를 가진 다양한 인물들이 있다. 힐튼호텔의 창업주인 콘래드 니콜슨 힐튼Conrad Nicholson Hilton 의 성공 스토리를 소개한다.

　요즘 호텔은 여름에는 에어컨에서 시원한 바람이, 겨울에는 히터에서 따뜻한 바람이 나온다. 거기에다 조식은 물론 수영장, 피트니스센터 등 여러 가지 서비스를 즐길 수 있어 많은 사람들이 찾는다. 사실 과거의 호텔에는 에어컨은커녕 TV도 없었다. 업계 최초로 에어컨과 TV를 도입한 곳이 바로 힐튼호텔이다.

　당시에는 호텔이 체인이 될 것이라고 생각한 사람은 아무도 없었다. 오늘날 100여 국가에 4,600개 지점을 둔 세계 최대의 호텔 기업을 건설한 콘래드 힐튼은 미국을 비롯해 여러 나라에 숙박시설을 거느렸던 호텔업계의 황제였다. 콘래드 힐튼은 호텔을 단순히 숙박업에서 벗어나 식당과 카지노, 회의장 등을 갖춘 종합 레저시설로 변화시킨 탁월한 사업가였다.

콘래드 니콜슨 힐튼은 1887년 12월 25일, 뉴멕시코주 산안토니오에서 태어났다. 아버지 어거스트 힐튼은 작은 잡화가게를 운영했다. 대학을 마친 콘래드 힐튼은 평소에 하고 싶었던 은행업에 손을 대보았지만 실패를 거듭했다. 그는 큰 꿈을 이루려면 텍사스로 가라는 지인들의 권유에 따라 텍사스주로 갔다. 원유가 대량으로 생산되던 텍사스주에는 전국에서 많은 사람이 몰려들고 있었다. 그는 시스코라는 곳에 있는 평범한 호텔 모블리에 투숙했다. 그곳에는 손님이 많이 찾아왔지만 항상 방이 모자랐다. 그러나 주인은 호텔 운영에 의욕도 열정도 없었고 호텔을 매각할 생각만 하고 있었다.

힐튼은 가지고 있던 5천 달러, 그리고 친구와 은행으로부터 빚을 얻어 그 호텔을 샀다. 힐튼은 찾아오는 손님들을 수용하기 충분할 만큼 방을 더 늘렸다. 당시의 호텔은 편의시설은 아무 것도 없고 오직 방만 있었다. 힐튼은 좋은 서비스를 제공하면 손님들은 기꺼이 비싼 요금을 낼 용의가 있을 것이라는 데 착안해 호텔 현관에 조그마한 상점을 열었다. 신문, 잡지, 면도기, 칫솔, 치약 등 간단한 잡화를 파는 가게였다. 그 작은 상점은 자신도 놀랄 정도로 매상이 높았다.

모블리 호텔을 매입한 지 1년 후 그는 포트노스에 두 번째 호텔을 매입했다. 그리고 연이어 다른 호텔들도 매입했다. 1924년, 힐튼은 객실 총 수 350개의 호텔 체인을 갖게 됐다. 그 다음부터는 자신이 직접 호텔을 지을 수 있을 만큼 자금이 모였다. 1925년에는 텍사스주의 대도시 댈러스에 객실 300개가 있는 대형 호텔을 화려하게 개장했다. 댈러스 힐튼호텔은 콘래드의 이름이 들어간 첫 호텔이자 힐튼호텔 체인의 고유 명칭이 됐다.

그러나 댈러스 힐튼을 시작한 지 3년 후 그에게는 또 어려움이 찾아

왔다. 전국적인 경제 위기, 대공황이 발생한 것이다. 그것은 호텔업계에도 타격을 주었다. 사람들은 전처럼 여행을 다니지 않았고 사업하는 사람들도 출장을 자제했다. 80%의 미국 호텔업자들이 무너졌다. 힐튼도 여러 개의 호텔이 다른 사람에게 넘어가고 파산 위기까지 몰렸다. 그러나 힐튼은 직접 손님을 맞으면서 어려움을 견뎌나갔다. 워낙 딱해 보였든지 어느 날은 호텔에서 가장 낮은 임금을 받는 벨보이가 300달러를 꾸어주기도 했다고 힐튼은 이야기한 적이 있다.

얼마 후 콘래드 힐튼의 사업은 다시 일어섰다. 그는 다시 호텔을 하나씩 사들였다. 2차세계대전이 끝나가던 1945년 2월 그는 시카고에 있던 당시 세계 최대의 숙박시설이던 스티븐스호텔을 매입했다. 그리고 명칭을 자신의 이름 그대로 콘래드 힐튼호텔이라고 붙였다. 객실이 3천 개로 매일 방을 바꾸어가며 투숙을 해도 7년이 걸리는 규모였다.

1949년에는 뉴욕에서 가장 호화스러운 호텔 월돌프 아스토리아를 매입했다. 미국 밖의 첫 호텔로 푸에리토리코에도 호텔을 개장했다. 1954년 힐튼은 미국 역사상 가장 큰 거래를 함으로써 경제계를 놀라게 했다. 가장 강력한 경쟁사였던 스타틀러호텔 사를 1억 1,100만 달러에 매입한 것이다. 규모가 커짐에 따라 힐튼은 조직을 두 개로 나누었다. 미국 국내 시장을 대상으로 한 힐튼 호텔스, 그리고 국제 시장을 개척하기 위한 힐튼 인터내셔널이었다.

힐튼이 성공할 수 있었던 비결은 어찌 보면 당연한 '따뜻한 접대Warm Hospitality'였다. 힐튼은 종업원들에게 '손님은 왕이다'라는 태도로 접객을 하도록 교육시켰다. 동시에 고객들을 만족시키기 위해 그때까지 없던 여러 가지 혁신적인 제도를 도입했다. 로비에 작은 쇼핑시설을 배치

하고, 각 방에 에어 컨디션을 설치했다. 방에서 안내원을 거치지 않고 직통으로 전화를 걸 수 있도록 했고, 자명종 시계도 비치했다. 공항과 항구 가까이 호텔을 건설해 손님들이 편리하게 여행을 할 수 있도록 했다. '힐튼 아너스Hilton Honors'라 부르는 특별우대 제도도 실시했다.

호텔에 도박장, 즉 카지노를 설치한 것도 그가 처음이었다. 60년대 라스베이거스에 등장한 카지노 호텔은 기업 내에서 가장 논란이 많았던 아이디어였다. 그러나 힐튼이 밀어붙였던 카지노 설치는 대성공을 거두었다. 객실 영업에서 손실이 나도 카지노만큼은 성황을 이루어 그 손실을 충분히 메우고도 남을 정도였다.

1950년대와 60년대 미국의 관광객과 사업체들이 해외로 대거 퍼져나감에 따라 힐튼호텔의 해외 사업도 성장을 거듭했다. 시대가 달라지고 경쟁도 심해지면서 콘래드 힐튼은 그에 따른 개혁을 계속했다. 중앙예약제를 만들어 세계 어디에서도 전화 한 통으로 예약이 가능하도록 했고, 운영 체계도 가맹점 방식을 도입했다. 저가 호텔 체인도 만들어 가격을 낮춘 경쟁사들에 대비했다. 콘래드 힐튼은 국제적으로 호텔의 등급을 별 하나에서 다섯까지로 나누는 'Five Star'시스템도 시작했다.

힐튼호텔이 국제적으로 확산되면서 콘래드 힐튼은 호텔 사업이 단순히 돈벌이뿐만 아니라 국제 이해와 교만함 제거, 평화에 기여한다는 점을 강조했다.

1966년 콘래드 힐튼은 일선 경영을 아들 배런 힐튼에게 물려주었다. 그리고 자서전 『Be My Guest』를 집필했다. 자서전은 힐튼왕국을 건설하기까지의 과정, 고객을 위한 서비스의 정신 등을 담고 있어, 호텔사업의 경전으로 평가되고 있다. 콘래드 힐튼은 또 세계 여러 나라의 어려운 사람들을 돕기 위한 힐튼 자선기금을 설립했다.

그는 1979년 캘리포니아에서 91세로 타계했다. 그리고 맨 처음 호텔을 시작했던 텍사스주 댈러스에 있는 가톨릭 묘지에 묻혔다. 그의 유언에 따라 자신의 몫으로 된 재산은 모두 이 자선 기금에 기증됐다.

호텔왕 콘래드 힐튼이 남긴 성공적 삶을 사는 10가지 방법

1. 당신만의 특별한 재능을 찾아내라.
2. 크게 생각하고 크게 행동하고 큰 꿈을 꾸어라.
3. 언제 어느 순간에도 정직해라.
4. 열정을 가지고 살아가라.
5. 당신의 재산이 당신의 주인이 되게 하지 말라.
6. 문제를 해결할 때 서두르지 말고, 인내를 가지고 대하라.
7. 과거에 집착하지 말라.
8. 언제나 상대방을 존중하고 업신여기지 말라.
9. 당신이 살고 있는 세계에 대해 자신이 할 수 있는 모든 책임을 다 하라.
10. 매일 일관되게 열심히 기도하라.

수많은 실패 뒤에 이뤄낸 성공 스토리는 사람들에게 신선한 자극을 선사한다. 인간은 '어떻게 하면 말을 잘할 수 있을까?' 라든지 '어떻게 하면 가장 빠르게 상대를 설득할 수 있을까?' 라는 기술적인 부분을 배우고 싶어 한다. 특히 사회 지도층 인사들이나 발표나 면접을 앞둔 이들 중에는 이른바 '스피치 테크닉'을 배우고 싶다는 사람들이 많다. 말하기

에는 물론 기술적인 부분도 필요하지만 감동을 주는 것은 기술 이전에
진정성이 담긴 스토리라는 사실을 잊어서는 안 될 것이다. 유창하고 화
려한 언변의 기술보다, 어눌하고 느리지만 진심을 담은 스토리를 찾아
보자.

스토리의 영원한 주제, 인간

"꿈을 향해 대담하게 나아가고 상상한 삶을 살기 위해 노력을 기울이면, 평범한 시기에 뜻밖의 성공을 접하게 될 것이다."

_ 헨리 데이비드 소로 Henry David Thoreau

비즈니스를 하다 보면 친하다고 생각했던 고객들에게 문전박대에 가까운 대접을 받는 경우가 있다. 당연히 원망도 하고 급기야 업에 대한 본질을 흐리게 되는 경우가 있다. 주니어들이라면 생각지도 못한 고객들의 태도와 반응에 당황스러울 수도 있다.

원망의 깊이는 실망의 깊이다. 상대방에 대한 기대가 크면 그만큼 원망의 골도 더 깊은 게 인지상정이다. 비즈니스란 서로가 끈을 맞잡고 있는 것이다. 내가 그 끈을 놓는 순간 비즈니스는 끝이다.

상호 간에 관계회복이 어려울 경우, 우리가 할 수 있는 선택 중 하나가 용서容恕다. 용서의 마음은 어떻게 해야 생겨날까? 역지사지易地思之의 마음을 가진다면 용서의 마음은 저절로 생긴다. 내편에서 상대를 용서

하고 내적 평화를 찾는 것이 용서다. 용서의 마음이 생겨 알고도 넘어가 줄 수 있다면 상대방에 대해 더 큰 신뢰가 쌓일 것이다. 하지만 당장 성과가 나타나지 않더라도 조급해 하지 말자.

선교사를 뽑을 때 신앙심 못지않게 중요한 덕목이 낙관적인 성격과 유머 능력이라고 한다. 선교사는 많은 고난을 목전에 두고 있기 때문일 것이다. 인생을 살면서 낙관적인 성격과 유머라면 어떠한 상황도 넘길 수 있을 것이다. 선교사의 마음은 주고 또 주는 마음이다. 상대방을 용서하고 사랑하는 마음이 없으면 어렵다.

사는 게 그렇듯이 비즈니스를 하다 보면 다른 사람들과 갈등이 생길 때도 있다. 만약 이런 갈등이 생길 때 남을 탓하기 전에 '아, 내가 이 부분에서 실수했구나, 한 번 더 확인할 걸.' 하고 생각하는 사람이 몇이나 될까? 대부분 '아, 그 사람이 한 번만 확인했어도 이렇게까지 되지는 않았을 텐데….' 라고 남 탓을 하기 쉽다. 남을 책망하고 탓하기는 쉬우나 자신의 잘못을 아는 것이 어렵고, 어렵게 자신의 잘못을 알게 되어도 자신을 합리화하는 변명을 하는 게 인지상정이다. 먼저 자신이 실수하거나 잘못한 것이 없는지 뒤돌아보거나 자신의 잘못을 고치는 것은 분명 어려운 일이다. 자신의 잘못을 살피고 고쳐가는 습관은 자신을 성장하게 한다. 그런 마음가짐 내면에는 상대방을 존중하는 관계의 철학이 깃들어 있기 때문이다. '비즈니스맨은 배우'라고 말하는 이유는 비즈니스 현장이라는 무대에서 공연을 하기 때문이다. 경우에 따라 주연이 될 수도 있고 조연이 될 수도 있지만, 자신에게 주어진 역할에 최선을 다하고 싶다는 생각은 비즈니스맨이라면 같은 마음일 것이다.

그렇다면 어떤 이야기를 해야 고객의 마음을 움직일 수 있을까? 삶 속에서 일어나는 여러 사건들을 담고 있어야 한다. 비즈니스맨들은 다양한 사람들을 만난다. 만나는 사람들이 갖고 있는 생각과 꿈 역시 다양하다. 하지만 그들의 삶 속에 나타나는 사건들은 비슷하다. 사건에는 주인공이 있다. 그 주인공의 스토리를 찾아내는 안목이 비즈니스맨의 역량이 된다. 아래는 고대 중국의 춘추시대 초나라 장왕의 관용과 용서의 마음에 대한 스토리이다.

관용과 용서의 마음을 가져라

전한시대 말기 유향劉向이 지은 『설원說苑』「복은復恩」편에 나오는 '절영지회絕纓之會'라는 말이 있다. '갓끈을 끊고 노는 잔치'라는 뜻으로 고대 중국 춘추시대 초楚나라 장왕莊王에 관한 고사다.

영윤令尹 투월초鬪越椒의 반란을 평정하고 돌아온 장왕은 공을 세운 신하들과 연회를 베풀었는데, 그 자리에는 장왕의 애첩인 비빈妃嬪도 참석했다. 장왕은 총애하는 비빈을 시켜 대부들에게 술을 한 잔씩 따르게 하던 중, 갑자기 큰 바람이 불어 촛불이 모두 꺼졌다. 칠흑 같은 그믐이라 앞이 보이지 않던 그 순간, 비빈이 비명을 질렀다. 이어 어둠을 틈타 누군가가 자신을 안았고, 자신이 그 자의 갓끈을 뜯어두었으니, 불을 켜서 그 무엄한 자를 벌해 달라고 고했다.

자신의 후궁을 희롱한 무엄한 신하가 괘씸하고, 자신의 위엄이 희롱당한 것 같은 노여움에 빠져들기 쉬운 상황이었지만, 장왕은 큰소리로 다음과 같이 말했다.

"이 자리는 내가 아끼는 신하들의 공을 치하하기 위해 만든 자리이니 지금 자신이 쓰고 있는 '갓'의 갓끈을 모두 끊으라. 지금 일어난 일은 이 자리에 후궁을 들게 한 나의 경솔함에서 빚어진 일이니 나의 불찰이다. 또한, 오늘의 실수는 그런 이유로 불문에 부치려 한다. 그러니 그대는 그 사람을 너그럽게 용서하기 바란다."

장왕은 그곳에 함께한 모든 신하가 갓끈을 자른 뒤에 연회장의 불을 켜도록 했다. 장왕은 그 일이 자신의 경솔함에서 빚어진 일이라고까지 이야기했다. 그러니 누가 그랬는지 확인할 수 없었고, 자칫하면 연회가 깨지고 한바탕 피바람이 몰아칠 수도 있는 상황이 해프닝으로 끝나게 되었다.

장왕이 자존감自尊感과 자긍심自矜心의 균형이 굳건한 사람이기에 가능한 일이었다. 자신에 대한 균형 잡힌 자존감이 있는 사람은 사소한 일에 지나치게 분노하지 않는다. 일어난 사실을 있는 그대로 직시하여 자의적인 확대 해석을 하지 않기 때문이다.

그 후 3년이 지나 초나라는 진晋나라와 전쟁을 벌였다. 그 전쟁에서 온몸을 피로 물들이며 죽을힘을 다해 싸워 장왕과 초나라를 구한 장수가 있었다. 앞장서서 싸웠고, 다섯 번 싸워서 모두 적을 격퇴시켰다.

전쟁이 끝난 후 장왕은 그를 불러 두 손으로 그의 손을 감싸 쥐고 공로를 치하했다.

"과인이 덕이 부족하여 그대처럼 뛰어난 이를 아직 알아보지 못했다. 그대는 어떻게 죽음도 두려워하지 않고 용맹하게 싸웠는가?"라고 묻자, 그 장수는 장왕의 손을 풀고 물러나 장왕에게 큰절을 올리며 말했다.

"신은 예전에 술에 취해 실례를 범했을 때, 왕께서는 참고 또 참으며 저를 죽이지 않으셨습니다. 이제야 그날의 불경에 대해 사죄를 올립니다. 소신은 그날 이후 새롭게 얻은 목숨을 폐하의 것으로 생각하며 살았고, 오늘 이 전장에서 그 목숨을 폐하를 위해 바칠 각오로 싸웠습니다. 그날 폐하께서 베풀어주신 커다란 성은에 오늘 조금이나마 보답하게 되어 소신은 다행스럽고 감사할 따름입니다."

장왕은 무릎을 꿇고 엎드려 흐느끼고 있는 그 신하를 일으켜 다독였다. 장왕은 관용과 용서를 통해 부하들에게 더 큰 충성과 존경을 받았다. 결국 장왕이 그날 밤 연회에서 베풀었던 배려심이 장왕 자신은 물론 초나라까지 구했던 것이다.

우리는 시대를 불문하고 높은 직위에서부터 낮은 직에 이르기까지 공·사 조직의 관계망을 형성하고 누군가의 리더십과 함께 살아가고 있다. 그러나 요즘은 관용과 통합은 어디로 갔는지 사회집단이나 지역과 지역, 세대와 세대, 개인과 개인, 곳곳마다 이념이나 이해관계가 얽혀진 비난 속에서 갈등, 양극화, 분열을 겪으며 살아가고 있다.

우리는 너무 쉽게 남을 탓하고 있는 것은 아닐까? 문제가 생겼을 때 내 잘못을 인정하는 것보다 다른 사람에게서 원인을 찾지는 않았나? 하지만 내가 한 '남 탓'이 결국 나와 상대방 모두에게 상처를 주고 있는지도 모른다. 우리도 용서의 마음으로 알고도 넘어가 줄 수 있다면 고객들과 더 큰 신뢰가 쌓일 것이다.

유명한 천주교 화가인 조르주 루오Georges Rouault의 판화 중에 『미제레레Miserere mei, Deus ; 「시편」51장의 첫 구절 '주여 불쌍히 여기소서'』 연작이 있다. 그 중 한 작품 밑에 루오는 친필로 'Le juste, comme le bois de santal, parfum la hache qui le frappe.' 라고 썼다.

'의인은, 향나무와 같아서 그를 찍는 도끼날에도 향을 묻힌다'는 뜻이다. 처음 이 구절을 읽었을 때 온몸에 전율을 느꼈다. 자신을 찍는 도끼의 날에도 미움 대신 향을 남겨 주는 향나무. 이 말에는 엄청난 용서의 뜻이 담겨져 있다. 작가는 외부로부터의 시련이나 괴로움을 겪으면서 미움이나 원망의 감정에 침식당하는 마음이 부끄러웠고, 향나무를 닮은 의연한 삶을 살 수 있기를 원했을 것이다.

자기를 찍는 도끼날에도 향을 묻힌다는 향나무를 기억하자. 비즈니스맨도 고객에게 먼저 줄 수 있어야 한다. 쉽지 않겠지만 주변 사람들이나 고객들이 나를 거절하고 각박하게 대하더라도 관용과 용서의 마음을 가져 보자. 사람이 보일 것이다.

비즈니스는 머리로만 하는 것이 아니다

"우리가 인생에서 해야 할 일은 다른 사람들을 앞서가는 것이 아니라 우리 자신을 앞서가는 것이다. 자신의 기록을 깨고 어제와 다른 오늘을 만드는 것이다."

_ 스튜어트 B. 존슨 Stewart B. Johnson

비즈니스를 하면서 고객들을 만나 얘기를 나누다 보면 '기본에 충실하면 본질에 가까이 갈 수 있다'는 생각을 하게 된다. 비즈니스는 내가 먼저 주는 것이며 또 주어야 하는 것이다. 비즈니스를 이해하지 못하는 사람들이 가장 많이 하는 얘기가 "굳이 먼저 줄 필요도 없고 또 내가 무언가를 주었다면 반드시 보답을 받아야 한다"는 말이다.

비즈니스에서 대가를 바란다면 결코 큰 성취도 없을 것이다. 물론, 고객과의 친밀도에 비례하여 언젠가 성과가 있을 것이라고 기대하면 몇 배의 상처와 좌절이 뒤따를 수도 있다. 세상이 내 뜻대로 되는 만만한 곳이 아니기 때문이다.

당신이 비즈니스맨으로서 성공하고 싶다면 고객들을 만나고 헤어질 때 다음과 같은 마음가짐을 가져 보면 어떨까?

'오늘 우리의 만남이 가장 소중하며, 이 시간이 가장 소중한 시간입니다. 고객님을 잘 도와드리는 일이 제게 가장 소중한 일입니다. 도움이 될수 있도록 최선을 다하겠습니다.'

99도와 100도는 수치상으로는 1도 차이에 불과하지만 그 미세한 차이로 끓는점이 달라진다. 비즈니스에서도 마음의 온도는 중요하다. 이는 우리 삶이 열정을 요구한다는 의미이기도 하다. 내가 열정적이고 뜨거운 사람이라면 상대방을 가슴 뛰게 할 수 있다. 반대로 차갑고 냉소적이라면 다른 사람을 뜨겁게 할 수 없다. 열정의 온도를 높이는 데 있어무엇보다 생각과 태도가 중요하다. 그래서 비즈니스는 체계적인 계획과프로세스가 선행되는 활동이어야 한다.

인생의 성공은 어떠한 생각을 갖고 어떻게 행동하느냐에 달려 있다.열린 사고와 진정성 있는 태도로 상대방을 배려한다면 색다른 시야와남다른 안목을 갖게 될 것이다. 편하고 쉬운 길만 찾다보면 오히려 두려움이 생기고 생각도 많아지고 오히려 복잡해진다. 한계를 극복하지 못하면 항상 같은 자리에 머물게 된다. 두려움을 걷어내면 용기가 생긴다.내가 뜨거워지면 결단력이 빨라지고 실행력이 커진다.

다음은 열정의 온도를 끌어올려 인생을 바꾼 남자의 이야기이다.

한 젊은이가 술집 종업원으로 취업했다. 그에게 첫 직장은 꼭 넘어야할 인생의 첫 번째 난관이었다. 그는 열심히 일해서 자신의 울타리를 꼭벗어나겠다고 굳게 다짐했다. 그런데 예상하지 못했던 일이 벌어졌다.사장이 그에게 변기 닦는 일을 시킨 것이다. 그것도 새것처럼 광이 나도록 닦아야 했다. 매일 울렁거리는 속을 달래며 마지못해 변기를 닦았지만 점차 일에 회의감이 들었다.

앞으로 이 일을 계속해야 할지 고민에 빠져 망설이고 있을 때 한 선배가 그를 다독이며 직접 변기 닦는 시범을 보여 주었다. 선배는 빛이 날 때까지 변기를 닦고 또 닦더니 마지막에는 변기에서 물을 한 컵 떠서 단숨에 들이켰다. 그는 아무렇지도 않게 물을 떠먹어도 될 때까지 변기를 닦아야 하고, 이것이 결코 불가능한 일도 아니라는 사실을 젊은이에게 몸소 가르쳐 주었다. 그날 이후 그는 불만이 생길 때마다 이렇게 마음을 다잡았다.

'설령 평생 변기만 닦더라도 반드시 최고로 잘 닦는 사람이 되어야 해!'

이후로 그는 완전히 다른 사람이 되었다. 변기 닦는 수준도 흠잡을 데 없었고, 자신에 대한 믿음과 일에 대한 자신감을 높이기 위해 가끔 자기가 닦은 변기에서 물을 떠 마셨다. 그로부터 십여 년 후, 그는 세계적인 체인망을 가진 숙박업계의 거물이 되었다. 그가 바로 힐튼호텔의 설립자 콘래드 힐튼Conrad Hilton이다.

그가 가진 열정의 온도는 분명 99도가 아닌 100도일 것이다. 스스로를 불태워 본 사람만이 열정의 불꽃을 피울 수 있다. 그것이 성공 메커니즘이다.

비즈니스 세계에서 자신의 능력에 대한 관심은 매우 중요한 작용을 한다. 비즈니스맨은 좋은 고객을 만날수록 능력이 향상되고 고수가 된다. 물론 무조건 오랫동안 그 일을 한다고 모두 그렇게 되는 것은 아니다. 많은 사람들을 만나고 많은 고객들을 감동시킬 때, 이로 인해 자기 자신과 일에 대한 열정의 온도가 높아질 때 더욱 성숙될 수 있다.

더불어 자신과 고객을 관리할 수 있는 자신만의 시스템도 만들어야 한다. 고객들의 경조사, 생일 등을 챙기면서 그들에게 내가 가까이 있다는 것을 지속적으로 느끼도록 해야 한다. 그리고 고객들을 만날 때는 목소리를 크게 하고, 태도를 겸손하게 하면서 그들에게 다가서기 위해 노력하고 있다는 것을 보여줘야 한다. 처음 시작은 어렵지만 자주 만나고 행동하다 보면 익숙해질 것이다. 그때부터는 주도적으로 관계를 추진해 나가는 힘이 생길 것이다. 인생의 열정 온도를 높여 현재에 만족하지 말고, 끊임없이 노력하며, 창조적인 행동을 하다 보면 내 인생에 기쁨과 용기를 가질 수 있게 될 것이다.

프랑스의 소설가인 오노레 드 발자크Honore de Balzac는 "그 사람의 얼굴은 한 권의 책이자 하나의 풍경이다."라고 말했다. 20대, 30대의 아름다움이란 자연이 준 아름다움이지만 40대, 50대의 아름다움은 업적과 성취의 아름다움이다. 나이가 들수록 아름다워진다는 것은 그가 이루어낸 업적과 성취가 다른 사람들에게 감동을 불러일으키고 열정의 온도가 높아진다는 말이다. 살아가는 방식과 가치관에 따라 사람들의 열정의 온도는 각기 다르게 형성된다. 자신이 프로라고 만족하는 순간부터 열정의 온도는 낮아지기 시작한다. 그렇다면 지금 당신의 삶의 온도는 과연 몇 도일까?

비즈니스는 머리로만 하는 게 아니다. 고객들에게 주어야 할 콘텐츠Story가 있어야 하고, 제대로 주는 소통Communication 방법을 익혀야 한다. 매사 머리로 셈을 하는 사람은 자기도 힘들지만 나중에 상대방이 알게 되었을 때 어쩔 것인가? 운이 좋아 처음에는 속일 수 있겠지만 영원히 속일 수는 없다. 누구에게도 득이 없는 셈이다. 직장 동료들은 물론이고 고객들과의 관계가 쉽게 풀리지 않는다면 1차 책임은 자신에게 있다.

『맹자』에 이르기를, '사람을 사랑하는 데愛人 친해지지 않으면 자신의 인仁을 돌아보고, 사람을 다스리는 데治人 다스려지지 않으면 자신의 지智를 돌아보고, 사람을 예의로써 대하는 데禮人 답하지 않으면 자신의 경敬을 돌아보라. 행하여서 얻지 못함이 있으면 모두 돌이켜 자기 자신에게서 찾아야 하니, 자기 한 몸이 올바르면 천하가 돌아온다.'고 했다.

　성공하고 싶은 자, 혹은 뜻대로 되지 않는다고 머리를 쥐어뜯고 있는 자, 사람들을 대하는 자신의 태도와 마음가짐을 점검해 보라. 다시 말하지만 비즈니스는 머리로만 하는 게 아니다..

나만의 스토리를 만들어라

"우표를 생각해 보라. 그것의 유용성은 어딘가에 도달할 때까지 어떤 한 가지에 들러붙어 있는 데 있다."

_ 조시 빌링스 Josh Billings

인생은 세상에 하나밖에 없는 스토리이고 우리는 그 스토리의 작가이며 주인공이다. 그리고 원하는 것을 달성해 나가는 과정에서 우리는 여러 가지 어려움을 겪으며, 원하는 것을 얻기도 하고 실패하기도 한다. 하지만 기왕이면 좋은 스토리를 쓰고 해피엔딩 스토리의 주인공이 되고자 하지만 비극으로 끝나는 무수한 스토리들도 많다. 우리 주위 사람들과 고객들은 좋은 이야기, 끝이 행복한 이야기를 좋아한다. 우리도 그런 스토리를 만들어 보자.

좋은 스토리는 어떤 것일까?

좋은 스토리를 만들려면 좋은 주인공이 필요하고 그 주인공이 이루고자 하는 주제도 좋은 것이어야 한다. 물론 갈등도 필요하다. 갈등이 없는 스토리는 재미가 없다. 그리고 마지막에는 결국 그 갈등을 잘 극복하고 원하는 것을 얻어야 한다. 매력적인 '나만의 스토리 만들기'는 결국 주인공 만들기부터 시작해야 한다.

'스토리'의 정의는 누가, 언제, 무엇을 위해 사용하느냐에 따라 달라지는데, 최고의 이야기꾼으로 일컬어지는 도널드 밀러Donald Miller는 2010년에 쓴 『천 년 동안 백만 마일』에서 스토리를 다음과 같이 정의했다. "스토리란 '한 인물이 무언가를 원할 때 갈등을 극복하고 결국 그것을 얻어내는 것'이다."

사람들이 나에 대해 이야기하는 것, 내가 만들어서 사람들에게 알린 이야기, 그것이 바로 나의 브랜드다. 나만의 스토리가 알려지면 나만의 브랜드가 된다. 좋은 스토리는 좋은 브랜드를 만들고 나쁜 스토리는 나쁜 브랜드를 만든다. 내가 만든 좋은 스토리를 브랜드로 만들기 위한 방법은 무엇일까?

나의 브랜드가 구축되면 사람들이 찾아온다. 나에 대한 이야기를 퍼뜨려 주는 많은 사람들에 의해 만들어진 나의 브랜드 때문에 사람들이 나를 찾아오게 하는 것, 그것이 나의 브랜드이고 내가 브랜드가 되어야 하는 이유다. 하지만 그 브랜드를 만드는 것은 나의 스펙이 아니다. 나의 스토리, 내가 고객과 함께 만들어낸 스토리, 사람들의 마음을 움직일 만한 스토리가 있을 때 사람들은 나를 찾아온다.

고객과 비즈니스 파트너 등의 인식 속에 명확하게 포지셔닝이 되는 브랜드가 되기 위해서는 유일무이한 당신만의 스토리가 필요하다. 시장에서 인정하는 학벌이나 경력이 아닌, 명함에 나타나 있는 직책이 아닌, 최고의 컨설턴트나 최고의 서비스 등의 식상한 표현들이 아닌 나를 드러내는 명성, 사건과 에피소드가 있는 스토리가 필요하다. 생산 과잉,

정보 과잉, 광고 과잉 시대에 기업의 마케팅에서 스토리가 필요한 것처럼 1인 기업인 우리 모두에게도 멋진 스토리가 필요하다. 당신이 만들고자 하는 스토리가 있다면 아래 3가지 질문에 대한 답을 가지고 있어야 한다.

첫째, 당신이 하는 일은 어떤 일입니까?
둘째, 왜 회사나 고객, 그리고 파트너는 당신을 선택해야 합니까?
셋째, 당신을 소개할 수 있는 에피소드가 있습니까?

첫 번째 질문은 업業에 대한 나의 정의, 내가 하는 일에 대한 나의 태도와 생각이 무엇인지 묻는 질문이다.

무엇이 되려고 하는 것이 아니라 무엇을 하려는지 잘 알고 자신의 일을 제대로 정리할 수 있어야 한다.

두 번째 질문은 왜 나를 선택해야 하는지를 묻는 질문이다.

아무리 좋은 생각과 태도를 가지고 일하더라도 성과를 낼 수 있는 역량이 없다면 사실상 별 의미가 없다. 매스컴에 등장하는 달인들을 보면 달인이 될 수 있었던 이유는 오랜 시간 투자를 통해 일반사람들과의 차이를 만들어낼 수 있었기 때문이다. 아직 시간이 부족해 차이를 만들어내지 못했는가? 최소한 어디서 차이를 내야 하는지는 알고 있어야 한다. 그리고 차이를 만들어가는 그 이야기를 그들과 나누면 된다.

세 번째 질문은 내가 전달하고 싶은 스토리의 진정성을 가늠할 수 있는 질문이다.

스토리는 생각이 아니라 행동으로 구성된다. 구체적인 사건, 행동, 에피소드가 스토리를 만든다. 이 질문에 답할 수 없다면 당신은 스토리의 핵심 메시지를 잘못 잡았거나, 거짓말을 하고 있는 것이다.

당신의 스토리를 들여다 보라. 당신의 스토리가 진실한 것이라면 에피소드를 가지고 있을 것이다. 그것을 스토리의 핵심 메시지에 맞게 정리하면 된다. 그런데 만약 아무리 들여다 봐도 에피소드를 찾을 수 없다면, 조그만 흔적도 찾을 수 없다면 당신은 처음부터 스토리를 다시 만들어야 한다.

나만의 스토리를 나만의 브랜드로 만들기 위해서는 버릴 것과 선택할 것을 먼저 구분해야 한다. 우리는 너나 할 것 없이 하고 싶은 이야기가 너무도 많다. 원하는 것, 갈등을 극복한 과정, 자랑거리 등 기회만 주어진다면 하루 종일 자신의 스토리를 늘어놓을 수 있다. 하지만 그 많은 이야기들을 사람들은 들어주지 않는다. 거기에 인생의 딜레마가 시작된다.

당신의 이야기를 듣는 사람들, 당신의 이야기를 주위에 알리는 사람들, 오랫동안 기억했다가 혹시 당신을 찾아올 수도 있는 사람들이라고 하더라도 당신이 말하는 메시지 중에 하나밖에 기억하지 못한다. 하고 싶은 이야기가 많더라도 선택해야 한다. 하나의 콘셉트를 중심으로 연결해야 한다. 그렇다면 무엇을 선택하고 어디에 집중해서 어떻게 말해야 할까? 하고 싶은 이야기 중에서 자신을 가장 잘 드러낼 수 있는 것을 선택하고 그것에 대해 집중적으로 이야기 해보라.

사람들은 하고 싶은 이야기가 많다. 공부도 잘 했고, 좋은 대학을 졸업했고, 성실하고, 인맥도 좋고, 능력도 있고, 하지만 이것들을 모두 이야기하는 것은 아무 것도 이야기하지 않는 것과 같다. 핵심을 잡아서 얘기해야 한다. 기억하게 하고 마음을 움직이게 하고 싶다면 핵심을 찾아 선택하고 집중해야 한다. 비즈니스에서 성공하고 싶다면 우리의 삶 속에서 결코 변하지 않을 핵심을 뽑아보자. 핵심을 찾아내는 능력을 키우는 데 인문학도 큰 도움이 된다.

브랜드 구축에서 가장 중요한 것은 무엇일까? 바로 이름이다. 그 이름은 처음에는 단순한 단어로 시작할 수 있지만 세월이 흐르고 명성이 쌓여 역사가 되면 그 이름은 스토리와 이미지로 살아남는다. 자신의 이름 외에 자신이 가지고 있는 닉네임, 브랜드도 함께 알려진 사람들이 있다. 실력으로 알려진 사람들도 있고, 실력이 아닌 다른 것으로 알려진 사람도 있다. 원하든 원하지 않든 자기에게 붙여진 이름 때문에 덕을 보기도 하고 손해를 입기도 한다.

오랜 시간 조금씩 쌓아온 긍정적인 브랜드를 한순간의 실수나 방심으로 날려버리는 사람들도 많다. 자신의 정체성을 잘 드러내고 자신의 스토리를 기억하기 쉽고 말하기 쉬운 자신만의 브랜드명을 만들어 보자.

나만의 스토리를 드러내는 나만의 브랜드를 구축하는 것은 매우 중요하지만 만족스러운 이름을 만들기는 쉽지 않다. 자신의 닉네임으로 알려지고 이미 개인 브랜드를 어느 정도 구축한 사람들을 보면 어떻게 저런 이름을 생각해 냈을까 부러울 때가 많다.

브랜드 네이밍을 할 때 생각해야 할 원칙 3가지가 있다.

첫째, 남들과 다른 것이 무엇인가에서 출발하라.

나만의 이미지, 남들과 구별되는 이미지를 구축하고 고객의 인식에 자리 잡는 전략을 '포지셔닝'이라고 한다. 고객의 인식에 그 분야의 전문가로 인식되기 시작하면 개인 브랜드가 형성된다. 막연하고 흔한 자기계발 전문가가 아니라 '자기경영', '변화경영' 등 구체화된 브랜드 네임은 자신의 이미지를 구축하고 지속적으로 활동한 결과로 포털에 검색하면 브랜드의 주인이 드러나게 된다.

둘째, 브랜드를 만들어갈 때 온·오프라인에서도 동일한 닉네임을 지속적으로 활용하는 것이 좋다.

꽃은 실물이나 사진이나 그림이나 글에서 항상 같은 이름으로 불린다. 외부에 글을 기고할 때나 강의를 할 때, 자신을 소개할 때 항상 자신의 브랜드 네임을 활용하는 것이 좋다. 자신의 브랜드명을 블로그, 페이스북, 트위터 등에서도 그대로 활용하고, 지속적으로 통일시켜 나가는 것이 좋다. 그것이 브랜드가 되고 의미가 되는 방법이다.

셋째, 실명과 함께 불릴 수 있는 쉽고 단순한 이름을 선택하는 것이 좋다.

아무리 아름답고 향기 나는 꽃이라 하더라도 학명으로 불리지는 않는다. 발음하기 어렵고, 길고 복잡한 이름은 부르기 어렵다. 특히 개인 브랜드를 구축하고자 하는 연예인들이나 유명 기업가들은 자신의 실명과 함께 쉽게 기억되고 쉽게 불리는 멋진 브랜드명을 갖고 있다.

나쁜 이름이든 좋은 이름이든 평생 가져가야 하는 이름처럼 브랜드 네이밍은 브랜드 구축에 있어 매우 중요한 출발점이다. 개명 절차가 번거롭지 않다고 해도 이름이 마음에 안들 때 브랜드명을 바꿀 수는 없다. 나만의 스토리는 브랜드명에서 출발한다고 생각하고 많이 고민하고 많이 찾아보고 좋은 이름으로 시작해야 한다.

나의 스토리를 전파할 키맨을 찾아라

"나는 할 수 있다. 나는 해낸다. 나에게는 저력이 있다. 나에게는 오직 전진뿐이다. 이런 신념을 지니는 습관이 당신의 목표를 달성시킨다. 나는 해야 한다. 그러므로 나는 할 수 있다."

_ 칸트 Immanuel Kant

"나 이런 사람이야." 라고 소리치고 싶은가? 나의 스토리를 세상에 알리려면 어떻게 해야 할까? 나의 블로그에 사람들이 매일 방문하게 하고, 나에게 강의 요청이 들어오게 하고, 파트너 제휴 문의가 쏟아지게 하려면 어떻게 해야 할까?

아주 작고 사소한 움직임이 유행이 되고 전염이 되는 현상을 연구한 말콤 글래드웰은 『티핑 포인트』에서 중요한 몇 가지를 알려 준다.

'티핑 포인트Tipping Point'란 어떤 상황이 처음에는 미미하게 진행되다가 어느 순간 균형을 깨고 모든 것이 한순간에 변화되는 극적인 순간을 말한다. 말콤 글래드웰은 "티핑 포인트는 모든 것이 한꺼번에 갑자기 변화하고 전염되는 극적인 순간"이라고 말했다. 인기 없던 제품이 어떤 일을 계기로 폭발적으로 인기를 끌게 되는 극적인 순간, 유명하지 않던 연예인이 갑자기 유명해지는 순간, 아무도 모르던 당신의 스토리를 수많은 사람들이 알게 되는 순간이 바로 티핑 포인트이다.

말콤 글래드웰은 티핑 포인트를 만들기 위해 수많은 사람들을 만나고 그들에게 당신의 스토리를 이야기해야 한다고 주장하지 않는다. 그는 엄청난 광고의 홍수 속에서도 여전히 입소문이 인간 커뮤니케이션의 가장 중요한 형태라고 말한다. 그리고 입소문은 소수를 통해 확산된다고 주장한다. 티핑 포인트를 만드는 과정에서 결정적인 역할을 하는 소수의 사람들이 있는데, 당신의 스토리에 티핑 포인트를 만들고 싶다면 당신은 그들에게 당신의 스토리를 알려야 한다.

커넥터Connector, 메이븐Maven, 세일즈맨Salesman, 이들이 당신의 스토리를 전파하고, 이들은 또 다른 사람들을 설득하여 당신의 스토리를 전파시킬 수 있다.

첫째, 커넥터Connector를 찾아라.

우리말로 '마당발'이라고 불리는 사람들이다. 커넥터들의 가장 중요한 특징은 다양한 연결고리를 가지고 사람들을 연결시켜 주는 역할을 한다는 점이다. 이들은 많은 모임이나 단체에 가입되어 있고 다양한 사회활동을 하고 있고 수많은 사람들과 하나 이상의 공통점을 가지고 있다. 종교, 출신지역, 졸업한 고등학교나 대학, 활동하고 있는 지역, 여러 가지 업종과 연결된 직업 등으로 수많은 사람들과 관계를 맺고 있다.

커넥터들은 사람들을 좋아하고 친구와 지인을 만드는 데 소질을 갖고 있다. 누구를 만나든지 공통점을 찾아내고 연결고리를 찾는다. 하지만 이들이 무언가를 얻기 위해 이런 특징을 발휘하는 것은 아니다. 그들은 사람들을 좋아한다. 그렇다보니 그들의 주위에 있는 사람들도 커넥터들을 좋아한다. 이들은 수많은 모임에 정기적으로 참석하고 많은 사람들과 연결되어 있다. 그 모임에 가서 그 사람의 이름을 대면 모두가 다 그를 좋아하고 인정한다.

커넥터들을 규정하는 또 하나의 개념은 약한 유대의 힘이다. 소수를 깊이 사귀는 사람들이 있고 다수를 넓게 사귀는 사람들이 있다. 커넥터들은 전형적으로 많은 사람들과 약한 유대, 느슨한 관계를 유지하는 사람들이다. 하지만 '약한 유대관계의 강한 힘'을 무시하지 말라고 말콤 글래드웰은 주장한다.

나와 강한 유대관계를 맺고 있는 사람, 예를 들어 매일 만나는 직장 동료는 친하지만 내가 알고 있는 세상을 나만큼만 이해하고 내가 아는 사람들만 알기 때문에 도움이 되지 않는다. 이들은 나의 스토리를 내가 모르는 사람들에게 알리지 못한다. 하지만 나와 같은 세계에 속하지 않은 안면 있는 사람들이 나를 새로운 세계에 소개할 수 있기 때문이다.

주위를 둘러보면 수많은 커넥터들이 있다. 그들을 찾아가 그들에게 당신의 스토리를 들려주라. 그들이 당신의 스토리를 듣고 감동하고 당신을 좋아하게 되면 당신의 시장은 급격하게 확대될 것이다. 당신이 접하지 않았던, 당신이 연결고리를 가지고 있지 않은 수많은 연결고리들이 그를 통해 연결되고 그들로부터 많은 연락을 받게 될 것이다. 수많은 직함을 가지고 많은 사람들과 만나고 있는 커넥터, 그를 찾는 것이 가장 먼저다. 물론 유사품은 주의해야 한다. 영향력도 없고 존재감도 없이 명함만 많이 가지고 있는 사람은 구별할 줄 알아야 한다.

둘째, 메이븐Maven이다.

메이븐은 이야기의 진실성을 확정해 주는 사람을 뜻한다. 메이븐들도 커넥터들처럼 사람들을 좋아한다. 그들은 자기 문제를 해결한 그 경험을 가지고 다른 사람의 문제를 해결해 주고 싶어 하는 사람들이다. 그들은 상품설명서를 끝까지 읽어보고 상품을 선택하는 스타일이다. 상품의 스펙을 꼼꼼하게 따지고 무엇이 좋은지, 다른 상품은 왜 문제가 있는지를 알아내는 스타일이다. 우리는 어떤 문제가 생기거나 알고 싶은 것이 있으면 이 사람에게 묻는다. 사람들은 메이븐이 얘기하는 것은 대부분 믿는다. 왜냐하면 모르는 것을 함부로 이야기하지 않고 자신이 이야기한 것은 지키는 사람들이기 때문이다. 영향력을 행사한다는 측면에서 인플루언서influencer라고 할 수 있다..

커넥터와 메이븐의 차이는 이렇게 설명할 수 있다. 만약 커넥터가 제품을 추천하면 10명 중 5명 정도는 그 제품을 구매한다. 하지만 메이븐이 추천하면 10명 모두 그 제품을 구매한다. 그리고 만족하고 또 다른 사람에게 그 제품을 추천한다. 메이븐이 나를 추천하면 사람들은 의심하지 않고 문제를 해결하기 위해내 주위에 모여든다. 내가 무슨 이야기를 시작하기도 전에 "도와주세요. 저는 당신을 믿습니다." 라는 태도로 나를 찾는다.

주위에서 메이븐들을 찾아보자. 좀 답답해 보이고 너무 꼼꼼해 보여 두려울 때도 있지만 이런 사람들은 한번 친구가 되면 특별한 일이 없는 한 함께 간다. 이 사람이 나를 소개하면 주위 사람들은 더 이상 고민하거나 따지지 않고 나를 선택한다.

셋째, 세일즈맨Salesman이다.

세일즈맨은 설득하는 사람이다. 직업이 아니라 성향을 말하는 것인데, 자신이 옳다고 생각하는 것을 주변에 설득하는 사람, 좋은 것이 있으면 주위 사람들에게 같이 사용하고 같이 혜택을 누리자고 설득하는 사람이다. 이들은 항상 활력이 넘치고 자신이 하는 일을 사랑하고 만나는 사람들을 좋아한다. 그래서 이들의 설득은 먹힌다. 주위 사람들을 리드하고 분위기를 만들어가는 사람들이 세일즈맨들이다.

커넥터와 메이븐은 설득하지 않는다. 정보를 제공하고 추천한다. 하지만 세일즈맨들은 설득하고 행동하게 만든다. 세일즈맨은 사람들을 끌고 와서 같은 상품을 구매하고, 같이 비즈니스 파트너가 되고, 같은 꿈을 꾸게 만든다.

수많은 사람들을 만나면서 살아가는 게 인생이다. 하지만 시간은 한정되어 있다. 누구를 만나고 누구를 만나지 않을 것인지에 대한 선택은 매우 중요하다. 주위를 돌아보아 커넥터와 메이븐, 세일즈맨을 찾아보자. 이들도 외롭다. 이들에게 지속적으로 나의 스토리를 알려 주자. 이들을 나의 스토리 헬퍼로 만들자. 평생 이런 사람 10명이 나의 스토리를 도와주면 나의 스토리는 충분히 아름답게 완성될 수 있다.

키맨 후보자를 찾아보자. 10명 정도의 후보자들을 선정하고 지속적인 관리를 해보자. 한 달에 한 번 정도는 만나고, 자주 통화하고 가끔 문자나 카톡으로 나의 스토리를 전하면서 시간을 투자해 보자. 외로운 세상 사람들은 관심을 가지는 사람에게 마음을 열고 함께 스토리를 만들어가기로 결심하기 마련이다. 1년에 1~2명은 아주 가까워질 수 있다. 1년에 2명과 가까워진다면 5년 안에 10명의 훌륭한 스토리 헬퍼를 만들 수 있다.

결국은 사람이고, 하루가 다르게 변하는 디지털 세상이지만 사이버 세상이 아니라 얼굴과 얼굴을 맞대는 현실 세계에서 스토리는 시작되고 열매를 맺는다. 나의 스토리를 전파할 키맨을 찾는 노력은 멈추면 안 된다. 그것도 홍보맨의 중요한 역할이고 능력이다.

스토리텔링과 스토리 메이킹

> "한 인간의 마음을 사로잡는 지름길은 그 사람이 가장 흥미를 느끼는 일에 관해 이야기하는 것임을 알아야 한다."
>
> _ 데일 카네기 Dale Carnegie

사람들은 '스토리Story'를 좋아한다. 같은 사건이라도 앞뒤에 연결되는 이야기가 있으면 훨씬 흥미를 느끼고 관심을 갖게 된다. 드라마에 꽂히면 끝을 보게 되는 것이 바로 스토리의 힘이다. 인간은 그만큼 스토리를 좋아하고 스토리에 목말라 있다. 이는 신화와 전설 등과 같은 원시 서사부터 시작된 스토리에 대한 호감이 우리의 DNA에 새겨져 있기 때문이 아닐까 싶다.

홍보에 있어 특히, 이슈 메이킹에 있어 스토리는 매우 중요하다. 유능한 홍보맨 중에는 스토리텔링에 능한 사람들이 많다. 회사나 제품을 홍보함에 있어 스토리텔링만큼 임팩트를 줄 수 있는 방법은 없기 때문이다. 홍보의 스토리텔링은 사실 두 가지 개념을 가지고 있다. 스토리를 '말하는 것'과 스토리를 '만들어가는 것'이다.

먼저 스토리를 말한다는 것은 말 그대로 같은 사안을 서사의 구조, 즉 스토리로 짜서 이야기하는 것을 말한다. 특정 제품을 홍보한다고 하면, 그 제품이 출시된 배경이라든가 개발하게 된 에피소드, 관련된 여러 가지 스토리를 함께 언급함으로써 주목도를 높이고 대중의 흥미를 유발할 수 있다. 홍보맨이라면 어떤 보도자료를 쓰더라도 스토리화 할 수 있는지를 반드시 검토해야 한다.

사실 스토리텔링은 어려운 것이 아니다. 다만 귀찮을 뿐이다. 스토리를 이야기하면서 '창의성'이 중요할 것이라고 생각하는 사람들이 있는데, 그보다는 '의지'가 중요하다. 어떤 사건도 스토리로 만들려고 하면 조금은 빈약할지언정 만들지 못할 것이 없다. 즉 '스토리로 이야기를 하겠다'는 '의지'가 있느냐, 없느냐의 문제인 것이다.

하지만 훈련이 되어 있지 않으면 스토리텔링은 매우 번잡하고 귀찮은 일로 느껴질 수 있다. 그러나 몇 번의 실전을 겪고 나면 그것이 별 것 아니라는 사실을 깨닫게 된다. 왜냐하면 우리는 일상에서 끊임없이 스토리텔링을 하고 있기 때문이다. 친구나 가족들과 나누는 대화, 사람들 앞에서 하는 발표, 퇴근 후 가족들과 나누는 대화에도 스토리가 배어 있기 마련이다.

홍보에 있어 스토리텔링이 일상의 스토리텔링과 다르지 않다는 것은 몇 번의 경험이면 자연스럽게 깨닫게 된다. 이후 스토리텔링에 대한 부담감만 떨쳐버리고 나면 이를 업무에 적응시키는 것은 전혀 어렵지 않다.

실무적으로 조금 더 들어가 보면, 같은 사건도 스토리로 말하는 요령은 특정 사건에 대해 시간적으로 앞뒤 내용을 덧붙여 보는 것이다. 스토리텔링은 무슨 거창한 활동이 아니다. 제품이나 기술의 출시 배경 스토리와 소비자들의 반응 등을 조금만 덧붙여도 주목도를 높일 수 있다. 이 세상에 배경과 반응이 없는 사건은 없다. 배경과 반응은 만드는 것이 아니라 찾아내는 것이고 이는 '창의성creativity'이 아니라 '의지'라고 할 수 있다.

그리고 스토리를 만들어 간다는 것은 홍보를 진행하면서 하나의 '홍보 스토리'를 만들어간다는 이야기다. 스토리를 만들어가는 과정을 이야기하는 스토리 메이킹은 스토리텔링보다는 숙련이 필요한 활동이다. 앞에 언급했지만 홍보는 대중과 '호흡하는 것'이다.

기자에게 홍보 소스를 제공하고 매체에 보도될 수 있도록 설득하는 과정인 피칭Pitching은 언론홍보 활동에서 필수적이다. 한번 던지고 마는 것으로는 미흡하다. 던진 사안에 대한 반응을 지켜보고 이를 기반으로 다음 이야깃거리를 던지고 또다시 반응을 기다리고 하는 식으로 대중과 이야기를 나누는 것이 제대로 된 홍보 활동이다. 홍보 활동을 다른 말로 하면 '대중과 나누는 대화'라고도 할 수 있는데, 이 과정을 하나로 엮으면 바로 '홍보 스토리'가 되는 것이다.

스토리를 짜놓고 대중의 반응에 따라 수정을 해가면서 하나의 스토리를 완성해 나가는 과정을 다른 의미의 스토리텔링이라고 부르는데, 스토리텔링과 구분지어 '스토리 메이킹'이라고 부른다.

'스토리 메이킹'이 중요한 것은 알겠는데, 스토리 메이킹을 제대로 해내는 홍보맨은 많지 않다. 이는 단순히 의지와 노력 정도로 이룰 수 있는 것이 아니고, 통찰력에 기반을 둔 전략적 사고능력이나 다양한 홍보 경험 등이 뒷받침되어야 실현가능하기 때문이다. 이처럼 구현이 어렵지만 위기관리와 이슈 메이킹에 있어 스토리 메이킹은 홍보맨의 필수적인 역량이다.

스토리 메이킹이 되지 않는다면 단편적인 홍보만이 가능할 뿐 입체적이고 중장기적인 홍보가 불가능해지기 때문이다. 그렇다면 스토리 메이킹을 하는 방법은 무엇일까?

스토리 메이킹을 하려면 특정 사안들을 연속적으로 사고하는 훈련을 해야 한다. 보도자료 하나하나를 개별적으로 취급할 것이 아니라 이전에 나갔던 자료들과 이후에 나갈 자료들을 연관을 지어서 작성하고 배포하는 것도 방법이다. 스토리 메이킹은 사안에 대한 입체적인 시각을 갖지 못하면 만족감을 얻기 어렵다. 연습이 필요한 이유다.

또한 스토리 메이킹에는 IMC Integrated Marketing Communication, 통합 마케팅 커뮤니케이션적인 사고가 필요하다. 여러 매체를 타깃에 맞춰 잘 배열함으로써 스토리 메이킹 효과를 얻을 수 있다. ATL(TV, 라디오, 신문, 잡지 등 4대 매체)을 통해 브랜드나 제품의 인지도를 높이고, BTL(4대 매체 이외 채널)을 통해 소비자와 소통하고 구매를 유도하는 기법이다.

예를 들어 '자동차'가 출시되면 TV 광고에서는 자동차의 성능을 강조하거나 자동차를 타는 멋진 모습을 보여 주고, 인터넷 광고에서는 '지금 예약하면 10% 할인, 증정품 제공'이라는 메시지를 보내 직접적인 구매를 유도하는 전략을 쓰는 것이다.

하나의 메시지가 동시에 여러 매체에서 쏟아지는 것도 효과가 있지만 상황에 따라서는 홍보 스토리를 만들어가면서 각 매체의 메시지가 순차적으로 전개될 때 더 큰 효과를 기대할 수 있다. 스토리 메이킹이 어려운 것은 IMC 시나리오를 쓰는 것이 만만치 않다는 점과 이를 실행하는 과정에서 예상하지 못한 상황들을 맞닥뜨릴 수 있다는 점 때문이다. 이런 이유로 통찰력과 경험, 이슈 관리 역량이 부족하면 계획도, 실행도 어려울 수밖에 없는 것이다. 홍보맨도 쉬지 않고 공부해야 하는 이유다.

성공을 위한 스토리텔링 법칙

"없앨 것은 작을 때 미리 없애고 버릴 물건은 무거워지기 전에 빨리 버려라."

_노자 老子

모든 비즈니스가 그렇지만 특히, 홍보는 사람을 중심으로 돌아간다. 그래서 홍보를 '피플 비즈니스'라고 말하기도 한다. 비즈니스에서 성공한 사람들은 비즈니스맨들을 감동시키고 또 비즈니스맨들의 마음을 움직이는 방법을 알았던 사람들이다. 주니어들 중에서도 이 방법을 아는 사람이 있고 시니어들 중에서도 모르는 사람들이 있다. 만약 성공하고 싶은 홍보 주니어들이 있다면 이 법칙을 항상 염두에 두고 있어야 한다.

제1법칙 : 사랑의 법칙

『나의 문화유산답사기』를 쓴 유홍준 교수는 "사랑하면 알게 되고 알게 되면 보이나니 그때 보이는 것은 예전과 같지 않다"고 말했다. 이는 두 가지로 해석이 될 수 있다. 사랑하게 되면 그동안 보지 못했던 것들을 보게 되어 좋기도 하고 싫어질 수도 있다는 말이다. "아는 만큼 보인다"는 이 유명한 말은 유홍준 교수의 『나의 문화유산답사기』「제1권」의 머리말 일부다. 이로부터 "아는 만큼 보인다"는 말이 널리 알려지게 되었는데, 유 교수가 『나의 문화유산답사기』「제2권」에서 보완한 대로, 이 구절의 원문은 '知則爲眞愛 愛則爲眞看 看則畜之而非徒畜也 지칙위진애 애칙위진간 간칙축지이비도축야'라고 알려져 있다.

조선시대 정조 때의 문장가인 유한준兪漢雋, 1732~1811이 김광국金光國의 화첩 『석농화원石農畵苑』에 부친 발문에서 따왔다.

知則爲眞愛 지즉위진애

愛則爲眞看 애즉위진간

看則畜之而非徒畜也 간즉축지이비도축야

알면 진실로 사랑하게 되고

사랑하게 되면 제대로 보이나니

그때 보이는 것은 전에 보이던 것과는 다르다

위 말은 단지 남녀 간의 사랑으로 쓰였지만 유홍준 교수가 구절을 변형하여 문화유산을 보는 자세에 대하여 말한 것이다. 유홍준 교수로 인해 유명해진 말이지만 이 말을 처음 한 사람은 바로 2,500년 전에 살았던 공자다.

『논어』「옹야」편에서 공자는 "知之者不如好之者 好之者不如樂之者 지지자불여호지자 호지자불여락지자"라고 했다. '진리를 아는 사람은 진리를 좋아하는 사람만 못하고, 진리를 좋아하는 사람은 진리를 즐거워하는 사람만 못하다'는 뜻이다. 2,500년 전에 이런 말을 했다니 공자의 통찰과 혜안이 그저 놀라울 따름이다.

사랑하게 되면 프레임이 달라지고, 프레임이 달라지면 삶을 바라보고 접근하는 방법이 달라진다. 자신의 일을 사랑하지 않는 사람은 일을 통해서 성취감을 느끼거나 그 속에서 배우고 성장하기 힘들다. 마음이 없다면 보아도 보이지 않고, 들어도 들리지 않는다. 성장은 자기가 좋아하는 일을 열정적으로 하는 사람들에게 따라오는 자연스러운 결과이자 보상이다.

사람은 물론 상황을 있는 그대로 인정하면 사랑하게 된다. 사랑한다는 말은 이해한다는 말과 일맥상통한다. '이해한다'는 영어로 'understand'인데, '아래에 서서 그 사람을 이해한다'는 뜻이라고 한다. 있는 그대로 그 사람을 이해하고 바라보는 것, 그것이 바로 '사랑의 법칙'이다.

이 법칙은 홍보와도 관련이 있다. 홍보는 고객의 프레임을 바꾸는 일이라고 했다. 다시 말해 홍보는 고객의 생각을 바꿀 수 있다는 의미다. 그런 반면, 사랑의 법칙은 고객의 현재 상황이나 이야기를 있는 그대로 바라보는 것이다. 예를 들어 가치관이 나와 다른 사람이라도 그것을 비판하거나 비난하지 않고 있는 그대로 봐 줄 수 있어야 한다. 홍보맨들도 고객을 만나 그들의 이야기를 듣고 상황을 접할 때 있는 그대로 받아들일 수 있어야 한다.

제2법칙 : 설득의 법칙

고대 그리스의 철학자인 아리스토텔레스는 자신의 저서인 『수사학 Rhetoric』에서 '수사학이란 주어진 상황에 가장 적합한 설득 수단을 발견하는 예술'이라고 말한 바 있다. 그리고 상대방을 설득하려면 3가지가 필요하다고 했는데 에토스ethos, 파토스pathos, 로고스logos의 순서로 설득해야 한다고 강조했다.

첫째, 에토스는 사람에게 도덕적 감정을 갖게 하는 보편적인 도덕적 · 이성적 요소로서 말하는 사람의 인격과 말하는 사람이 전하는 메시지의 신뢰감을 의미한다.

둘째, 파토스는 로고스와 대치되는 개념으로, 듣는 사람을 설득하기 위해 사용하는 감성적 호소와 공감을 의미한다.

셋째, 로고스는 이성적 · 과학적인 것을 가리키는 것으로, 이성적인 논리로 상대방을 설득하려면 설득하려는 내용이 잘 정리되어 있어야 한다는 것이다. 결국 인격을 갖춘 사람이 신뢰할 수 있는 메시지를 통해 듣는 이의 공감을 얻어내야 설득이 된다는 뜻이다.

누군가를 설득할 때는 반드시 상대방의 호감을 얻고 신뢰를 주고(인격), 상대방의 감정에 호소하고(감성), 논리적 근거를 제공(논리)해야 한다는 점을 명심해야 한다. 그런데 많은 홍보맨들이 인격이나 감성이 아닌 논리로 고객을 설득하려고 한다. 그러다 보니 때로 고객들은 홍보맨의 인격을 무시하는 경우도 있다. 이러한 설득에도 원칙이 있다.

첫 번째 설득의 원칙은 인격적인 측면이다.

설득 과정에서 듣는 사람이 말하는 사람에게서 명성이라든지 신뢰, 호감을 느낀다면 듣는 사람은 이미 절반 이상은 설득되었다고 할 수 있다. "한번 만나보세요. 좋은 사람입니다." 라는 한마디가 그 사람에 대한 인격과 신뢰감을 결정적으로 높여 준다. 비즈니스뿐만 아니라 홍보에 있어서도 기자가 인정하는 홍보맨이나 기자는 소개하는 사람의 영향력을 통해 소개받는 사람의 인격까지 높여 주기 때문이다.

인격은 사소한 것부터 세심하게 배려하고 신경을 써야 한다. 기자와 통화가 잘 안 된다고, 기자가 거절한다고 그 기자에 대해 절대로 흉을 봐서는 안 된다. 홍보맨에게는 기자가 보이지 않는 곳에서도 기자를 소중하게 생각하는 마음가짐이 필요하다. 그리고 절제되고 훈련된 삶의 모습을 몸소 보여 주어야 한다. '행동하는 것은 말보다 더 큰 울림이다.' 라는 진리를 생각하면서 행동한다면 홍보맨의 인격은 더욱 높아지고 기자들로부터 신뢰감과 호감을 얻게 될 것이다. 최소한 욕은 먹지 않을 것이다.

두 번째 설득의 원칙은 감성적인 측면이다.

감성적인 측면은 상대방의 가슴을 두드려 상대방의 감성을 움직이도록 하는 것이다. 고객과의 첫 만남에서 가장 중요한 것은 '나에 대한 니즈 환기'라고 할 수 있다. 사람 관계가 그렇듯 니즈 환기를 하지 못하면 홍보하는 데 힘들어진다. 니즈 환기는 그 사람의 가치나 중요하게 생각하는 것이 무엇인지를 환기시켜야 한다는 말이다.

이 단계는 동기부여의 과정과 비슷하다. 끊임없이 고객의 감성을 공략하는 것이다. 서로가 같은 점을 공유하면 더 빨리 친해져 마음을 열수 있듯이 고객의 가치 혹은 중요한 부분을 함께 나누면 서로에 대한 신뢰감을 빠르게 형성할 수 있다.

이러한 감성은 고객에게 열정으로 전달된다. 사람은 감성과 함께 기억되기 때문이다. 사람들의 감성을 움직이게 하는 가장 큰 요소는 열정이라는 점을 기억하자.

세 번째 설득의 원칙은 논리적인 측면이다.

대부분의 사람들이 상대방을 설득할 때 논리가 가장 중요하다고 생각하지만 의외로 논리적인 면이 부족한 사람들이 많다. 논리는 '말의 기술'과 깊은 연관이 있다. 말은 여러 가지 커뮤니케이션 수단 중에서 가장 중요하고 또한 어렵게 느껴지는 수단이다. '말은 마음을 담는 그릇'이라는 말을 가슴에 새기며 설득에 필요한 6가지 조건으로 고객들과 소통해야 한다.

1. 명분을 세워라.

크고 작은 홍보를 할 때는 명분이 필요하다. 기업에서 상품과 서비스 등을 판매하기 위해서는 좋고 나쁨을 따지기 이전에 소비자들에게 왜 필요한지에 대한 명분을 세워야 한다. 경쟁사보다 먼저 명분을 선점한다면 성공은 시간 문제다.

2. 꿈을 말하라.

성공한 리더들은 꿈에 대해 이야기하기 좋아한다. 홍보맨들도 꿈에 대해 이야기할 수 있어야 한다. 그 꿈에는 자신의 꿈도 있지만 고객의 꿈도 있다. 자신의 꿈을 말할 때에는 업에 대한 소명감과 비전을 이야기하지만, 고객에게 그들의 꿈을 물을 때는 왜 그 일을 하는지, 고객의 꿈이 자신과 가족들에게 얼마나 소중한지 먼저 물어보는 것이 좋다.

3. 형용사를 써라.

애플을 창업한 스티브 잡스는 프레젠테이션을 할 때 화려한 형용사를 구사했다. 'Great, amazing, unbelieveable' 등 스티브 잡스가 쓴 언어는 절제와 거리가 멀고 오히려 과장에 가깝다. 이러한 화려한 형용사들로 고객의 이목을 집중시키고 마음을 사로잡을 수 있다. 홍보맨들도 자신을 표현하는 형용사를 준비해야 한다. '업계 최고의 전문가', '환경을 사랑하는 남자' 등등 자신감 있는 형용사를 자신의 이름 앞에 덧붙이는 순간 자신감이 절로 생겨날 것이다.

4. 고급 단어를 써라.

어떤 단어를 쓰느냐에 따라 말하는 사람의 품격과 인격을 느낄 수 있다. 단어는 어떻게 쓰느냐에 따라 긍정적이고 세련되게 보일 수 있다.

누구나 사용하는 말이라도 좀 더 색다르고 세련되게 표현하면 상대방에게 훨씬 신선하게 다가가고 진심이 전달될 것이다.

5. Yes를 말하라.

말은 그 말을 하는 사람에 따라 기운이 있기에 어떤 말은 긍정적인 느낌을 주고 또 어떤 말은 기운이 빠지게 하는 부정적인 느낌을 준다. 그러므로 홍보맨은 항상 긍정적이고 에너지를 줄 수 있는 말을 해야 한다. 또한 고객으로부터 긍정적인 대답을 끌어낼 수 있어야 한다. 가장 쉬운 긍정은 'Yes'이다. 고객으로부터 세 번 정도의 "Yes"를 이끌어 낼 수 있다면 그 일은 성공적일 가능성이 매우 높다. 왜일까? 고객의 잠재의식

속에 긍정과 공감을 불어넣었기 때문이다.

6. 경청하라.

말을 잘하기 위해서는 말을 잘 듣는 기술 또한 중요하다. 말을 잘 듣는다는 것은 상대방의 말을 빠짐없이 듣는다는 의미일 수도 있지만 그것보다는 상대방의 말에 잘 반응하는 것이다. 잘 반응한다는 것은 상대방의 말에 호응하고 공감하는 것이다. 예를 들어 "훌륭하십니다." "정말 대단하십니다"와 같은 감탄사는 최고의 반응이다.

이상에서 살펴본 바와 같이, 설득하기 위해서는 먼저 말 속에 자신의 인격이 들어 있어야 하고, 감성적인 말을 통해 고객의 마음에 호소할 수 있어야 하며, 확실한 근거를 바탕으로 메시지를 전달할 수 있어야 한다.

"말을 잘하는 사람이 세상을 지배한다."는 말이 있듯이 오늘날 비즈니스 환경에서 스피치 능력은 성공을 부르는 중요한 요소 가운데 하나다. 의사전달이 명확하고 설득력이 높은 사람은 그렇지 않은 사람보다 그만큼 기회가 더 많이 부여되기 때문이다. 이러한 설득의 법칙과 말의 기술을 체득한다면 자신에게 주어진 기회를 살리고 성공에 한 걸음 더 다가갈 수 있을 것이다..

스토리텔러로 거듭나는 12가지 스킬

"세상을 움직이려면 먼저 자기 자신을 움직여라."

_ 플라톤

스토리텔링의 목적은 설득이다. 스토리텔링을 잘 활용하는 사람들은 뭔가 있어 보이고, 생각도 깊어 보이고, 진실해 보인다. 그 스토리가 당신만의 스토리라면 더 멋있다. 훔쳐오되 표절하지 말고, 비틀고, 뒤집고, 편집하면 당신의 스토리가 된다. 그 스토리가 사람들의 마음을 바꾼다. 대화와 소통이 부재한 시대, 이 시대에 진정한 소통의 달인이 될 수 있다.

스토리는 누가, 어떻게 전달하느냐에 따라 효과는 천차만별이다. 만나는 사람들 중에 '어떻게 말을 저렇게 맛깔나게 할까?' 라는 생각이 들게 하는 사람도 있고, '저 이야기를 저렇게 재미없게 할 수도 있나.' 라는 안타까움을 느끼게 하는 사람도 있다. 작은 차이가 승패를 결정짓는다. 설득력을 높이는 사소한 스킬들을 배우고 기억하라. 그 사소함이 당신이 원하는 것을 가져다 줄 것이다.

마음을 움직이는 스토리텔링은 원하던 결과를 만들어 낼 수 있다. 상대의 마음을 움직여 변화를 만들어 내야 하는 상황에서 스토리텔링이 효과를 발휘하지 못하면 상황은 어떤 형태든 문제가 발생한다.

"습관이 탁월함을 만든다"는 말이 있다. "우리가 습관적으로 하는 일들이 우리가 어떤 사람인지를 결정한다. 완벽은 한 번의 행위가 아니라 일종의 습관이다."

탁월함의 경지에 이르기 위해서는 좋은 습관과 끊임없는 훈련이 우선해야 한다는 아리스토텔레스의 갈파喝破는 탁월한 이야기꾼이 되는 데에도 그대로 적용된다.

다음은 탁월한 스토리텔러로 거듭나기 위한 12가지 스킬이다.

스킬 1 : 관찰하라

스토리텔러의 핵심 역량은 관찰이다. 비즈니스, 인간관계, 스토리 등 많은 영역에서 '관찰'을 중요하게 다루고 있고, 관찰을 주제로 다룬 책도 있다. 하지만 중요하다는 사실만 아는 것으로는 역량이 생기지 않는다. 관찰을 하는 방법을 알고 그 방법이 습관이 되어야 관찰 역량이 커지고, 스토리를 만드는 소재들을 발견할 수 있다.

소재에 풍성하게 살을 붙이려면 많은 '팩트'를 수집해야 한다. 때로는 망원경으로 바라보듯 멀리, 때로는 현미경으로 바라보듯 세밀하게 일상을 관찰하는 습관은 에피소드를 발견하고 거기에 의미를 부여하는 기본 역량를 닦는 일이다.

스토리의 재료를 찾고 싶다면 언제나 안테나를 바짝 세우고 돋보기를 손에서 내려놓지 마라. 촉을 세우고 있는 사람에게는 우연히 들은 소소한 대화나 친구와 메신저로 주고받은 시시한 농담도 기막힌 이야기 재료로 탈바꿈한다.

찰리 채플린은 "인생은 멀리서 보면 희극이고 가까이서 보면 비극이다."라는 말을 남겼다. 실로 날카로운 통찰이 아닐 수 없다. 모든 사람의 일상은 채플린의 말대로 하나의 에피소드이며 큰 덩어리의 이야기 자체다. 하지만 같은 경험을 했더라도 전달자에 따라 그 경험은 한 줄의 감상으로 끝나기도 하지만 흥미진진한 한 편의 장편소설이 되기도 한다.

스킬 2 : 관점을 바꾸어라

스토리를 만드는 방법 중 하나가 이야기를 비틀고 뒤집어보는 '관점 바꾸기'이다. 관점 바꾸기를 잘하려면 질문을 습관화 해야 한다. 질문과 관점은 말과 마차의 관계다. 질문이 바뀌면 관점도 따라가게 된다. 좋은 질문은 좋은 관점으로 방향을 바꾸게 하고 새로운 스토리를 만들어낸다.

좋은 질문을 하려면 당연한 것을 부정해야 한다. "왜?"라는 질문을 하려면 당연하게 여기던 것을 거부해야 한다. 당연하다고 생각했던 것들에 물음표를 던져보는 습관이 좋은 질문을 만든다.

좋은 질문들은 그냥 만들어지는 것이 아니라 질문이 관찰과 제대로 만날 때 만들어진다. 좋은 질문은 좋은 관점 바꾸기를 이끌어 내고 좋은 스토리를 만들어 낸다. 그러기 위해서 관찰하는 습관이 먼저 형성되어야 하고, 그 관찰 습관이 당연함을 부정하는 질문 습관과 만날 때 또 하나의 스토리가 탄생하는 것이다.

스킬 3 : 메모하라

감동적인 스토리는 어느 날 갑자기 하늘에서 뚝 떨어지거나 땅에서 솟아나는 것이 아니다. 평소 시간이 날 때마다 스토리 재료를 수집하는 습관이 중요하다. 그런데 무작정 재료를 모으는 것은 별 도움이 되지 않는다. 수집한 재료를 적재적소에 투입하기 위해서는 체계적인 분류가 필수다. 막연히 좋은 아이디어를 메모하는 것만으로는 실용적인 메모장을 만들기 어렵다.

구체적인 자신만의 카테고리를 만드는 게 우선이다. 주제를 어떻게 분류하든 그것은 각자의 선택이다. 카테고리를 만든다는 것은 '이러이러한 이야기를 적어두겠다'고 마음먹는 것과 같다. 필요한 소재를 메모하기가 그만큼 수월해질 것이다.

스킬 4 : 감상문을 써보라

스토리텔러로서 역량을 강화해야겠다는 마음이 들 때는 영화, 드라마, 소설 등에 대한 감상문을 써보면 도움이 된다. 우리가 평론가가 되려는 것이 아니기 때문에 글 자체에 너무 신경 쓸 필요는 없다. 지속적으로 나의 감상을 정리해 가면서 핵심 아이디어를 찾아내는 노력을 하고 스토리텔링 역량을 키워나가면 된다.

감상문의 목적은 좋은 글을 쓰는 것이 아니라 꾸준하게 무언가를 관찰하는 것이다. 좋은 글을 써야 한다는 강박관념이 생기면 포기하게 될 가능성이 높다. 주니어 시절에는 글의 질이 아니라 양이 훨씬 중요하다.

그리고 양이 쌓이면 반드시 질적인 변화가 이루어진다. 꾸준히 양으로 승부하면 반드시 좋은 결과가 나타난다. 시간이 날 때마다 '목적'을 가지고 책을 읽고 영화도 보고 신문도 읽고 그것에 대해 기록해 나가면 언젠가 반드시 보상을 받게 될 것이다.

스킬 5 : 묘사하라

상황을 묘사한다면 구체적으로 하는 게 좋다. 묘사한다는 것은 길고, 장황하게 말하는 것과는 다른 의미다. 듣는 이들의 머릿속에 좀 더 세밀한 그림이 그려지도록 구체적인 안내판을 세우라는 뜻이다.

예를 들어 '한 남자의 이야기'와 '두 아이를 둔 45살의 직장인 이 팀장의 이야기'의 차이점을 생각해 보라. 전자가 이목구비 없이 동그랗게 그린 얼굴이라면 후자는 그 얼굴에 눈, 코, 입을 그려 입체감이 부여한 얼굴이다. 후자와 같은 묘사는 평소 무언가를 설명할 때 내용이 구체적으로 연상될 수 있도록 말하는 훈련을 해보는 것이 도움이 될 것이다.

스킬 6 : 자신의 캐릭터를 만들어라

유명한 소설가들은 생생한 스토리의 비결에 대해 살아 있는 인물을 만드는 것에 있다고 귀띔한다. 확실하고 분명한, 당신만의 캐릭터를 만들면 이야기는 저절로 굴러간다.

자신의 캐릭터를 구축한다는 것은 두 가지 맥락에서 살펴볼 수 있다.

하나는 이야기를 하는 자신의 캐릭터를 구축하는 것이고 또 하나는 이야기 속에 등장하는 인물의 개성을 창조하는 것이다.

누구나 무의식적으로 자기 자신에게 특정한 역할을 부여하고 연기한다. 당신만의 캐릭터는 당신 안에 자연스럽게 존재하는 자신의 개성을 끄집어내는 일이다. 같은 이야기를 읽더라도 어떤 이는 그 안에 녹아 있는 가치에 주목하고, 어떤 사람은 경제적인 가치를 따져 묻는다. 그만큼 사람들마다 살아온 경험과 정서, 관심사가 모두 다르기 때문이다.

당신이 되어 말하고, 이야기 속에 자신의 분신을 만들어 사람들과 소통하는 연습이 필요하다. 지금부터라도 자신만이 잘할 수 있는 강점, 잘할 수 있는 이야기를 생각하고 말하는 습관을 가져보자.

스킬 7 : 상대방의 현재 상황을 파악해라

아무리 훌륭한 이야기라도 듣는 사람의 상황과 전혀 관계가 없다면 결코 관심을 끌 수 없다. 이야기를 듣는 사람들이 "저건 내 이야기인데?"라는 느낌을 가질 수 있도록 만들어 준다면 그것만으로도 이미 절반은 성공한 것이다. 즉 언제나 타인의 상황을 먼저 헤아리는 자세가 필요하다는 이야기다.

스토리는 어떤 이야기를 하더라도 그 안에는 사람들이 처한 '현재'를 관통하고 있어야 한다. 희망을 찾기 힘든 이들이 앞에 있다면 절망을 극복한 사례를, 주식 투자자들이 모여 있다면 투자의 핵심을 꿰뚫었던 인물에 관해 말하라. 어떤 방식으로든 사람들의 '현재'와 이야기를 연결시켜야 한다.

스킬 8 : 3가지 범주로 정리해라

우리는 서론-본론-결론, 과거-현재-미래, 문제-원인-해결 등 3가지로 구분하고 3가지 범주로 정리하는 것에 익숙하다. 생각을 정리하고 메시지를 전달할 때 '3'이라는 숫자를 활용해서 정리하면 메시지가 깔끔해지고 상대방에게도 쉽게 전달된다. 스토리텔링도 마찬가지다.

대화를 할 때 삼천포로 자주 빠지거나, 어디서 어떻게 마무리를 해야 할지 몰랐던 경험이 있다면, 간결하게 핵심을 전달하고 싶다면 3단 구조로 정리해서 스토리텔링에 적용하는 습관을 들이면 도움이 된다.

글을 쓰거나 강의를 할 때, 스토리를 구성할 때, 생각을 정리할 때 3단 구조, 3가지 범주를 활용하는 습관을 들이는 것이 좋다.

서론-본론-결론으로 구성하고, 서론 1, 2, 3, 결론 1, 2, 3, 이런 식으로 정리해 나가면 내용을 깔끔하게 구조화할 수 있다. 그리고 생각이 정리가 잘 안 될 때도 3가지 범주로 내용을 정리해 보면 간단하게 정리된다. 이런 식으로 생각을 정리하는 습관을 들이면 스토리텔링 파워도, 설득 파워도, 생각의 파워도 키울 수 있다.

스킬 9 : 3가지로 말해라

무엇이든 3가지로 정리해서 말하는 습관을 들이라는 것이다. 스토리를 알아야 하는 3가지 이유, 이야기를 만드는 3가지 방법, 스토리 성공의 3가지 전략 등등. 왜 3가지냐고 묻는다면 답은 아주 간단하다.

'3가지를 넘기면 말하는 사람도 기억하기 힘들고 듣는 사람도 다 기

억하지 못한다.'

스토리텔링에 대해 가장 잘 알려 주는 에피소드인 '합격사과' 이야기
의 메시지를 3가지로 정리해 보면 다음과 같다.

첫째, 사람들은 물건을 살 때 합리적이지 않다.

둘째, 사람들은 스토리가 있는 상품을 더 많이 더 비싸게 산다.

셋째, 많이 팔고 비싸게 팔고 싶다면 상품에 스토리를 입혀라.

아무리 정리해도 3가지로 줄여지지 않을 때가 있다. 그때는 다음과 같
은 방법을 쓴다.

"스토리를 만드는 3가지 방법이 있습니다. 첫째는 이것이고, 둘째는
저것이고 셋째는 그것이다. 그리고 마지막으로 한 가지 방법을 더 추가
하자면 다음과 같은 방법도 있습니다."

"4가지를 알려 드리겠습니다"가 아니라 "3+1을 알려 드리겠습니다."
라고 이야기한다. '3'이라는 숫자에 강박관념을 가질 만큼 익숙해지면
이 방법이 얼마나 도움이 되는지 이해하게 될 것이다.

스킬 10 : 3F 화법을 활용하라

3F 화법이란 Feel-Felt-Found의 약자로 만든 화법이다.

Feel : 그렇게 느끼시는군요.

Felt : 저도 그렇게 생각했습니다.

Found : 알고 보니, 다른 점이 있더군요.

누군가와 대화를 하다가 저항에 부딪혔을 때, 의견이 다를 때, 나를 비난할 때, 말다툼이 일어나거나 판이 깨질 상황일 때, 3F 화법을 기억하자. 스토리텔링을 적절하게 활용할 때도 3F 화법은 도움이 된다. 물론이렇게 이야기한다고 모두 성공하지는 않겠지만 Fee, Felt 단계에서 동의를 해 주고, 그 다음 Found 단계에서 준비된 스토리를 전달하면 어렵지 않게 상대의 마음을 파고들 수 있다.

스킬 11 : 리허설을 체질화하라

프레젠테이션의 달인이라 불렸던 스티브 잡스 역시 자신의 프레젠테이션 비결은 '사전 연습에 있다.(rehearsal! rehearsal! rehearsal)'고 했다. 연습만이 당신을 더 높은 곳으로 데려다 줄 것이다.

잘 짜인 스토리를 구사하려면 일단 머릿속에 하고자 하는 이야기의 흐름이 정리되어 있어야 한다. 기승전결이 명확히 구분되어 있지 않은 이야기는 중구난방으로 흘러 백전백패하기 쉽다.

흐름을 정리하기 위해서는 이야기하기에 앞서 스스로 간략하게나마 대본을 작성해 정리해 보는 리허설이 필요하다. 천부적인 이야기꾼이 아닌 이상 리허설은 필수다. 이 연습을 반복하다 보면 어느 순간부터 연습을 따로 하지 않아도 이야기 구조가 기승전결에 저절로 맞춰지는 것을 느낄 수 있을 것이다.

효과적인 리허설 방법은 아래와 같다.

먼저, 이야기를 시작하기 전에 몇 분 동안 눈을 감고 천천히 심호흡을 한다. 운동선수들이 경기 전에 이미지 트레이닝을 하는 것처럼 머릿속으로 흐름을 천천히 그려보는 것이다.

제일 먼저 무엇을 말해야 하고, 내가 말하고자 하는 주제는 무엇이고, 그 다음에 어떤 이야기를 하고, 또 어디까지 전개시키고, 마무리는 어떻게 할 것인지를 떠올려 보는 것이다. 그러면 하지 말아야 할 것과 해야 할 것이 저절로 걸러진다.

머릿속으로 전체 이야기를 그려보는 일은 성공적인 설득 전략의 필수 조건이다. 5분만 투자하라. 분명 큰 차이를 만들어 줄 것이다.

스킬 12 : 녹음기를 가까이 하라

누군가에게 하고 싶은 이야기가 있다면 지금 당장 녹음해서 들어보라. 자신이 듣기에도 부족한 부분이 수두룩할 것이다. 자신의 목소리를 냉정하게 분석하고 고쳐야 할 부분은 반복적으로 연습을 하되 평소 설득력 있는 말하기로 유명한 이들과 비교해 보는 것이 좋다. 자연스러운 말하기를 위해서는 검증된 이야기꾼들의 연설을 많이 들어보는 것이 도움이 된다.

이상과 같이 스토리텔러로 거듭나기 위한 12가지 스킬을 살펴보았다.

물론 사람에 따라 차이가 있겠지만 스킬을 천부적으로 가지고 태어나는 소통 천재들도 있지만 보통 사람들은 시간과 노력을 들여 훈련해야 가질 수 있다. 물론 어려운 내용들은 아니다. 자신에게 부족한 스킬을 찾아 조금씩 훈련해 나가면 스토리텔링 파워를 기를 수 있다.

소통은 기술이고
스토리는 예술이다

"세계의 운명은 좋든 싫든 간에 자기의 생각을 남에게 제대로 전달할 수 있는 사
람에 의해 결정된다."

_ 로즈 케네디(케네디 대통령의 어머니)

소통은 시대를 불문하고 언제나 화두였다. 소통은 쌍방향일 때 소통이라
고 한다. 일방적이어서는 결코 소통이라고 할 수 없다. 하지만 많은 리더들이
일방통행을 해놓고 소통했다고 착각한다. 소통에 대한 명확한 개념부터 구
분할 필요가 있는 것 같다.

사람들은 소통을 제대로 못해 비판을 받을 경우, 소통의 통로부터 차단하
려는 경향이 있다. 비난을 막으려고 구성원들의 입을 막는 리더들이 적지 않
다. 이 시대 리더들에게서 흔히 보이는 모습이다. 시대의 불행이자 역사의 불
운이다. 리더는 소통을 위해 무엇보다 여론을 중시해야 한다. 역사는 민심을
거스른 결과가 어떠했는가를 잘 보여준다. 그 역사가 인문학이다.

소통은 상대의 존재감을 인정하고, 존재 가치를 존중할 줄 아는 최소한의
상식에 기반을 둔다. 나는 여기 있고, 너는 거기가 아니라 같은 목표를 갖고

나와 같은 선상에서 같은 방향을 바라보며 그 목표에 이르는 방법을 공유하는 것이 소통이다. 각자의 자리에서 외치기만 하다가 지치면 포기하고 등을 돌리는 방식으로는 결코 소통할 수 없다.

상대를 배려하고 인정하지 않고는 한 발짝도 나갈 수 없는 것이 소통의 기본이다. 소통하려는 쪽의 열린 자세가 중요하다. 나는 한 발도 떼지 않고 네가 와야 한다고 소리치는 소통은 악다구니에 불과하다. 그 결과는 서로가 등을 돌리는 일만 남는다. 결국 혼자만 남게 된다.

소통은 인간관계에서 상대와 거리를 단축하는 가장 효과적인 방법이다. 따라서 내가 진정성을 갖고 먼저 다가설 수 있어야 한다. 상대가 내게로 오기만을 기다려서는 서로의 거리는 좁혀지지 않는다. 이쪽으로 오라고 손짓을 할수록 상대는 뒷걸음치기 때문이다. 내가 한 걸음 다가서면 상대도 한 걸음 다가온다. 그러면 벌써 두 걸음 가까워진다. 가까워질수록 상대가 잘 보이고 상대를 잘 볼수록 더 이해할 수 있다.

『논어』「자로」편에 '近者說 遠者來근자열 원자래'라는 말이 있다. '가까운 사람을 기쁘게 하면 멀리 있는 사람까지 찾아온다.'는 말이다. 소통하고자 하는 사람이라면 염두에 두어야 할 말이다.

소통에 성공하기 위해 가장 필요한 능력은 '경청傾聽'이다. 경청은 가까운 사람들을 기쁘게 한다. 세상에는 남이 말하는 동안 듣지 않고 자신이 할 말만 생각하는 사람이 많다. 말은 허공을 지나 나에게 오기 때문에 집중해서 들어도 이해가 쉽지 않은데 딴 생각을 하고 있으니 당연히 소통이 되지 않는 것이다. 회의 중에 생뚱맞은 소리를 하는 사람은 십중팔구 딴 생각을 한 사람이다. 소통지수가 없는 것은 물론이고 상대방에 대한 배려와 공감능력도 부족한 사람이라고 보면 된다.

홍보맨이 기자와 대화하면서 딴 생각을 하고 있다고 생각해 보라. 기자가 그 홍보맨만 폄하하는 게 아니라 자격미달의 홍보맨을 전선戰線에 투입한 회사도 무시하게 된다. 기자들을 포함해 상대방이 나를 무시한다면 자신의 소통방식을 점검해 봐야 한다.

짚고 넘어가야 할 또 한 가지는 '듣는 것과 경청은 질적으로 다르다'는 것이다. 말하고 싶은 유혹으로부터 완전히 자유로운 사람은 드물다. 세상에는 쉽지만 어려운 것이 많이 있다. 남의 이야기를 잘 듣는 것, 즉 '경청'도 그 중의 하나이다. 말을 잘할 자신이 없으면 듣기만 해도 된다. 오히려 그게 더 낫다.

"말을 통해 모든 의혹을 없애는 것보다는 침묵하여 바보라고 여겨지는 편이 낫다."

미국의 제16대 대통령을 지낸 에이브러햄 링컨이 한 말이다. 스코틀랜드 속담 중에도 비슷한 말이 있다.

"현명함은 열 가지로 만들어진다. 그 중 아홉 가지는 침묵이다. 그리고 나머지 한 가지는 간결한 말이다."

모두 침묵이 현명하다는 의미다. 그래도 소통하려면 말을 하는 게 낫다. 특히 홍보맨이라면 말과 글을 놓아서는 안 된다.

미국 매스컴에서 말을 가장 잘하는 사람으로 오프라 윈프리Oprah Winfrey와 래리 킹Larry King을 꼽는다. 많은 사람들은 그들이 달변가라고 생각한다. 그러나 그들의 인터뷰 모습을 보면 그들은 경청의 대가라는 것을 알 수 있다. 훌륭한 홍보맨은 말하기와 경청, 그리고 침묵의 경계를 현명하게 넘나들 수 있어야 한다는 말이다. 역시 소통은 쉽지 않다.

현재는 과거와 미래를 이어주는 역할을 한다. 지금 MZ세대가 대세지만 언론과 마케팅이 만들어낸 트렌드일 뿐이다. '長江後浪推前浪장강후랑추전랑'이라고 했다. 장강의 뒷 물결이 앞 물결을 밀어내듯이 MZ세대 역시 X세대나 Y세대가 그랬듯이 머지않아 과거로 밀려갈 수밖에 없다. 그렇다고 하더라도 여러 세대로 구성된 기업은 무엇이든 통하지 않으면 문제가 생기기 마련이다. 사람이 피가 통하지 않으면 쓰러지고, 조직은 언로가 막히면 무너진다. 아무리 친했던 관계라도 말이 통하지 않으면 그 관계 역시 멀어지기 마련이다. 고인 물이 썩는 것처럼 소통하지 않으면 아무리 큰 국가나 기업도 생존할 수 없다. 즉 소통은 해도 되고 안 해도 되는 것이 아니라 생존과 직결된 필수불가결한 과제인 셈이다.

제주도의 돌담이 강한 바닷바람에도 무너지지 않는 것은 그 틈 사이로 바람을 흘려보내기 때문이다. 이 바람구멍이 바로 강한 바람에도 돌담을 지탱하는 본질이다. 홍보맨은 내부고객인 직원은 물론 외부고객인 기자들과 원활하게 소통해야 한다. 홍보맨은 기업이 직원은 물론 기자들과 돌담의 바람구멍과 같은 소통 길 역할을 하는 사람이다.

홍보맨들은 소통에 대해 더 많이 고민하고 제대로 된 소통을 위한 방법을 찾아야 한다.

"비즈니스와 연애는 타인과 대화를 잘하지 못하면 성공하기 힘들다. 대화의 요체는 내가 말을 잘하는 것이라기보다는 남의 말을 얼마나 잘 듣느냐에 달렸다. 하나를 이야기했으면 둘을 듣고 셋을 맞장구치라는 '1. 2. 3의 법칙'을 지켜야 한다."

방송인 이숙영 씨가 『맛있는 대화법』에서 한 말이다. 재야의 소통 고수들이 하는 말도 크게 다르지 않다. 먼저 말하지 말고 들어라, 눈을 마주치고 정성껏 귀를 기울여라, 겸손해라, 칭찬해라, 유머를 활용해라, 모르면 모른다고 해라, 존중해라, 요점만 말해라 등등 시대가 흘러도 어느 것 하나 버릴 게 없는 금과옥조와 같은 말이다.

코로나 이후 비즈니스 환경이 급변한 것만큼 언론환경과 홍보 현장 역시 디지털 혁신과 스마트 워킹으로 나날이 변하고 있다. 기자들과 협업을 해야 하는 홍보맨들도 비슷한 상황이다. 여전히 홍보맨은 말과 글로써 기자들과 소통하고 있고 말과 글의 품질은 더 중요해졌다. 홍보맨 스스로 소통 역량을 강화하고 홍보 콘텐츠의 질적 향상을 위해 노력해야 한다. 내게 부족한 역량이 무엇인지, 어떻게 강화할 것인지 노력해야 한다. 결과를 바꿀 수 있는 것은 긍정적인 생각 자체가 아니다. 누가 대신해 주지 않는다. 스스로 간절히 원하고, 행동을 바꾸고, 한 사람 한 사람의 바뀐 그 행동이 모여 긍정적인 결과를 낳는다.

己所不欲 勿施於人 기소불욕 물시어인

"내가 하기 싫은 일은 남에게도 시키지 말라."

『논어』「위령공편衞靈公篇」에 전하는 말이다.

2,500년 전에 제자 자공이 평생 동안 실천할 수 있는 말을 묻자, 공자가 한 말이다. 남이 나에게 호의를 베푼 것에 대한 답례가 아니라 상대가 원하는 것을 먼저 해 주는 적극적인 소통을 하라는 말이다. 인간관계가 삭막해지고 갈등이 끊이지 않는 이유가 내가 하기 싫은 것을 남에게 대신시키고 내게 좋은 것은 남들보다 먼저 해치워버리는 이기심 때문이다. 홍보맨이 만나는 사람들마다 자신의 이익만 따져 행동한다면 어떻게 되겠는가?

성경에도 '내가 대접받고 싶은 대로 남을 대접하라'는 말이 나온다. 함께 일하는 동료들은 물론 내가 만나는 기자들을 비롯해 고객들의 마음을 헤아려 그들이 원하는 것을 줄 수 있는 소통을 실천해 보자.

홍보업무를 해본 사람들은 알겠지만 홍보는 인간관계가 중요한 관계 비즈니스다. 소통 역량이 중요한 역할을 한다. 소통 역량이 부족하면 홍보업무에서 결코 성과를 낼 수 없다. 인문학을 공부해야 한다고 주장하는 이유가 바로 소통에 필요한 인문적인 소양을 기를 수 있기 때문이다. 소양이 모이면 실력이 되고 그 실력들이 쌓이면 통찰력이 된다. 홍보 리더라면 그 통찰력으로 스토리를 발굴하고 소통해야 한다.

사회생활을 시작하면서 전략과 리더십은 물론 스토리와 소통 등 인문학에 관심을 갖고 수시로 배우고 익힌 지 20년 가까운 세월이 흘렀다. 읽거나 들은 얘기를 엮어 『인문학으로 무장하라. 홍보 전략가』라는 제목의 책을 출간하게 되었다. 아직 수양이 부족해서 잘 될지 모르지만 우쭐대지 않고 더욱 겸손하도록 자신을 추스르는 기회로 삼겠다고 다짐했다.

『이팀장의 홍보전략과 리더십』에서 홍보는 중단기나 장기적인 계획에 따라 진행되어야 한다는 점에서 '전략Strategy'을, 홍보 리더가 중요한 역할을 한다는 점에서 '리더십Leadership'을 주제로 제시했다. 이번『소통과 스토리의 쓸모』에서 내외부 고객들은 물론 비즈니스맨으로서 홍보맨의 중요한 역량이 '소통Communication'이라는 점을, 홍보는 뉴스라는 콘텐츠를 개발하고 생산한다는 측면에서 '스토리'를 이야기했다.

홍보맨은 말과 글로써 세상과 소통하는 사람이다. 나아가 모두가 공감할 수 있는 스토리를 발굴하고 활용할 줄 알아야 한다. 말에 말투가 있듯이 글에도 품격이 있다. 말하기는 상대방을 배려하고 글쓰기도 품위 있는 문장을 써보자. 말하기와 글쓰기는 홍보맨의 기본적인 소통 도구이다. 진정성을 갖고 단련시켜야 할 기술이다. 그리고 소통 역량은 리더뿐만 아니라 리더가 되고자 하는 주니어들도 갖춰야 한다. 직장인으로서 홍보 주니어에게는 기획력은 물론 보고서 작성 능력, 그리고 설득 역량 등이 필요하고, 홍보 리더에게는 경청, 공감, 칭찬하는 능력이 필요하다. 이 모든 능력은 상대방을 배려하고 만족시켜야 한다.

홍보맨들은 월급쟁이로서 회사업무도 처리해야 하고 사회생활도 해야 하다 보니 시간이 부족하다. 결국 리더가 되기 위해서는 자기관리와 자기계발을 통해 실력을 쌓아야 한다. 책을 읽는 것은 물론 교육을 받는 것도 기회비용이 발생할 수밖에 없다. 자신의 목소리를 내고 싶다면 지금 내가 무엇을 준비해야 할지 결정해야 한다. 결국 자신의 인생이므로 스스로 준비하는 수밖에 없다.

리더라면 남에게 너그럽고 자신에게 엄격해야 한다고 지겹도록 들어왔다. 비즈니스맨들을 비롯해 홍보맨들도 마찬가지다. 아랫사람의 직언과 충고를 받아들이지 못하면 리더가 될 수 없다. 직언과 충고가 어려운 까닭은 리더가 그 직언과 충고를 흔쾌히 받아들이지 못하기 때문이다. 리더는 물론 주니어들에게도 소통이 어려운 이유다. 형식적이고 위선적인 소통은 오히려 문제를 키울 뿐이다.

홍보는 물론 비즈니스는 혼자서 성과를 낼 수 있는 일이 아니다. 물론 자신의 업무만 틀어쥐고 동료들과 공유 없이 위만 보고 일하는 직원들이 의외로 많다. 자신의 선택이므로 뭐라고 할 생각은 없다. 하지만 이 행동은 리더는 물론 조직에도 좋을 게 없다. 호미로 충분히 막을 수 있는데 시기를 놓쳐 가래로도 못 막는 일이 발생할 수 있다. 제대로 된 리더라면 동료들과 공유하고 협업하도록 가르쳐야 한다. 특히 홍보 리더는 직원들의 눈과 귀가 막히지 않고 소통하도록 해야 하는 자리이기 때문이다.

미래를 준비하고 계획한다는 것이 결코 거창한 것이 아니다. 홍보리더로서 당신이 전략가거나 혹은 전략가가 되고 싶다면 직원들과의 소통을 통해 조직의 상황을 수시로 파악하고 직원들이 제대로 소통할 수 있도록 분위기를 만들어야 한다. 그래야 조직의 성과를 극대화하고 조직에서 성공할 수 있다. 인문학이 그 밑거름이 되어줄 것이다.

인문학으로 무장한 이팀장의 커뮤니케이션 기술

소통과 스토리의 쓸모

지은이 이상헌
발행일 2024년 3월 27일
펴낸이 양근모
펴낸곳 도서출판 청년정신
출판등록 1997년 12월 26일 제 10-1531호
주 소 경기도 파주시 경의로 1068, 602호
전 화 031) 957-1313 팩스 031) 624-6928
이메일 pricker@empas.com
ISBN 978-89-5861-240-7 (13320)